Beiträge zu Grundfragen des Rechts

Band 26

Herausgegeben von
Stephan Meder

Stephan Meder (Hg.)

Geschichte und Zukunft des Urheberrechts

Mit 5 Abbildungen

V&R unipress

Bibliografische Information der Deutschen Nationalbibliothek
Die Deutsche Nationalbibliothek verzeichnet diese Publikation in der Deutschen
Nationalbibliografie; detaillierte bibliografische Daten sind im Internet über
http://dnb.d-nb.de abrufbar.

Druck und Bindung: CPI books GmbH, Birkstraße 10, D-25917 Leck
Printed in the EU.

Vandenhoeck & Ruprecht Verlage | www.vandenhoeck-ruprecht-verlage.com

ISSN 2198-5405
ISBN 978-3-8471-0872-6

Inhalt

Vorwort

Vom 7. bis 9. September 2017 fand in Hannover die 17. Tagung des Arbeitskreises »Geschichte und Zukunft des Urheberrechts« statt. Autorinnen und Autoren aus Wissenschaft und Praxis erörterten das breite Spektrum historischer Problemstellungen und bis heute ungelöster Fragen eines interessengerechten Urheberrechts. Der vorliegende Band bringt die Ergebnisse der Tagung. Die Beiträge sind chronologisch geordnet und behandeln die Geschichte des Urheberrechts in den Schnittfeldern von Rechtsgeschichte, Kunstgeschichte und Kulturgeschichte. Sie reichen von Leibniz' Überlegungen zum Schutz von Immaterialgüterrechten über rechtsvergleichende Aspekte bei der Kunstfälschung bis hin zu Versuchen, urheberrechtliche Lösungen der Vergangenheit für Fragen der Zukunft fruchtbar zu machen. Dabei wird deutlich, dass der in allen Epochen und zu allen Zeiten bestehende Interessenkonflikt zwischen Autoren, Verlegern und Rezipienten mit vorgefertigten Schablonen nicht zu bewältigen ist.

Hannover, im Juli 2018   Stephan Meder

Manfred Rehbinder

Abschied und Neuanfang des Arbeitskreises zur Geschichte und Zukunft des Urheberrechts

Mit der heutigen Tagung findet ein Generationenwechsel in der Leitung unseres Arbeitskreises statt. Daher erlauben Sie mir zu Beginn einen kurzen Rückblick über die Ergebnisse unserer Arbeiten in den 29 Jahren seiner Tätigkeit:

Die Schaubilder, auf die ich dabei zu sprechen komme, stammen von Dr. Manfred Hunziker (Zürich), der auch das Generalregister erstellt hat, welches von ihm mit dem Ende des Erscheinens der UFITA zur Verfügung gestellt wurde.

Wie Sie dem Schaubild Nr. 1 entnehmen können, haben wir 16 Tagungen in acht europäischen Ländern durchgeführt. Die leicht wechselnden Bezeichnungen des Arbeitskreises haben keine besondere Bedeutung; der Schwerpunkt war immer die Geschichte des Urheberrechts. Erst in letzter Zeit sind Fragen zur Zukunft des Rechtsgebietes hinzugekommen.

Anlass für die Begründung des Arbeitskreises war die Feier des 100-jährigen Bestehens der Berner Übereinkunft im Jahre 1986 in Bern. Die Schweizerische Vereinigung für Urheberrecht, die ich seinerzeit leitete, hatte sich vorgenommen, quasi als Geburtstagsgeschenk für diesen Anlass eine Übersetzung der Basler Dissertation von Prof. Johann Rudolf Thurneisen zu präsentieren, der bereits 150 Jahre vor der Gründung der Berner Union ein internationales Abkommen über einen Urheberrechtsschutz zwischen verschiedenen Staaten auf dem Grundsatz der Gegenseitigkeit gefordert hat. Diese Schrift wurde zwar früher häufiger zitiert, aber unmöglich tatsächlich gelesen; denn sie ist in einem unverständlichen mittelalterlichen Küchenlatein geschrieben.

Dem Rechtsgeschichtler der Universität Freiburg im Breisgau, Hans Thieme, war es mithilfe der Appenzeller Kantonsschulprofessorin Renate Frohne gelungen, die Arbeit in ein verständliches Deutsch zu bringen, sodass sie mit einer Kommentierung von Thieme in der schweizerischen Festschrift zur RBÜ-Feier präsentiert werden konnte.[1] Da Hans Thieme zu dieser Zeit seinen 80. Geburtstag feierte, entstand der Plan, sich bei ihm mit einem Symposium zu be-

---

1 Die Berner Übereinkunft und die Schweiz, Bern 1986, S. 13–46.

danken, das der Geschichte des Urheberrechts gewidmet war und in der Nähe von Bern, in Murten (Kanton Fribourg), stattfand.

Während dieses Symposiums wurde festgestellt, dass mit dieser Veranstaltung erstmalig in der Geschichte der Rechtswissenschaft Vertreter der Urheberrechtsdogmatik mit solchen der Rechtsgeschichte zusammengefunden haben. Damals wurde von beiden Seiten mehrfach der Wunsch geäußert, auch in Zukunft zur Arbeit an gemeinsamen Themen zusammenzukommen.

Das wurde dann besonders von urheberrechtlicher Seite in die Tat umgesetzt, wobei die Teilnahme an den Arbeiten jedermann offenstand, der für die Unkosten seiner Teilnahme selbst aufkam. Die Kosten für die Drucklegung der Tagungsergebnisse wurden recht bald von der UFITA übernommen. Die Veranstaltungen fanden alle zwei Jahre statt. In der Themenstellung waren die Teilnehmer frei, solange es nur um die historische Dimension des Urheberrechts ging.

Wie dem zweiten Schaubild zu entnehmen ist, haben auf den 16 Tagungen und damit in der Zeitspanne von 29 Jahren 48 Autoren jeweils ihre Beiträge zur Diskussion gestellt. Die Anzahl der Beiträge eines bestimmten Autors hing jeweils auch davon ab, wie häufig er an einer Tagung teilnehmen konnte. Allein schon altersbedingt konnten die wenigsten während der gesamten hier einschlägigen Zeitspanne (1986–2015) wissenschaftlich aktiv sein. Ich weise aber mit Dankbarkeit als Beispiele auf die Autoren Frohne und Gieseke hin.

Die Schaubilder 3 und 4 ordnen die gedruckten Arbeitsergebnisse je nach Tagungsort und je nach Autor in einer Übersicht zusammen. Indem ich sie hier allen heutigen Teilnehmern nach Hause mitgebe, verbinde ich damit die Hoffnung, dass sie einigen von Ihnen als Ansporn zu eigenem Tun dienen mögen. Auf jeden Fall bin ich froh, in Stephan Meder denjenigen gefunden zu haben, der die organisatorischen Aufgaben übernehmen wird, damit unser Arbeitskreis in Zukunft weiterhin so gute Arbeit leisten kann.

I.   Tagungen

5./6. 8. 1986	Murten (Fribourg)
7./8. 11. 1987	Heiligenkreuz/Wien
11.–13. 12. 1989	Budapest
11./12. 11. 1991	Wolfenbüttel
30.5.–2. 6. 1993	Trogen
9./10. 9. 1995	Krakau
9./10. 9. 1997	Villa Vigoni (Comersee)
14./15. 9. 1999	Frankesche Stiftungen, Halle
7.–9. 9. 2001	Brig (Wallis)
5./6. 9. 2003	Prag

2.–4. 9. 2005	Weimar
7./8. 9. 2007	Straßburg
4./5. 9. 2009	Leipzig
16.–18. 9. 2011	Berlin
5.–8. 9. 2013	Gotha
4./5. 9. 2015	Heidelberg

II. Beteiligte Autoren mit der Anzahl ihrer Beiträge

Akamatsu, Hidetake	3	Löhr, Isabella	1
Boytha, György	2	Luf, Gerhard	1
Cohen Jehoram, Herman	1	Meder, Stephan	1
Cornish, William R.	1	Müller, Arndt	1
Czychowski, Christian	1	Neuenfeld, Klaus	4
Dietz, Adolf	1	Nomine, Rainer	3
Dillenz, Walter	3	Petri, Gunnar	2
Dittrich, Robert	2	Pohlmann, Hansjörg	1
Dölemeyer, Barbara	3	Portmann, Wolfgang	1
Flechsig, Norbert P.	1	Potz, Richard	1
Frohne, Renate	16	Püschel, Heinz	4
Gergen, Thomas	3	Rehbinder, Manfred	7
Gieseke, Ludwig	12	Reinhart, Beat	1
Götz von Olenhusen, Albrecht	5	Schack, Haimo	1
Hefti, Ernst	1	Schmidt-Szalewski, Joanna	1
Helmensdorfer, Urs	2	Seifert, Fedor	1
Hillig, Hans-Peter	3	Tretter. Hannes	1
Hilty, Reto M.	2	Ubertazzi, Luigi Carlo	1
Hofmeister, Herbert	3	Uchtenhagen, Ulrich	4
Hoyer, Hans	1	Vogel, Martin	3
Karnell, Gunnar	1	von Lewinski, Silke	1
Kern, Bernd-Rüdiger	2	Wadle, Elmar	3
Klippel, Diethelm	1	Walter, Michel M.	1
Lange, Hinrich	1	Wandke, Artur-Axel	13

III. Autoren, mit den Fundstellen ihrer Beiträge

Es gibt vier Fundorte für die ausgearbeiteten Beiträge an den Tagungen:
- UFITA
- Robert Dittrich (Hg.): Woher kommt das Urheberrecht und wohin geht es? Wien 1988 (=1988 RD)
- Robert Dittrich (Hg.): Die Notwendigkeit des Urheberrechtsschutzes im Lichte seiner Geschichte, Wien 1991 (=1991 RD)
- Elmar Wadle (Hg.):Historische Studien zum Urheberrecht in Europa, Berlin 1993 (=1993 EW)

Die Fundstellen sind mit Erscheinungsjahr, mit der UFITA-Bandnummer bzw. mit 1988 RD oder 1991 RD oder 1993 EW und der ersten und letzten Seitenzahl angegeben.

IV.   Tagungsprogramme

Angegeben sind die Tagungsorte und der Band / die Bände, in denen die Beiträge erschienen sind

5./6. 8. 1986, Murten (Fribourg): Symposium zu Ehren von Hans Thieme

UFITA, Band 106 (1987)

Frohne, Renate   Sorgen mit dem Urheberschutz in Antike und Humanismus
Gieseke, Ludwig   Veröffentlichungen zur Urheberrechtsgeschichte seit 1960
Hofmeister, Herbert   Bemerkungen zur Geschichte des österreichischen Urheberrechts
Müller, Arndt   Zum Übersetzungsrecht mit Blick auf die Berner Konvention
Portmann, Wolfgang   Zur Entwicklung der Rechtsstellung des Arbeitgebers im schwei-
                        zerischen Urheberrecht
Rehbinder, Manfred   Zum Rechtsschutz der Herausgabe historischer Texte
Reinhart, Beat   Vom Einfluss der Technik auf die Entwicklung des subjektiven
                        Urheberrechts
Uchtenhagen, Ulrich   Zur Geschichtsschreibung der internationalen Konventionen des
                        Urheberrechts
Wadle, Elmar   Vor- oder Frühgeschichte des Urheberrechts? Zur Diskussion
                        über die Privilegien gegen den Nachdruck

7./8. 11. 1987, Heiligenkreuz/Wien: Seminar zur Frage »Woher kommt das Urheberrecht ...«

Robert Dittrich (Hg.), Woher kommt das Urheberrecht und wohin geht es?, Wien 1988

Boytha, György	Fragen der Entstehung des internationalen Urheberrechts
Dietz, Adolf	Urheberrecht im Wandel. Paradigmenwechsel im Urheberrecht?
Dillenz, Walter	Die Entwicklung des Urheberrechts in Österreich von 1895 bis 1936
Dittrich, Robert	Der Werkbegriff – sinnvolle Ausdehnung oder Denaturierung
Frohne, Renate	Die Stichworte »Plagiararisme« und »Plagiaire« in den Enzyklopädien von Bayle und Diderot
Hefti, Ernst	Das Urheberrecht im Nationalsozialismus
Hofmeister, Herbert	Die Entwicklung des Urheberrechts in Österreich vom aufgeklärten Absolutismus bis zum Jahre 1895
Luf, Gerhard	Philosophische Strömungen in der Aufklärung und ihr Einfluss auf das Urheberrecht
Potz, Richard	Urheberrecht aus kirchlicher Sicht
Rehbinder, Manfred	Kein Urheberrecht ohne Gesetzesrecht
Uchtenhagen, Ulrich	Die Urheberrechtssysteme der Welt und ihre Verwurzelung
Vogel, Martin	Grundzüge der Geschichte des Urheberrechts in Deutschland bis zum preußischen Gesetz von 1837
Wadle, Elmar	Das preußische Urheberrechtsgesetz von 1837 im Spiegel seiner Vorgeschichte
Walter, Michel M.	Die Grundsätze des Konventionsrechts vor dem Hintergrund der neueren urheberrechtlichen Entwicklungen

11.–13. 12. 1989, Budapest: Seminar zur Geschichte des Urheberrechts seit dem 18. Jh.

Robert Dittrich (Hg.), Die Notwendigkeit des Urheberrechtsschutzes ..., Wien 1991

Boytha, György	Die historischen Wurzeln der Vielfältigkeit des Schutzes von Rechten an Urheberwerken
Dillenz, Walter	Druckprivilegien und Drucker zwischen Kapitalismus und europäischem Religionsstreit
Dittrich, Robert	Empfiehlt sich die Schaffung eines eigenen originären Rechts des Verlegers?
Frohne, Renate	Vom Nachdruck unprivilegierter Bücher: Observatio LXXV des NOVUM IUS CONTROVERSUM
Hilty, Reto M.	Das Basler Nachdruckverbot von 1531 im Lichte der gegenwärtigen Entwicklungen des Urheberrechts
Hofmeister, Herbert	Der österreichisch-sardinische Urheberrechtsvertrag von 1840
Hoyer, Hans	Urhebervertragsrecht als Beispiel für den Schutz des Schwächeren im Privatrecht

Püschel, Heinz	Rechte des Bühnenautors und Urheberrechtsschutzfrist aus historischer Sicht
Rehbinder, Manfred	Die Parsifal-Frage oder der Gedanke des Verbraucherschutzes im Urheberrecht
Tretter. Hannes	Urheberrecht und Grundrechte
Uchtenhagen, Ulrich	Zur Geschichte der amerikanischen Urheberrechts-Konventionen
Vogel, Martin	Die Entfaltung des Übersetzungsrechts im deutschen Urheberrecht des 19. Jahrhunderts
Wadle, Elmar	Photographie und Urheberrecht im 19. Jahrhundert
Wandtke, Artur-Axel	Geistiges Eigentum contra Persönlichkeitsrecht?

11./12.11.1991, Wolfenbüttel: Symposium zur Geschichte des Urheberrechts

Elmar Wadle (Hg.), Historische Studien zum Urheberrecht in Europa, Berlin 1993

Cohen Jehoram, Herman	Urheberrecht: eine Sache des Rechts oder des Opportunismus
Cornish, William R.	Der »Statute of Anne« (8 Anne c. 19)
Dillenz, Walter	Warum Österreich-Ungarn nie der Berner Übereinkunft beitrat
Dölemeyer, Barbara	»Das Urheberrecht ist ein Weltrecht«. Rechtsvergleichung und Immaterialgüterrecht bei Josef Kohler
Frohne, Renate	Ahasver Fritsch und das Urheberrecht
Gieseke, Ludwig	Zensur und Nachdruckschutz in den deutschen Staaten in den Jahren nach 1809
Hilty, Reto M.	Fragen zur Entwicklung des schweizerischen Verlagsrechts
Karnell, Gunnar	Theoretische Entwicklungen des Urheberrechts in den nordischen Ländern
Klippel, Diethelm	Der Idee des geistigen Eigentums in Naturrecht und Rechtsphilosophie des 19. Jahrhunderts
Rehbinder, Manfred	Die geschichtliche Entwicklung des schweizerischen Urheberrechts zum ersten Bundesgesetz vom Jahre 1883
Schmidt-Szalewski, Joanna	Evolution du droit d'Auteur en France
Ubertazzi, Luigi Carlo	Zu den piemontesischen Ursprüngen des italienischen Urheberrechts
Vogel, Martin	Urheberpersönlichkeitsrecht und Verlagsrecht im letzten Drittel des 19. Jahrhunderts
Wadle, Elmar	Privilegienschutz gegen den Nachdruck um 1809 – Der Fall Artaria contra Götz
Wandke, Artur-Axel	Zu einigen theoretischen Grundlagen des Urheberrechts in der DDR – Historischer Einblick

30.5.–2.6.1993, Trogen: Symposium für Urheberrechtsgeschichte

UFITA, Bände 123 (1993) / 126 (1994)

Dölemeyer, Barbara	Der »internationale Standard« des Urheberschutzes, Internationale Urheberrechtsverträge im 19. Jahrhundert
Frohne, Renate	Jacob Thomas Thomasius: De plagio literario, Leipzig 1673
Rehbinder, Manfred	Johann Caspar Bluntschlis Beitrag zur Theorie des Urheberrechts
Uchtenhagen, Ulrich	Die ausländischen Einflüsse auf die Urheberrechts-Gesetze der schweizerischen Kantone im 19. Jahrhundert
Wandtke, Artur-Axel	Zur kulturellen und sozialen Dimension des Urheberrechts

9./10.6.1995, Krakau: Symposium für Urheberrechtsgeschichte

UFITA, Bände 129 (1995) / 130 (1996)

Frohne, Renate	Wider die papierene Weisheit, oder: das Gespür für so etwas wie »geistiges Eigentum«. Urheberrecht im Griechenland der Antike?
Gieseke, Ludwig	Beiträge zu zwei Kapiteln der Urheberrechtsentwicklung in Deutschland bis 1800
Püschel, Heinz	Der Vertrag zwischen dem Deutschen Reich und den USA über den Schutz von Urheberrechten vom 15. Januar 1892
Rehbinder, Manfred	Felix Dahn und Karl Gareis zur Theorie des Urheberrechts
Wandtke, Artur-Axel	Die unendliche Geschichte eines Stuhls

9./10.3.1997, Villa Vigoni (Comersee): Arbeitskreis für die Entwicklungsgeschichte des Urheberrechts

UFITA Band 136 (1998)

Frohne, Renate	Cogitationes omnium fiunt, oder: meine Gedanken können nie eines anderen Gedanken werden
Rehbinder, Manfred (und Eric Pahud)	Urheberrechtsschutz und strafrechtliche Inhaltskontrolle
Schack, Haimo	Die ersten Urheberrechtsgesetze in den Vereinigten Staaten von Amerika 1783–1786
von Lewinski, Silke	Das Urheberrecht zwischen GATT/WTO und WIPO
Wandtke, Artur-Axel	Theaterzensur und Urheberpersönlichkeitsrecht am Anfang des 20. Jahrhunderts in Preußen

14./15.9.1999, Frankesche Stiftungen, Halle: Arbeitskreis für die Entwicklungsgeschichte des Urheberrechts

UFITA, 2000 Bände I und II

Czychowski, Christian	Im Ringen um die Unabhängigkeit der Urheber – Anhalt-Dessau-Wörlitz und seine Selbstverlagsunternehmungen (1781–1785)
Dölemeyer, Barbara	Karl Josef Anton Mittermaier und seine Verleger
Frohne, Renate	Briefschulden als immaterialgüterrechtliche Verpflichtungen. Senecas Gedanken zum geistigen Eigentum
Gieseke, Ludwig	Autor und Autorschaft im Mittelalter
Kern, Bernd-Rüdiger	Aspekte des Urheberrechts bei Rossini
Püschel, Heinz	Zur Entstehung des Urheberrechts in der DDR
Wandtke, Artur-Axel	Goethe und das Urheberrecht

7.–9.9.2001, Brig (Wallis): Arbeitskreis zur Geschichte des Urheberrechts

UFITA, Bände 2002 I, II und III

Frohne, Renate	Rilkes Briefwechsel mit seinem Verleger Anton Kippenberg von 1906 bis 1926
Gieseke, Ludwig	Erinnerungen an den Bonner Bergrat und Professor Rudolf Klostermann (1828–1886)
Götz von Olenhusen, Albrecht	Karl May und das Urheber- und Verlagsrecht im 19. Jahrhundert
Helmensdorfer, Urs	Die Bühne als Nachdruckerin. Nestroy und das Autorrecht
Neuenfeld, Klaus	Anfänge eines Urheberrechts an Bauwerken
Püschel, Heinz	Erste Vorarbeiten für ein Urheberrechtsgesetz der DDR
Wandtke, Artur-Axel	Einige Aspekte zur Urheberrechtsreform im Dritten Reich

5./6.9.2003, Prag: Arbeitskreis zur Geschichte des Urheberrechts

UFITA, Bände 2003 II, 2004 I und II

Frohne, Renate	Der Tod des Autors. Oder doch: der Autor als Bezugsperson!?
Frohne, Renate	Der Gedanke des Geistigen Eigentums bei Theognis und Cicero
Hillig, Hans-Peter	Der Beitrag Curt Hilligs zur Entwicklung des Urheber- und Verlagsrechts
Kern, Bernd-Rüdiger	Georg Beselers Beitrag zum Urheberrecht
Koppitz, Hans Joachim	Prager Privilegien Kaiser Rudolfs II.

2.–4. 9. 2005, Weimar: Arbeitskreis zur Geschichte des Urheberrechts

UFITA, Bände 2005 II und III, 2006 I

Frohne, Renate	Eine unerhörte Geschichte; ein Manuskriptdiebstahl und »Raubdruck« aus dem Jahre 1533
Gergen, Thomas	Das württembergische Privilegiensystem gegen den Büchernachdruck im 19. Jahrhundert und die Privilegien zugunsten der Schiller-Erben
Gieseke, Ludwig	Erinnerung an Julius Eduard Hitzig (1780–1849)
Götz von Olenhusen, Albrecht	Factum clarum jus nebulosum: Alan Patrick Herberts Beitrag zum englischen Urheberrecht und Uncommon Law
Helmensdorfer, Urs	Was leistet der »ausübende Künstler«? 838
Petri, Gunnar	Privileges, censorship and author's rights – a Swedish perspective
Wandtke, Artur-Axel	Aufstieg und Fall der Künstlerin Marlene Dietrich, oder der Streit um Künstlerrechte

7./8. 9. 2007, Straßburg: Arbeitskreis zur Geschichte des Urheberrechts

UFITA, Bände 2008 I und II

Frohne, Renate	Künstler-Verbände (Techniten-Synoden) im alten Griechenland
Löhr, Isabella	Der Völkerbund und die Globalisierung geistiger Eigentumsrechte in der Zwischenkriegszeit
Wandtke, Artur-Axel	Beaumarchais et la propriété intellectuelle

4./5. 9. 2009, Leipzig: Arbeitskreis zur Geschichte des Urheberrechts

UFITA, Bände 2010 II und III, 2011 I

Flechsig, Norbert P.	Der englische Bach aus Leipzig und das erste Urheberrechtsgesetz der Welt. Johann Christian Bach als Wegbereiter des musikalischen Rechtsschutzes
Frohne, Renate	Die Medea-Tragödie: eine »Cento« von Hosidius Geta
Gergen, Thomas	Zwischen französischem droit d'auteur und deutscher Privilegientradition: Praxis und Entwicklung des badischen Urheberrechts im 19. Jahrhundert
Gieseke, Ludwig	Die Nachdruckregelungen für Sachsen-Coburg-Gotha von 1828 und für Sachsen-Meiningen von 1829
Götz von Olenhusen, Albrecht	Der Konflikt Dr. Johann Peter Eckermanns mit dem Verlag F. A. Brockhaus über »Goethes Gespräche mit Eckermann«
Petri, Gunnar	The breakthrough of authors' rights – remarks from a comparative perspective

Wandtke, Artur-Axel	Die Kanonformel – eine historische Quelle des Änderungs- verbots im Urheberrecht?

16.–18. 9. 2011, Berlin: Arbeitskreis zur Geschichte und Zukunft des Urheberrechts

UFITA, Bände 2011 III, 2012 I und II

Akamatsu, Hidetake	Das Recht des Theaters in der Neuzeit Japans
Frohne, Renate	Zwei Schriften von Johann Conrad Schwartz: Über das literari- sche Plagiat (1701), Über Mohammeds Diebstahl von Aussagen der Heiligen Schriften (1711)
Gieseke, Ludwig	Urheberrechtliche Schutzfristen – Regelungen und Begründun- gen seit dem 19. Jahrhundert und kritische Betrachtung heute
Hillig, Hans-Peter	Der Weimarer Mindesttarif – zu den Anfängen der Tarifbewegung der deutschen Schriftsteller
Neuenfeld, Klaus	Der Verleger Carl Joseph Meyer und das Urheberrecht
Wandtke, Artur-Axel	Aufstieg oder Fall des Urheberrechts im digitalen Zeitalter?

5.–8. 9. 2013, Gotha: Arbeitskreis zur Geschichte des Urheberrechts und seiner Zukunft

UFITA, Bände 2013 III, 2014 I, II und III, 2015 II

Akamatsu, Hidetake	Savignys Beitrag zum preußischen Urhebergesetz von 1837, sein Leben als akademischer Lehrer und seine Rechtslehre
Gergen, Thomas	Kriterien für die Privilegienerteilung gegen den Bücher- nachdruck: Kannte der Reichshofrat ein Prüfungsschema für privilegia impressoria et medica?
Gieseke, Ludwig	Zur Verlängerung der Dauer des Verwertungsrechts in § 82 des Urheberrechtsgesetzes
Götz von Olenhusen, Albrecht	Die »Casta Diva« und der »König des Humbugs«. (Jenny Lind und P. T. Barnum). Zum Vertragsrecht und Vertragsbruch von Sängerinnen im 19. Jahrhundert
Lange, Hinrich	Entwicklung des Musikverlagswesens in Deutschland unter Berücksichtigung der Vertragspraxis des 19. Jahrhunderts
Neuenfeld, Klaus	Das künstlerische und literarische Gotha
Wandtke, Artur-Axel	Majestätsbeleidigung versus Urheberrecht

4./5. 9. 2015, Heidelberg: Arbeitskreis zur Geschichte des Urheberrechts und
seiner Zukunft

UFITA, Bände 2016 I und II

Akamatsu, Hidetake	Nachdruckverbot bei Savigny: Seine Forderungen nach »Neuheit und Unbefangenheit« in den Vorlesungen und Büchern
Frohne, Renate	Die Goethe-Ausgabe des »Litteratur-Comptoir« (Herisau, Kanton AR, Schweiz) 1835–1838
Götz von Olenhusen, Albrecht	Lobbyisten für ein internationales Copyright im 19./ 20. Jahrhundert: Charles Dickens und Mark Twain im Vergleich
Hillig, Hans-Peter	Das Rundfunkurteil des Reichsgerichts und seine Bedeutung für das Urheberrecht
Meder, Stephan	Leibnitz und das Urheberrecht. Legitimation des Schutzes immaterieller Güter auf Grundlage des Naturrechts
Neuenfeld, Klaus	Ungereimtes im Urheberrecht
Seifert, Fedor	Georg Christoph Lichtenbergs Streitschrift gegen »Schleichdrucker«
Wandtke, Artur-Axel	Werktreue, Nibelungentreue des Theaterregisseurs?

Ludwig Gieseke

Erasmus von Rotterdam und das Neue Testament von 1516

An den Druck der von Erasmus von Rotterdam (1496–1536) erarbeiteten griechischen und lateinischen Fassung des Neuen Testamentes 1516 durch Johannes Froben in Basel ist 500 Jahre später, 2016, mit einer eindrucksvollen Ausstellung im Basler Münster erinnert worden. Dazu ist eine umfangreiche Begleitpublikation erschienen, die viele Einzelheiten des editorisch wie drucktechnisch damals großen Werkes behandelt.[1] In Deutschland sind das Ereignis von 1516 und die Ausstellung von 2016 samt Begleitpublikation in der Öffentlichkeit kaum hinreichend gewürdigt worden, vielleicht weil Veranstaltungen im Rahmen der Luther-Dekade vielfach die Aufmerksamkeit beanspruchten. Dabei hatte dies Neue Testament erhebliche Bedeutung für den ganzen Bereich der Christenheit. Es war bald in mehreren verbesserten Ausgaben weit verbreitet. 1522 war es die Grundlage des von Luther auf der Wartburg erarbeiteten deutschsprachigen sog. Septembertestaments. Bis in das 19. Jahrhundert blieb die griechische Fassung Textus receptus in der lutherischen Kirche.

Im Folgenden soll in knapper Form auf drei mit Entstehen und Druck des Neuen Testaments vor 500 Jahren zusammenhängende Fragen eingegangen werden, die man heute als den weiten Bereich des geistigen Eigentums berührend sehen kann.

Das Problem der Bearbeitung herkömmlicher biblischer Texte

Schon seine ersten Buchveröffentlichungen hatten Erasmus in Europa berühmt gemacht, insbesondere: die 1500 in Paris gedruckten Adagia collectanea (eine Sammlung breit kommentierter Sprichwörter), 1505 in Venedig unter persönlicher Mitwirkung von Erasmus von Aldus Manutius neu gedruckt; 1503 das

---

1 Ueli Dill u. Petra Schierl (Hg.): Das bessere Bild Christi – Das Neue Testament in der Ausgabe des Erasmus von Rotterdam. Basel 2016. Auf Beiträge in dieser Begleitpublikation ist der folgende Text gestützt.

Enchiridion militis Christiani (Handbüchlein eines christlichen Streiters), bald auch in Nachdrucken erschienen.

Nach früheren Aufenthalten in England lebte Erasmus dort wieder von 1509 bis 1514, zeitweilig in Cambridge, gefördert u. a. von dem Erzbischof von Canterbury, William Warham. In diesen Jahren arbeitete er an einer Überprüfung des in den ersten nachchristlichen Jahrhunderten entstandenen griechischen Urtextes des Neuen Testamentes, wie es in seiner Zeit verbreitet war, besonders an der Beseitigung von Überlieferungsfehlern früherer Jahrhunderte. Insgesamt ging es ihm um eine »Bereinigen verderbter Texte«. Grundlagen waren dabei alle für ihn erreichbaren älteren Handschriften und erste Drucke, insbesondere die Vulgata, die ab 382 entstandene, auf den heiligen Hieronymus (347–419) zurückgehende lateinische Version der Bibel. Gleichzeitig mit der Überprüfung des Neuen Testamentes arbeitete er nach gleichen Grundsätzen an einer Ausgabe von Briefen des Hieronymus.

Erasmus, ein angesehener humanistischer Gelehrter, konnte bei seinem Vorhaben seine hervorragenden Sprachenkenntnisse ebenso wie seine theologischen Kenntnisse einsetzen. Er war bemüht um eine Erneuerung christlichen Lebens aus dem Geiste seiner älteren Quellen, auch auf der Grundlage antiken Gedankengutes. Es ging ihm darum, das wahre Christentum der ersten Jahrhunderte aus den Quellen zu lernen. Zunächst verfasste er nur umfangreiche Annotationes, Anmerkungen, zu den Texten des Neuen Testamentes. Erst später in Basel (wohl ermutigt durch Froben) entschied er sich dafür, das Neue Testament in einer eigenen griechischen Neufassung und dazu eine eigene lateinische Übersetzung zu veröffentlichen, zusammen mit seinen Annotationes.

Dabei hatte er, anders als seine Zeitgenossen, keine Bedenken gegen Änderungen an in seiner Zeit gebräuchlichen biblischen Texten.

Das Ergebnis des großen Vorhabens von Erasmus wird auf dem lateinischen Titelblatt des neuen Neuen Testamentes beschrieben (siehe Abbildung 1). Es ist knapp und präzise formuliert, womöglich weitgehend von Erasmus selbst. Ins Deutsche übersetzt lautet es so[2]:

»Das ganze Neue Testament
sorgfältig von Erasmus von Rotterdam überprüft und korrigiert,
nicht nur nach dem griechischen Original, sondern auch nach dem Zeugnis vieler
Handschriften in beiden Sprachen (nämlich Griechisch und Latein),
und schließlich nach Zitaten, Verbesserungen und Übersetzungen
der anerkanntesten Autoren, vornehmlich Origines, Chrysostomus, Kyrill, Vulgarius,
Hieronymus, Cyprian, Ambrosius, Hilarius und Augustin,

---

2 Nach Dill (Anm. 1), S. 67. Erasmus nannte 1516 sein Neues Testament mit Rücksicht auf einen früher teils üblichen Sprachgebrauch noch »Novum Instrumentum«. Ab 1519, der 2. Ausgabe, ging er zu der Bezeichnung »Neues Testament« über.

zusammen mit Anmerkungen, die den Leser unterrichten sollen, was aus welchem Grund geändert wurde. Wer also die wahre Theologie liebt, der lese, prüfe und urteile dann. Und wenn etwas kritisch gesehen wird, beanstande man das nicht gleich, sondern bedenke, ob nicht zum Besseren geändert wurde.

In der berühmtem deutschen Stadt Basel gedruckt von Johannes Froben«

Erasmus widmete sein Neues Testament Papst Leo X. sowie dem Erzbischof von Canterbury, William Warham (zu beiden bestanden wohl freundschaftliche Beziehungen). Der Widmungsbrief an den Papst wurde im Neuen Testament abgedruckt, auch in späteren Ausgaben.[3] Anders als viele seiner Zeitgenossen hatte Erasmus keine Bedenken gegen Änderungen an den damals gebräuchlichen biblischen Texten. Wie er in dem Widmungsschreiben an den Papst betonte, habe er die Texte kritisch, nicht leichtfertig bearbeitet, er wisse, dass man heilige Dinge ehrfurchtsvoll anfassen müsse. Von der Berechtigung und Richtigkeit der zahlreichen Veränderungen in seinem Neuen Testament war er überzeugt. Wie die im Titelblatt anklingende Offenheit für Verbesserungsvorschläge zeigt, war ihm aber klar, dass Kritik kommen würde. Die setzte auch sogleich heftig ein, über textkritische und philologische Fragen hinausgehend, teils in unwürdiger und herabsetzender Form, auch frühere Veröffentlichungen von Erasmus einbeziehend. Briefliche und gedruckte Auseinandersetzungen darüber beschäftigten Erasmus über lange Jahre.[4]

Da biblische Texte geändert worden waren, ging es um grundsätzliche Fragen, vor allem: Die lateinische Neufassung des Neuen Testamentes stimmte mit dem entsprechenden Text der Vulgata nicht mehr überein. Diese Änderung lehnten konservative Kritiker ab. Die Vulgata sei das göttlich inspirierte Werk des Hieronymus, sie sei von der Kirche akzeptiert und weise keine Fehler auf. Sie dürfe nicht stilistisch verbessert werden. Dagegen konnte Erasmus einwenden, der Status der Vulgata beruhe nicht auf formalen Beschlüssen der Kirche, sondern auf der jahrhundertealten Tradition (erst 1546 erklärte das Trienter Konzil die Vulgata für authentisch). Auch im Laufe der Überlieferung seien Fehler in den Text eingegangen.

Kritisiert wurden weiter Änderungen, die dogmatische Konsequenzen haben und kirchliche Institutionen und Praktiken infrage stellen konnten. Das könnte das Fundament des dogmatischen Gebäudes der Kirche erschüttern. Erasmus konnte darauf erwidern, sein Neues Testament solle nicht die Vulgata ersetzen – das letzte Wort habe immer die Kirche. Allerdings kritisierte er in den Annotationes manches in der damaligen religiösen Praxis einer veräußerlichten Kirche, nicht zuletzt Erscheinungen im Mönchtum und beim höheren Klerus.

Kritisiert wurde auch, Erasmus melde den Anspruch und das Recht der

---

3 Deutsche Fassung bei W. P. Eckert, Erasmus von Rotterdam, Köln 1967, I 249f.
4 Ausführlich dazu Dill (Anm. 1) S. 167f.

philologisch gebildeten Humanisten, ja eigentlich jedes Christenmenschen an, bei der Interpretation der Bibel mitzureden. Diese war bis dahin die Domäne der professionellen Theologen. Dazu gehöre Erasmus nicht, da er nicht den Abschluss eines regelrechten Theologiestudiums nachweisen könne. Er wurde deshalb als für die Überprüfung und Interpretation biblischer Texte als unqualifiziert dargestellt.

Mit der Widmung an den Papst und den Erzbischof von Canterbury sollte, wie Erasmus sagte[5],

> »das neue Werk durch den Namen der beiden vornehmsten Männer der ganzen Welt [...] besser geschützt sein«.

Als er an der zweiten Ausgabe des Neuen Testamentes arbeitete, suchte er wegen der heftigen Angriffe zusätzlich um die volle Unterstützung des Papstes nach. Die erhielt er in einem päpstlichen Schreiben vom Herbst 1518, das nun 1519 ebenfalls mitabgedruckt wurde. Auch die zunächst folgenden Päpste unterstützten Erasmus. Erst unter Papst Paul IV. setzten die Gegner von Erasmus in Rom durch, dass 1559 seine sämtlichen Schriften auf den Index librorum prohibitorum gesetzt wurden.[6] Das stieß auf die heftige Kritik von Gelehrten und Druckern, aber auch von weltlichen Obrigkeiten, die das Verbot durchsetzen sollten. In Deutschland etwa konnte es wegen der Ereignisse nach der Reformation nur teilweise zur Wirkung kommen.

Zusammenwirken von Autor-Bearbeiter und Drucker-Verleger

Johannes Froben (1460–1527) aus Hammelburg in Franken war ab etwa 1500 Teilhaber, dann ab 1507 Leiter einer Druckerei in Basel, die bald für besonders qualitätvolle Drucke, oft Großprojekte, bekannt geworden war.[7] Der Anspruch der Offizin, anspruchsvolle humanistische Literatur drucken zu können, wurde in seiner Druckermarke symbolisiert (siehe Abbildungen 1 und 2): Zwei Schlangen winden sich um einen Stab mit einer Taube, umgeben von Wahlsprüchen in drei Sprachen – übersetzt ins Deutsche[8]:

> »Kluge Einfachheit und die Liebe zum Rechten (lateinisch)
> Seid klug wie die Schlangen und ohne Falsch wie die Tauben (griechisch)
> Herr, tue wohl den Guten und denen, die frommen Herzens sind (hebräisch)«

---

5 Nach Eckert (Anm. 3).
6 Dazu Silvana Seidel Menchi, Erasmus als Ketzer. Leiden und Köln 1993, neuerdings auch Valentina Sebastiani (Anm. 1) S. 181 f.
7 Ausführlich zu Froben neuerdings Valentina Sebastiani, Johann Froben – A Renaissance Printer, Leiden 2018.
8 Nach Dill (Anm. 1) S. 55.

Dieses Signet zierte auch den Frobendruck der Adagia von 1513, einen seiten-
gleichen Nachdruck der Ausgabe von Aldus Manutius. Der, prächtig ausgestattet, gefiel Erasmus, obwohl ohne Absprache mit ihm gedruckt. Mit dem Adagia-
Druck und dann mit den beiden großen Ausgaben von 1516 wurde Froben zu
einem der wichtigsten Drucker-Verleger für humanistische Werke.

Als Erasmus im August 1514 nach Basel kam, hatte er das bisherige Ergebnis
seiner Arbeiten am griechischen Neuen Testament in seinem Gepäck, außerdem
Manuskripte zu einer Ausgabe der Hieronymus-Briefe. Er lernte nun Froben
kennen, wurde in dessen Haushalt aufgenommen und erörterte mit ihm
Druckvorhaben. Zunächst ging es um eine Hieronymus-Ausgabe, für die man in
Basel schon damit begonnen hatte, Texte für den Druck vorzubereiten. Hier
sollte Erasmus die Edition der Briefe übernehmen. Erst im Juli 1515, nach kurzer
Abwesenheit Erasmus' von Basel, kam es zu einer Vereinbarung über den Druck
zunächst einer griechischen Neufassung des Neuen Testamentes, dann auch der
neuen lateinischen Übersetzung durch Erasmus.

Diese Vereinbarungen wie auch die über eine Hieronymus-Ausgabe konnten
noch nicht den Charakter eines Verlagsvertrages im heutigen Sinne haben
(wonach das Werk in einem für die Veröffentlichung geeigneten Zustand abzuliefern ist). Noch gab es ja keine Druckvorlagen, die sofort hätten in Satz gehen
können. Da auch Froben einiges zum Entstehen der Druckvorlagen beitragen
musste (was er später betonte), ähnelten die Vereinbarungen eher Gesell-
schaftsverträgen.

Die Drucklegung begann im Herbst 1515. Da gleichzeitig ediert und gedruckt
wurde, kam es zu einer großen Arbeitsbelastung für Erasmus. Unterstützt wurde
er von zwei »Kastigatoren« (mit ergänzenden Aufgaben bei der Textverbesse-
rung), die die Druckerei engagiert hatte: Johannes Oekolampadius und Nikolaus
Gerbel. Es waren Druckvorlagen für drei Pressen zu liefern (zwei arbeiteten für
das Neue Testament, eine für die Hieronymus-Briefe) und zugleich Korrekturen
in den Probedrucken vorzunehmen, dies bei dem in der Druckerei herrschenden
Arbeitslärm. Erasmus musste also, wie er sagte, mit den Setzern um die Wette
arbeiten. Oekolampadius berichtete damals[9]:

> »Es war ein bewundernswertes Schauspiel, [...] Erasmus zuzusehen, wie er diktierte
> und korrigierte, soviel drei Druckpressen aufnehmen konnten, und wie er trotzdem
> daneben griechische und lateinische Handschriften [...] einsah, griechische und la-
> teinische Übersetzer verglich, alte und neue, und Schriftsteller [...] rezipierte.«

Anfang März 1516 war der Druck des Neuen Testamentes abgeschlossen. Es
erschien in 1.200 Folio-Exemplaren, und zwar zweispaltig: links griechisch,
rechts lateinisch. Bei der Art der Produktion hatten Fehler nicht vermieden

---

9 Nach Dill (Anm. 1) S. 78.

werden können. Das war allen Beteiligten, auch Erasmus, klar. Deshalb ging man sogleich an die Vorbereitung einer zweiten Ausgabe, die 1519 erschien.[10]

Froben betonte seinen maßgeblichen Anteil am Zustandekommen des Drucks in einem Geleitbrief an die Leser, der auf der Rückseite des Titelblatts des Neuen Testaments abgedruckt wurde. Auf Deutsch lautet er[11]:

> »Johannes Froben dem treuen Leser zum Gruß.
> Das ist für mich immer ein Anliegen gewesen, dass aus unserer Druckerei gute Autoren kommen, besonders solche, deren Lektüre zu einem guten Lebenswandel und weiter zur Gottesfurcht führt. Auf diesen Gewinn – Christus ist mein Zeuge – schaue ich nicht weniger als auf einen Geldgewinn. Soweit das in meinen Kräften steht, bemühe ich mich, fehlerfreie Bücher in die Hände der Menschen zu geben. Darauf habe ich zu keiner Gelegenheit mit größerer Sorgfalt als bei diesem Buch hingewirkt. Wie viel Nutzen es bringen wird, weiß ich nicht, vertraue aber auf den Beistand Jesu, dass damit das Beste zu allen Menschen gelangen wird. Ich habe also keine Mühen und Kosten gescheut und mit Bitten und Belohnungen auch dafür gesorgt, dass mehrere kenntnisreiche Kastigatoren mitwirkten, an erster Stelle Oecolampadius aus Weinsberg, empfohlen durch seine Uneigennützigkeit und Gottesfurcht, zugleich ein bedeutender Theologe, in drei Sprachen besonders erfahren. Auch Erasmus hat den Druck wachsam begleitet. Sie alle hat mehr die Gottesfurcht zu diesem Maß an Anstrengung bestimmt als zu erwartende Einnahmen.
> Vielleicht werden einige auftauchen, um meine Edition nachzuahmen, wie sich heutzutage das Wort Hesiods sehr bewahrheitet: Wie ein Bettler neidisch auf einen Bettler schaut, so auch ein Zimmermann auf einen Zimmermann. Ich würde das mit Gleichmut hinnehmen, sofern es nur meine Gewissenhaftigkeit entweder übertreffen oder ihr immerhin gleichkommen würde. Nun gibt es aber mehrere, denen es gleich ist, ob sie fehlerfreie oder entstellte Bücher herausgeben, wenn es nur Gewinn bringt. Denke deshalb daran, dass der Leser ein besonderes Interesse hat. Wer ein Buch voller Fehler hat, der hat gewiss kein Buch, sondern nur Ärger. Und so ermahne ich jene Nachahmer, dass sie nicht unbedacht einen Druck angehen, wenn der Autor noch lebt, der mir wegen seiner Menschlichkeit ein guter Freund ist. Dann würde dasselbe geschehen, was einigen schon zugestoßen ist, nämlich etwa bei einer früheren Ausgabe der Adagia. Lebe wohl, Leser, nutze das Buch und trage deinerseits dazu bei, dass unsere Versuche, die gottesfürchtig und allen nützlich sind, mir kein Unglück bringen.«

Etwa gleichzeitig mit dem Neuen Testament erschien die neunbändige Folio-Ausgabe der lateinischen Hieronymus-Werke. Sie war das Resultat zweier unabhängig voneinander begonnener Projekte. Erasmus hatte die Hieronymus-Briefe in den Bänden 1–4 bearbeitet (für die folgenden Bände waren Basler Editoren verantwortlich). Das Titelblatt von Band 1 war weniger anspruchsvoll gestaltet als das des Neuen Testamentes. Mit Erasmus wurde auch hier geworben. Ins Deutsche übersetzt lautete es so:

---

10 Dazu V. Sebastiani (Anm. 1) S. 129.
11 Übersetzung von Renate Frohne, für die hier gedankt wird.

»Band 1 der sämtlichen Werke des heiligen Eusebius Hieronymus von Stridon enthaltend Ermahnungen, die sich auf eine sittlich gute Lebensführung beziehen, mit Darstellungen und Erklärungen von Desiderius Erasmus von Rotterdam, durch dessen Tätigkeit vornehmlich diese Werke verbessert und wiederhergestellt worden sind, die zuvor völlig entstellt waren.
Aus der besonders sorgfältigen Offizin von Froben in der berühmten Stadt Basel«

Das Nachdruckproblem – Privilegien gegen den Nachdruck

Die Schriften von Erasmus waren auf dem Buchmarkt jener Zeit überaus erfolgreich.

Seine literarische Tätigkeit brachte ihn immer wieder in Berührung mit den Verhältnissen in der ersten Zeit des Buchdrucks, in der es noch keine Vorstellungen von ausschließlichen Rechten an Druck- oder Schriftwerken gab und die Nachdruckfreiheit nicht grundsätzlich infrage gestellt war. Nachdrucke bereits erschienener Bücher ohne Zustimmung des Erstdruckers oder des Autors waren deshalb noch nicht unerlaubt. Um möglichen Nachdruckern die Absatzmöglichkeiten zu nehmen, war es gängig, aufwendigen Erstdrucken bald überarbeitete oder erweiterte Neuauflagen folgen zu lassen. So druckte Froben von den erstmals 1513 bei ihm erschienenen Adagia bis 1536 sechs, jeweils von Erasmus überarbeitete, neue Auflagen. Dennoch kam es zu einigen vollständigen Nachdrucken, etwa in Venedig und Lyon; Auszüge und Einzelausgaben erschienen aber in größerer Zahl, oft miserabel gedruckt. Darüber musste Erasmus sich auch bei Nachdrucken seiner anderen kleineren Schriften beklagen: So erschienen von seinen Colloquia familiaria, den für Übungszwecke gedachten Schülergesprächen, zwischen 1518 und 1533 zahlreiche von ihm nicht autorisierte Nachdrucke.

In seinem langen Kommentar zu dem Adagium »Festina lente« beschrieb Erasmus wortreich seine Erfahrungen mit dem Druckwesen. Er beklagte die Verwirrung auf dem Büchermarkt, begünstigt auch durch das Fehlen von Regelungen für das Druckgewerbe, wie sie für Handwerke galten. Die schrankenlose Freiheit der Drucker führe nicht nur zu fehlerhaften und verdorbenen Büchern zum Nachteil der Allgemeinheit, sondern schädige damit außerdem den Ruf der Gelehrten. Er forderte die Obrigkeiten auf, unredlichen und betrügerischen Druckern etwa bei falschen Angaben über Autor oder Druckort Strafen anzudrohen, empfahl aber Fürsten und Bischöfen zugleich, vermögenslosen Gelehrten, die zum Wohl der Allgemeinheit wichtige Werke zum Druck vorbereiten, »praemia«, also Belohnungen oder Stipendien zu zahlen.[12]

---

12 Deutsche Fassung bei Theresia Payr in: Erasmus von Rotterdam, Ausgewählte Schriften, hg.

Damit war eine hinreichend sichere Existenzgrundlage als Voraussetzung für wissenschaftlich-literarische Tätigkeiten angesprochen. Diese Tätigkeiten waren Erasmus als Mönch, später in kirchlichen Diensten und dann an der Universität Cambridge möglich gewesen. 1500 hatte er in Paris die erste Fassung seiner Adagia aber auch schnell geschrieben, weil er (nach Verlust seiner Barschaft auf der Rückreise von England) Geld brauchte.[13]

Seit 1516 erhielt er als Rat am Hofe des Erzherzogs Karl, des späteren Kaisers Karl V., eine jährliche Zahlung. In Venedig und Basel war er in die Haushalte der Drucker aufgenommen worden. Wahrscheinlich hat er von Aldus Manutius und Johannes Froben Zahlungen erhalten, wozu nähere Angaben hier nicht möglich sind. Auch über »Gegenverehrungen« konnte er für sein Dasein erforderliche Einnahmen erzielen.

Vielleicht wegen seiner insgesamt wohl gesicherten Situation erwähnte Erasmus eigene materielle Interessen in seinen Briefen, in denen er das Nachdruckproblem mehrfach ansprach, allerdings nicht.[14] 1517 schrieb er, ein Nachdrucker habe eines seiner Werke »furtim excudit« (heimlich wie ein Dieb gedruckt). Möglicherweise sah er sich hier betroffen, weil er nicht gefragt worden war. Im Interesse seiner Reputation und dann seiner Position in den Auseinandersetzungen um Luther[15] wollte er wissen, wo und wie (korrekt?) seine Schriften gedruckt wurden. Für ihn wurde durch Nachdrucke geschädigt vor allem Froben, dessen Bemühen um sorgfältige, qualitätvolle Drucke bei geringem Gewinn er mehrfach hervorhob.[16]

So dürfte es ganz in seinem Sinne gewesen seien, dass die beiden 1516 unter seinem Namen erschienenen, von Froben gedruckten großen Werke durch Privilegien geschützt wurden. Für andere Werke von Erasmus sind solche Privilegien bisher nicht bekannt. Den Wortlaut der Privilegien von 1516 kennt man bisher leider nicht. Ihr wesentlicher Inhalt wird aber auf dem Titelblatt der Werke oder danach mitgeteilt (siehe Abbildung 1 und 2). Ins Deutsche übersetzt heißt es im Neuen Testament:

»Mit Privileg von Kaiser Maximilian,
dass kein anderer dieses Buch innerhalb von vier Jahren
im Heiligen Römischen Reich drucken
oder woanders gedruckte Exemplare einführen soll.«

---

von W. Welzig, Bd. 7, Darmstadt 2006, S. 499.

13 Nach Payr (Anm. 12) S. IX.

14 Die Briefe sind zu finden bei P. S. Allen, Opus Epistolarum Erasmi, 2. Aufl. Oxford 1906–1933, hier Nr. 732.

15 Das bekam Bedeutung etwa bei den ab 1522 von Froben gedruckten »Epistolae ad diversos«. Dazu V. Sebastiani, Erasmus's Strategies for Survival in the Early Reformation Publishing Market, in: Reformation und Buch, hg. v. Th. Kaufmann u. E. Müller, Wiesbaden 2017.

16 Nach Payr (Anm. 12) S. 501.

Und in der Hieronymus-Ausgabe:

>»Privilegien von Papst Leo X.,
>der denjenigen verflucht, der dieses Werk irgendwo in den nächsten fünf Jahren ganz
>oder teilweise drucken sollte,
>wie es in der Urkunde beschrieben ist,
>und von
>Kaiser Maximilian,
>der verbietet, dass jemand diese Werke des heiligen Hieronymus innerhalb von fünf
>Jahren
>ganz oder teilweise im Heiligen Römischen Reich druckt oder woanders gedruckte
>Exemplare einführt,
>bei Strafe der Wegnahme der Bücher sowie von zehn Mark reinen Goldes, wovon die
>Hälfte an den kaiserlichen Fiskus und das übrige an den Drucker fallen wird,
>wie es ausführlich in der kaiserlichen Urkunde erklärt ist.«

Die Schutzfristen von fünf oder vier Jahren entsprachen den damals bei kaiserlichen Privilegien üblichen. Sie dürften an dem zu erwartenden Absatz bemessen worden sein.

Da die Privilegienurkunden nicht bekannt sind, kann nicht mit Sicherheit
gesagt werden, wie es zur Erteilung der Privilegien kam. Privilegien gegen
Nachdruck wurden in Deutschland seit 1501 Autoren oder Bearbeitern von
Werken und ebenso Druckern und Verlegern erteilt.[17] Von 1505 bis 1519, dem
Tod von Kaiser Maximilian, sind rund dreißig solcher kaiserlicher Privilegien
bekannt; in den Jahren 1515 bis 1519 dominierten die den Druckern oder Verlegern erteilten. Belege dafür, dass Erasmus sich jemals um ein Privilegium für
ein Werk bemüht hat, gibt es nicht – in der Widmung der Hieronymus-Briefe an
den Papst wird das dafür erteilte päpstliche Privileg nicht erwähnt. Um dies
Privileg hat sich wahrscheinlich ein Humanistenkreis um Michael Hummels-
berger, Konrad Peutinger und Beatus Rhenanus bemüht, und zwar auf Bitten von
Froben.[18] Weshalb nicht auch für das Neue Testament ein päpstliches Privileg
erteilt wurde, muss hier offenbleiben.

Der Augsburger Konrad Peutinger, kaiserlicher Rat und Vertrauter von Kaiser
Maximilian, war mit den literarischen Unternehmen der Zeit und der gerade
beginnenden Privilegierungspraxis vertraut. 1511 war ihm selbst ein kaiserliches Privileg für von ihm herausgegebene ältere Schriften erteilt worden. Ein
kaiserliches Privileg von 1514 schützte alle von Peutinger geprüften Schriften des
Würzburger Abtes Trithemius.[19] So kann man annehmen, dass Peutinger wohl

---

17 Zu den Druckprivilegien im 16. Jh. Näheres bei L. Gieseke, Vom Privileg zum Urheberrecht,
    1995, S. 39f.
18 Mündliche Mitteilung von Valentina Sebastiani nach noch unveröffentlichten Briefen aus
    Humanistenkreisen, für die hier gedankt wird.
19 Nach Gieseke (Anm. 17) S 47f.

auf Wunsch Frobens die kaiserlichen Privilegien für die Erasmus-Werke erwirkt hat. Bei dem Ansehen, in dem Erasmus damals bereits stand, dürfte das nicht schwierig gewesen sein.

Wie sehr Erasmus darauf bedacht war, Froben den Ertrag seiner kostenaufwendigen Druckvorhaben zu sichern, zeigte sich Anfang 1523. Damals schrieb er an den Nürnberger Ratsherrn Willibald Pirckheimer, einen hochangesehenen Humanisten und kaiserlichen Rat: Immer wieder komme es vor, dass aus der Offizin von Froben ein gerade im Druck befindliches neues Werk entwendet, schnell nachgedruckt und dann billiger als Frobens Druck verkauft werde, zum Schaden von Froben, der viel Geld für Textvorbereitung und Druck ausgegeben hat.[20] Dann weiter:

> »Dieser Ungerechtigkeit könnte leicht abgeholfen werden, wenn ein kaiserliches Verbot erginge, dass niemand ein Buch, das Froben erstmals gedruckt oder das der Autor später erweitert hat, innerhalb von zwei Jahren nachdruckt. Diese Frist ist nicht lang und Frobens Offizin ist ihrer würdig, weil von dort nichts Unbrauchbares oder Unruhe stiftendes ausgeht.«

Damals war Erzherzog Ferdinand, Bruder Karls V. und dessen Vertreter im Reich, in Nürnberg. Ihm wurde dieser Vorschlag, von mehreren Räten unterstützt, vorgetragen. Er stimmte zu und unterzeichnete das (wohl in großer Eile entworfene, langatmige) lateinisch ausgefertigte Privileg im Namen des Kaisers am 14. Februar 1523. Damit wurde kein bestimmtes Buch, sondern es wurden alle Erstdrucke und deren verbesserte Neuausgaben von Froben geschützt. Es war ein »Vorratsprivileg« im Interesse des Druckers, nicht eines Autors. Unter diesem Schutz erschien schon im August 1523 von Beatus Rhenanus, Autores historiae ecclesiaticae.[21] Dem Werk ist das Privileg im vollen Wortlaut vorgedruckt. Es heißt darin – nach inhaltlicher Wiederholung dessen, was Erasmus beklagt hatte, frei übersetzt:

> »Der kaiserliche Wille ist es, die Gerechtigkeit zu schützen und dafür zu sorgen, dass niemand bei Ausübung seines Gewerbes Schaden erleidet. So verbieten wir mit kaiserlicher Vollmacht und in Kenntnis des Sachverhaltes, dass jemand ein Buch, das Froben erstmals oder danach mit Zusätzen des Autors oder eines Gelehrten druckt, innerhalb von zwei Jahren nach dessen Veröffentlichung nachdruckt. Ebenso, dass andere Drucker in unserem Reich vor Beginn des dritten Jahres mit dem Nachdruck eines von Froben gedruckten Werkes beginnen, alles bei Strafe von zehn Mark reinen Goldes, wovon die Hälfte an die kaiserliche Kammer und die andere an Froben geht, und Wegnahme der nachgedruckten Bücher. Wenn jemand dennoch im Römischen Reich vor Beginn des dritten Jahres nach Veröffentlichung des Buches durch Froben

---

20 Nach Allen (Anm. 14) Brief Nr. 1341.
21 Über das Zustandekommen hat Pirckheimer Erasmus ausführlich berichtet, Brief Nr. 1344 bei Allen (Anm. 14).

wagen sollte, dieses Buch nachzudrucken oder woanders gedruckte Exemplare in unser Reich einzuführen, so soll er wissen, dass er sicher diese Strafe zu büßen hat.«

Die zweijährige Schutzfrist war kürzer als die in den Privilegien von 1516 und in anderen damals erteilten kaiserlichen Privilegien. Sie entsprach der Bitte von Erasmus. Dieser wurde, obwohl er hier den Anstoß gegeben hatte, in dem Privileg nicht erwähnt.

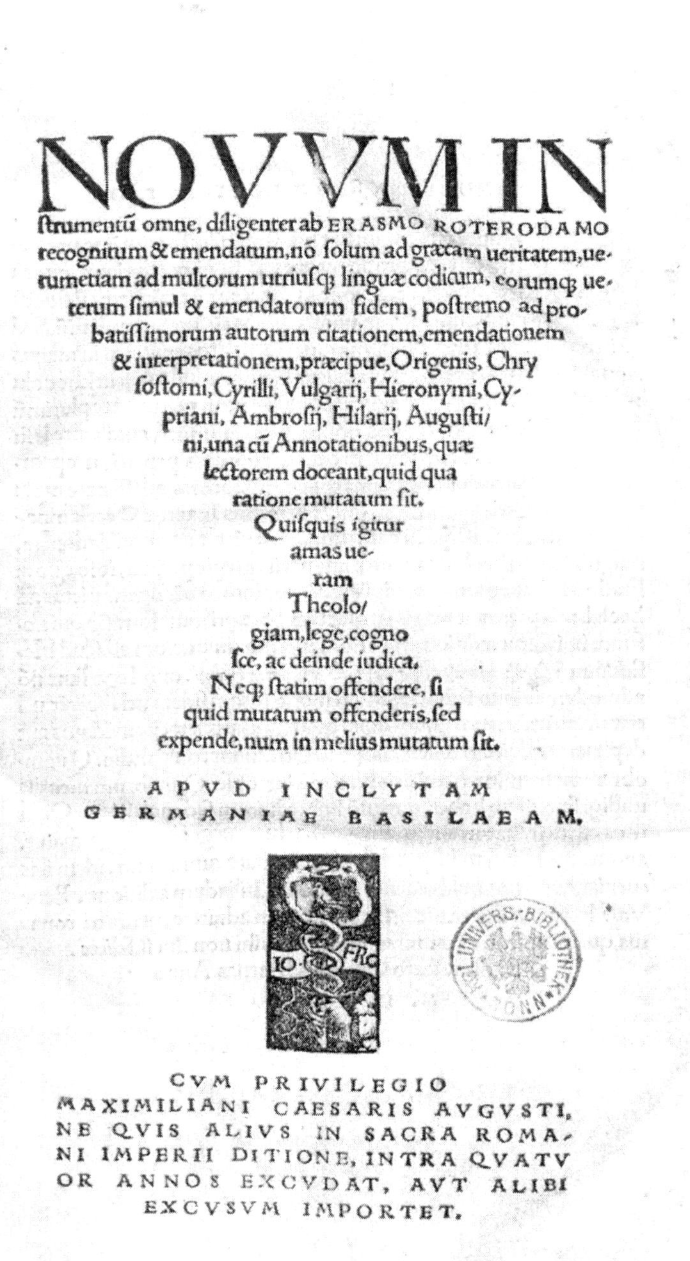

NOVVM IN

ſtrumentũ omne, diligenter ab ERASMO ROTERODAMO
recognitum & emendatum, nõ ſolum ad græcam ueritatem, ue-
rumetiam ad multorum utriuſq; linguæ codicum, eorumq; ue-
terum ſimul & emendatorum fidem, poſtremo ad pro-
batiſſimorum autorum citationem, emendationem
& interpretationem, præcipue, Origenis, Chry
ſoſtomi, Cyrilli, Vulgarij, Hieronymi, Cy-
priani, Ambroſij, Hilarij, Auguſti-
ni, una cũ Annotationibus, quæ
lectorem doceant, quid qua
ratione mutatum fit.
Quiſquis igitur
amas ue-
ram
Theolo-
giam, lege, cogno
ſce, ac deinde iudica.
Neq; ſtatim offendere, fi
quid mutatum offenderis, ſed
expende, num in melius mutatum fit.

APVD INCLYTAM
GERMANIAE BASILAEAM.

CVM PRIVILEGIO
MAXIMILIANI CAESARIS AVGVSTI,
NE QVIS ALIVS IN SACRA ROMA-
NI IMPERII DITIONE, INTRA QVATV
OR ANNOS EXCVDAT, AVT ALIBI
EXCVSVM IMPORTET.

Abbildung 1: Das Titelblatt des Neuen Testamentes von 1516

PRIVILE
GIA.

LEO DECIMVS, PONTIFEX ROMANVS, EVM QVI
HOC OPVS VSPIAM INTRA PROXIMVM QVIN
QVENNIVM AVT OPERIS PARTEM FORMIS
IMPRESSERIT DIRIS DEVOVET, VT
IN LITERIS CONTINETVR.

ET

MAXIMILIANVS CAESAR AVGVSTVS
VETAT,
NE QVISQVAM IN SACRA ROMANI
IMPERII DITIONE,
HAEC DIVI HIERONYMI VOLVMINA
ABHINC QVINQVENNIVM
AVT SEORSIM AVT VNIVERSIM TY
PIS EXCVDAT,
VEL ALIBI EXCVSA IMPORTET
SVB POENA
LIBRORVM AMISSIONIS,
ET
DECEM MARCHARVM AVRI
PVRI,
QVARVM DIMIDIVM FISCO
CEDET IMPERIALI,
TYPOGRAPHIS RELIQVVM,
VT TABELLAE
CAESAREAE CONCESSIONIS FVSIVS
DECLARANT.

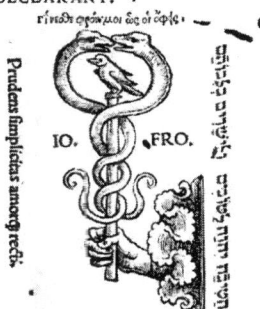

Abbildung 2: Blatt 2 von Band 1 der Hieronymus-Augabe von 1516

Andreas Deutsch

Immer wieder Egenolff: Ein Verlagshaus der frühen Buchdruckära unter Plagiatsverdacht

Bis heute erinnert der Name einer stattlichen Straße in Frankfurt-Bornheim an Christian Egenolff, den ersten dauerhaft in der Mainmetropole ansässigen Drucker und Verleger. Zudem wurde Egenolff mit einem Kopfrelief am 1858 errichteten Gutenberg-Denkmal auf dem Frankfurter Roßmarkt verewigt. Nicht umsonst, gehörte der 1502 in Hadamar geborene und 1555 in Frankfurt am Main verstorbene Egenolff doch zweifellos zu den rührigsten Persönlichkeiten der Buchdruckbranche seiner Zeit. Er habe »den Grundstein für Frankfurts raschen Aufschwung zu einem der führenden Druck- und Verlagszentren Europas« gelegt, bestätigt die modernere Forschung.[1] Nach einem Studium in Mainz 1516 bis 1519 hatte er zunächst eine Schriftgießerlehre in Straßburg absolviert, um dann ab 1528 als Besitzer einer eigenen Druckerei in Straßburg aufzutreten, wo er bis 1530 über 50 kleinere, meist an ein breiteres Publikum gerichtete Schriften erscheinen ließ.[2] Bald erkannte er, dass in der Messestadt Frankfurt, in welcher zudem noch gar kein Drucker fest Fuß gefasst hatte, ein (noch) besseres Geschäft zu machen wäre, sodass er sich 1530 zum Umzug in die Reichsstadt am Main entschloss, wo ihn der Rat mit offenen Armen empfing.

In Frankfurt brachte Egenolff bis zu seinem Tod etwa 490 Druckwerke heraus. 1535 berief ihn Landgraf Philipp von Hessen zum Universitätsbuchdrucker der jungen Universität Marburg, eine Aufgabe, die Egenolff annahm, ohne Frankfurt (Main) zu verlassen. In der von ihm gegründeten Marburger Dependance entstanden, bis er sie 1543 abstieß, immerhin nochmals über 70 Drucke.[3] Egenolffs Gesamtproduktion beläuft sich mithin auf über 600 Druckwerke.

---

1 Sigrid Jahns, Frankfurt am Main im Zeitalter der Reformation, in: Frankfurter Historische Kommission (Hg.), Frankfurt (Main) – Die Geschichte der Stadt in neun Beiträgen, Sigmaringen 1991, S. 151–204, hier S. 154.

2 Josef Benzing, Christian Egenolff zu Straßburg und seine Drucke, in: Das Antiquariat 10 (1954), S. 88 f.; ders., Christian Egenolff und seine Verlagsproduktion, in: Börsenblatt für den Deutschen Buchhandel, Beil. Aus dem Antiquariat 1973, Nr. 9, S. A348–A352.

3 Zu den Zahlen: Benzing, Egenolff und seine Verlagsproduktion, a.a.O., und ders., Die Drucke

Dank seines unternehmerischen Geschicks konnte er bis zu seinem Tod ein gewaltiges Vermögen von 28.000 Gulden anhäufen, wobei – um die Höhe dieser Summe zu illustrieren – die Papiermühle im Schwarzwald, die Egenolff für sein Unternehmen erworben hatte, mit lediglich 330 Gulden zu Buche schlug.[4] Kein Wunder also, dass Egenolff bald schon zu den angesehensten Persönlichkeiten seiner Stadt zählte.

Einen beachtlichen Teil seines Vermögens dürfte Egenolff indes durch Drucke erwirtschaftet haben, die man aus heutiger Sicht als »Plagiat«, »Raubdruck« oder bestenfalls »Kompilation« bezeichnen würde. Auf den Nachdruck spezialisierte Druckerverleger gab es damals viele, doch nur wenige dürften damit so erfolgreich gewesen sein wie Egenolff. Ein Nachdrucker sparte nicht nur die – im 16. Jahrhundert durchaus üblichen[5] – Autorenhonorare. Die Verleger innovativer Werke hatten mit oft gewaltigen Produktionskosten (etwa für die Herstellung aufwendiger Illustrationen, Entwicklung besonderer Druckverfahren, Beschaffung spezieller Lettern usw.) zu kämpfen und übernahmen ein hohes unternehmerisches Risiko, da sie ja nicht wussten, ob sie die teuren Druckwerke am Ende absetzen konnten.[6] Ein Nachdrucker konnte abwarten, ob sich ein Werk als marktgängig erwies, bevor er sich an die – in der Regel kostengünstigere – eigene Ausgabe machte.

In den allermeisten Fällen blieb der unautorisierte Nachdruck oder die ungefragte Nachahmung eines erfolgreichen Druckwerks für Egenolff ohne Konsequenzen. Ein Urheberrecht im heutigen Sinne gab es bekanntlich noch nicht.[7] Autoren, Verleger oder Drucker konnten sich um ein – von der kaiserlichen Kanzlei, von Territorialherren oder zum Teil auch von Städten erteiltes – Nachdruckprivileg für einen bestimmten Druck oder ein gesamtes Verlagspro-

---

Christian Egenolffs zu Frankfurt am Main von Ende 1530 bis 1555, in: Das Antiquariat 11 (1955), S. 139 f., 162–164, 201 f. u. 232–236.

4 Ausführlich: Hermann Grotefend, Christian Egenolff, der erste ständige Buchdrucker zu Frankfurt a. M., Frankfurt (Main) 1881, S. 22 f.

5 Etwa Hans Joachim Koppitz, Zur Form der Anträge auf Bewilligung kaiserlicher Druckprivilegien durch den Reichshofrat, in: Barbara Dölemeyer/Heinz Mohnhaupt (Hg.), Das Privileg im europäischen Vergleich, Bd. 1, Frankfurt (Main) 1997, S. 347–375, S. 362.

6 Generell zum Problem: Ludwig Gieseke, Die geschichtliche Entwicklung des deutschen Urheberrechts, Göttingen 1957, S. 23.

7 Argumente dafür, in der Privilegienpraxis bereits den Kern des heutigen Urheberrechts zu sehen, sammelte Pohlmann, wogegen sich die herrschende Meinung wehrt. Vgl. nur Hansjörg Pohlmann, Das neue Geschichtsbild der deutschen Urheberrechtsentwicklung, Baden-Baden 1961; ders., Ein unbekanntes »Reichskanzlei-Formularbuch« im Wiener Archiv, in: Rechtshistorisches Journal 1983, S. 130–141; dagegen u. a. Walter Bappert, Wege zum Urheberrecht – die geschichtliche Entwicklung des Urheberrechtsgedankens, Frankfurt (Main) 1962; Ludwig Gieseke, Vom Privileg zum Urheberrecht, Baden-Baden 1995, S. 67 ff. mit weiteren Nachweisen. Nuanciert die Stellungnahme von Elmar Wadle, Vor oder Frühgeschichte des Urheberrechts?, in: UFITA 106 (1987), S. 95–107.

gramm bemühen; doch waren derartige Privilegien schwer zu bekommen, kostspielig und in der Regel auf wenige Jahre zeitlich begrenzt. Selbst kaiserliche Privilegien konnten keine reichsweite Geltung beanspruchen; die rechtliche Durchsetzung war für die betroffenen Druckerverleger und Autoren – zumal außerhalb der eigenen Stadt oder der eigenen Herrschaft – zudem nicht ohne Risiko.[8] Es sind nur wenige Fälle bekannt, in welchen von Privilegierten angestrengte Rechtsstreitigkeiten ein erfolgreiches Ende nahmen.[9] Die rechtlichen Möglichkeiten der Autoren und Verleger waren mithin sehr beschränkt. Egenolff wusste die Grenzen möglicherweise bestehender Nachdruckprivilegien geschickt auszuloten.

Doch selbst wenn noch kein Urheberrecht im heutigen Sinne entwickelt war, so gab es doch sehr wohl schon so etwas wie ein Urheberbewusstsein[10]: Viele Schöpfer der von Egenolff plagiierten oder nachgedruckten Publikationen waren über dessen Schamlosigkeit erzürnt. Und dies durchaus nicht nur wegen einiger mit der ungenehmigten Übernahme einhergehenden Verfälschungen des Inhalts. Für die Druckerverleger ihrerseits konnte der »Raubdruck« existenzgefährdend sein. Trotz allen Geschicks geriet Egenolff daher wiederholt in juristische Konflikte oder sah sich publizistischen Anfeindungen ausgesetzt. Die Auseinandersetzungen belegen eine gewisse Hilflosigkeit der betroffenen Autoren und Verleger in Anbetracht einer für sie äußerst unbefriedigenden Rechtslage – und eine wachsende Selbstsicherheit Egenolffs bei der Ausnutzung der bestehenden Rechtssituation.

1.   Schott zieht gegen Egenolff vor Gericht

Es erscheint wie ein erster Kratzer in Egenolffs glattpoliertem Image, dass ihn 1533 *Johann Schott*, ein namhafter Straßburger Verleger, wegen Plagiats vor dem Reichskammergericht verklagte. Schott warf Egenolff vor, er habe aus einem bei Schott erschienenen Buch 230 Holzschnitte des bekannten Illustrators *Hans Weiditz* für eines seiner Bücher einfach nachschneiden lassen. Da das 1530 erschienene Werk – schon ausweislich des Titelblatts[11] – mit einem kaiserlichen

---

8 Gieseke, Vom Privileg zum Urheberrecht, S. 40 ff.; ders., Geschichtliche Entwicklung, S. 23 ff.

9 Zu einem Rechtsstreit, in welchem einer von Egenolffs Nachfolgern als Frankfurter Verleger zu spüren bekam, welch schwerwiegende Folgen die Verletzung von Autorenprivilegien haben konnte: Hansjörg Pohlmann, Der Urheberrechtsstreit des Wittenberger Professors Dr. med. Kaspar Peuker mit dem Frankfurter Verleger Sigmund Feyerabend (1568–1570), in: Archiv für Geschichte des Buchwesens VI (1966), Sp. 593–640.

10 So wohl auch: Horst Kunze, Über den Nachdruck im 15. und 16. Jahrhundert, in: Gutenberg-Jahrbuch 13 (1938), S. 135–143.

11 Im Wiener Verzeichnis der erteilten Druckprivilegien ist dies nicht nachweisbar, jedoch ist

Nachdruckprivileg auf sechs Jahre ausgestattet war, handele es sich um eine Rechtsverletzung:

> *Otto Brunfels*, Herbarum Vivae Eicones ad naturæ imitationem, summa cum diligentia & artificio effigiatæ, una cum Effectibus earundem, in gratiam veteris illius, & iamiam renascentis Herbariæ Medicinæ, Straßburg (Schott) 1530 (und öfter).

Schott hätte die Sache sicherlich auf sich beruhen lassen, wenn er nicht besonders viel Geld in das Buch investiert hätte. Die »Herbarum Vivae Eicones« von *Otto Brunfels* (1488–1534) gehörten zu den innovativsten Druckwerken der Zeit. Die mit hohem Aufwand nach der Natur gezeichneten, botanisch korrekten und doch künstlerisch ansprechenden Pflanzendarstellungen suchten ihres Gleichen und brachten die Forschung um Meilen voran. Nicht umsonst gilt Otto Brunfels heute als einer der »Väter der Botanik«.

Das 1533 bei Egenolff erschienene streitgegenständliche Druckwerk war durchaus kein simpler Nachdruck. Egenolff suggerierte im Rechtsstreit, seine alleinige Grundlage sei ein schon vor dreißig oder vierzig Jahren geschriebenes und gemaltes Kräuterbuch gewesen.[12] Er habe den Frankfurter Stadtarzt *Eucharius Rösslin d. J.* (alias Rhodion) gebeten, dieses ältere Buch für breitere Leserkreise zu adaptieren:

> *Eucharius Rhodion* [alias: *Rösslin*], Kreutterbůch von allem Erdtgewächs: Anfenglich von Doctor Johan Cuba zusamen bracht, Jetz widerum[m] new Corrigirt, und auß den best-berümptesten Artztenm auch täglicher erfarnuß. gemehrt. Mit warer Abconterfeitung aller Kreuter, Frankfurt (Main) (Egenolff) 1533.

Tatsächlich schuf Rösslin eine geschickte Kompilation des 1485 erstmals gedruckten »Gart der Gesundheit« des Mainzer Arztes *Johannes Wonecke von Kaub* (Cuba) und einer 1491 dazu erschienenen lateinischen Überarbeitung »Hortus sanitatis«.[13] Die Abbildungen in Rhodions Buch waren indes in der Tat nichts anderes als leicht verkleinerte, seitenverkehrte Nachahmungen der Brunfels'schen Illustrationen, die – pikanterweise – ebenfalls in der Werkstatt des Hans Weiditz angefertigt worden waren. Die seitenverkehrte Kopie erklärt sich daraus, dass die Nachzeichnungen der Einfachheit halber jeweils direkt auf den Druckstock übernommen wurden, der dann ja beim Druck ein seitenverkehrtes Bild erzeugt. Die übernommenen Details sind dabei derart frappierend, dass sich Egenolff nicht damit herausreden konnte, dass es sich ja in der Natur auch um die gleiche Pflanze handele. Auch die meisten anderen Argumente Egenolffs

---

dieses unvollständig; vgl. Hans-Joachim Koppitz, Die kaiserlichen Druckprivilegien im Haus-, Hof- und Staatsarchiv Wien: Verzeichnis der Akten, Wiesbaden 2008, insb. Einl. XII.

12 Grotefend, Egenolff, S. 17.

13 Hierzu Mechthild Habermann, Deutsche Fachtexte der frühen Neuzeit: naturkundlich-medizinische Wissensvermittlung, Berlin/New York 2001, S. 245 ff., 310 und 313.

mussten – den damaligen Juristen wie dem heutigen Leser – eher wie Ausreden erscheinen, wenn er etwa auf ein Gemeininteresse am Nachdruck zur Verbreitung des Wissens verwies. Ein Argument dürfte das Reichskammergericht jedoch überzeugt haben: Die mangelnde Zuständigkeit in erster Instanz[14]:

> »und begern solche Citation ufzeheben, In ansehung, das[s] ich nit o[h]n mittel dem Reich underworffen, sonder meinen Ordentlichen Richter hab, vor dem ich zuvor ersucht, und nit erstmals an gedachts Chamergericht gezogen werden sol, vermög des hailigen Reichs Ordenung.«[15]

Der Rechtsstreit ging als erster[16] »Urheberrechtsprozess« vor dem höchsten Reichsgericht in die Geschichte ein und beschäftigt seit spätestens 1839 die Wissenschaft.[17] Erst kürzlich ist dazu eine Monografie erschienen.[18] Bis heute ist allerdings ungeklärt, wie das Verfahren exakt ausging. Selbst im Falle der – sehr wahrscheinlichen – Abweisung durch das Reichskammergericht wäre es Schott unbenommen geblieben, sich an den örtlichen Richter, also die Frankfurter Schöffen zu wenden. Er musste hierbei jedoch einkalkulieren, dass Egenolff in Frankfurt längst einflussreiche Freunde hatte. Wie Heinrich Röttinger 1933 nachweisen konnte, befanden sich jene Druckstöcke, die Egenolff für seine plagiierten Abbildungen hatte anfertigen lassen, ab 1534 im Besitz von Schott, der sie für ein weiteres Kräuterbuch verwendete.[19] Es steht mithin fest, dass sich Schott gegen Egenolff hat durchsetzen können, sei es gerichtlich oder außergerichtlich. Dies wird bestätigt durch ein in diesem Zusammenhang bislang unbeachtetes Schreiben des Straßburger Buchdruckers *Wendel Rihel*: In einer Klage gegen seine Konkurrenten Hans Albrecht und Hans Schott wegen unerlaubten Nachdrucks seines »Dictionarium Dasypodii« im Jahre 1536 argumentierte Rihel unter anderem mit dem Erfolg Schotts im Rechtsstreit gegen Egenolff. Denn obgleich »Eynolphen« all das, was er aus Schotts »kreüterbuch gezogen, us anderen büchern [...] gemehret, ein andern namen und titel geben,

---

14 So auch Grotefend, Egenolff, S. 17. Zu dem Verfahren bereits: Paul Wigand, Der Büchernachdruck im 16. Jahrhundert, aus Akten des Reichskammergerichts, in: Wetzlar'sche Beiträge für Geschichte und Rechtsalterthümer, 3. Heft, Wetzlar 1839, S. 227–241, S. 227 ff.

15 So Egenolff in seiner Vollmachterteilung für den Anwalt Christoph von Schwalbach vom 16. Nov. 1533, abgedruckt bei Grotefend, Egenolff, Beil. 2, sowie bei Norbert P. Flechsig, Schottus adversus Egenolphum – Der erste »Urheberrechtsstreit« vor dem Reichskammergericht 1533/34, München 2017 – S. 194 ff., dort auch der formale Einwand der Unzuständigkeit in der Klageerwiderung an das Reichskammergericht, S. 196 ff.

16 Insgesamt spielten Verfahren um Nachdruckprivilegien vor dem Reichskammergericht offenbar keine nennenswerte Rolle, vgl. Bernhard Diestelkamp, Privilegien in Prozessen vor dem Reichskammergericht, in: Dölemeyer/Mohnhaupt (Hg.), Privileg im europäischen Vergleich, Bd. 2, 1999, S. 65–83, insb. S. 69 f.

17 Wigand, Büchernachdruck im 16. Jahrhundert, S. 227 ff.

18 Flechsig, Schottus adversus Egenolphum, München 2017; mit weiteren Nachweisen.

19 Heinrich Röttinger, Der Frankfurter Buchholzschnitt 1530–1550, Straßburg 1933, S. 13 ff.

mit kleineren geschrift getruckt und in geringerem gelt verkauft hat«, das neue Buch also durchaus kein hundertprozentiger Nachdruck gewesen sei, habe Schott den Egenolff in der Rechtsache »wie er sich rümet, mehr dann umb hundert gulden bracht«, so habe er namentlich »die geschnittenen formen, so bey 60 gulden kosten, zu seinen henden erlanget«.[20] Während sonst eine Neuzusammenstellung des Materials genügte, um aus einem unerlaubten Nachdruck eine nicht mehr vom Nachdruckprivileg abgedeckte und daher rechtlich zulässige Kompilation zu machen, wurde hier nicht auf das Gesamtwerk abgestellt, sondern die Nachahmung allein der Abbildungen als unerlaubter Nachdruck sanktioniert. Sicherlich würde es zu weit gehen, den Illustrationen insoweit »Werkcharakter« beizumessen, denn geschützt war ja weiterhin ausschließlich der privilegierte Verleger.

Egenolffs Niederlage gegen Schott war, wie das Zitat belegt, ein Gesprächsthema in der Branche und trug auch dazu bei, die Grenzen des gerade erst aufkeimenden Verlegerschutzes neu zu justieren. Egenolff dürfte die sichtliche Genugtuung Schotts als Schmach empfunden haben. Egenolff wäre jedoch nicht Egenolff, wenn er deswegen klein beigegeben hätte. Er ließ vielmehr das gesamte Bildmaterial leicht abgewandelt und vereinfacht nochmals neu schneiden und verwendete es dann in gleich mehreren Botanikbüchern, so zuerst in einer – auch textlich überarbeiteten – Neufassung von Rösslins Kräuterbuch,[21] die ein Erfolg wurde und wenigstens 1534, 1535, 1536, 1538, 1540, 1542, 1546 und 1550 gedruckt wurde. 1540 ließ Egenolff zudem ein weiteres, diesmal lateinisches Kräuterbuch unter Verwendung desselben Bildmaterials erscheinen[22]:

> *Theodor Dorsten*, Botanicon continens herbarum, aliorumque simplicium, quorum usus in medicinis est, discriptiones et icones ad vivum effigiatas, Frankfurt (Main) 1540.

Es handelt sich um eine freie Übersetzung von Rösslins Kräuterbuch, die der Marburger Arzt auf Wunsch Egenolffs angefertigt hat.[23] Offenbar war die Fassung nicht sehr erfolgreich, und es blieb bei einer Auflage. Als bloßes Bilderbuch mit Pflanzenbezeichnungen ging zudem 1535 in Druck:

> Herbarum imagines vivae – Der kreuter lebliche Conterfeytunge, Frankfurt (Main) 1535.

---

20 Die dem Magistrat am 20. Dez. 1536 vorgetragene Klageschrift ist im Wortlaut abgedruckt bei: Wilhelm Stieda, Zur Geschichte des Straßburger Buchdrucks, in: Archiv für Geschichte des deutschen Buchhandels 5 (1880), S. 1–145, S. 88ff.

21 Habermann, Deutsche Fachtexte, S. 310.

22 Zur intensiven Weiterverwendung dieses Bildmaterials durch Egenolff bereits: Ernst H. F. Meyer, Geschichte der Botanik IV, Königsberg 1857, S. 335ff.

23 Hierzu: Habermann, Deutsche Fachtexte, S. 310ff.

Von dem Büchlein sind auch Drucke von 1536 und 1538 nachweisbar. Wenigstens einzelne der Holzschnitte verwendete Egenolff schließlich auch noch einmal für:

> *Pedanius Dioscorides*, De medicinali materia libri VI, Joanne Ruellio interprete, Frankfurt (Main) 1543 und 1549.

Eine weitere Überarbeitung von Rösslins Kräuterbuch nahm dessen Nachfolger als Frankfurter Stadtarzt *Adam Lonitzer* vor, der als Schwiegersohn von Christian Egenolff dessen Offizin in mehrfacher Hinsicht verbunden war: Die »Naturalis historia« wurde 1551 und 1555 gedruckt, eine deutsche Fassung davon 1557 und 1569.[24] Alles in allem verwendeten Christian Egenolff und seine Erben die Pflanzenholzschnitte für mehr als ein Dutzend Druckwerke.[25] Aber auch inhaltlich waren die Werke nicht originell. Wie Habermann nachweisen konnte, bediente sich auch Lonitzer – nicht nur bei Rösslin, sondern besonders bei Leonhart Fuchs aus dessen »Historia stirpium« von 1542.[26]

2.   Leonhart Fuchs: Kräuterbuch

Leonhart Fuchs (1501–1566), nach dem die »Fuchsie« benannt ist, gehört zu den bedeutendsten Naturforschern seiner Zeit; sein bleibender Ruhm beruht vor allem auf einem Werk:

> *Leonhart Fuchs*, De historia stirpium commentarii insignes maximis impensis et vigiliis elaborati: Adiectis Earundem Vivis Plusquam quingentis imaginibus, nunquam antea ad naturae imitationem artificiosius effectis & expressis, Basel (Isingrin) 1542.

Nicht zuletzt wegen dieses Buchs zählt man Fuchs heute zusammen mit Otto Brunfels und Hieronymus Bock zu den »Vätern der Botanik«. Die wissenschaftliche Aufarbeitung der hergebrachten, vornehmlich antiken Literatur, die jahrelange Suche in Wald und Feld nach heimischen Arten, deren Vergleich mit dem bisherigen Status quo in den Büchern, die Mühen, alle gesammelten Pflanzenmuster in frischem Zustand getreu abzuzeichnen und zu reißen – all dieser Aufwand lässt sich kaum ermessen.[27] Fuchs wirkte ganz im Interesse der Wissenschaft, weshalb er auch eigentlich nur eine lateinische Ausgabe seines Werkes plante, um den Halbwissenden den Zugriff zu erschweren. Vermutlich

---

24 Habermann, Deutsche Fachtexte, S. 247, 252 ff.
25 Meyer, Geschichte der Botanik IV, S. 293.
26 Habermann, Deutsche Fachtexte, S. 320 ff.
27 Hierzu: Eberhard Stübler, Leonhart Fuchs – Leben und Werk, München 1928, insb. S. 64 ff.; Klaus Dobat, Grundlagenforschung für die Botanik – Die Kräuterbücher des Leonhart Fuchs, in: Gerd Brinkhus / Claudine Pachinke (Hg.), Leonhart Fuchs (1501–1566): Mediziner und Botaniker, Tübingen 2001, S. 85–111.

auf Druck seines Verlegers Isengrin, der sich um den Absatz Sorgen machen musste, ließ Fuchs 1543 eine deutschsprachige (nochmals erweiterte) Fassung folgen: Das »Neu Kreutterbuch«.[28] Bei beiden Drucken war der Aufwand immens. Umso mehr fielen die billigen Imitationen und Kompilationen demgegenüber ab. Fuchs, der in der Einleitung seines Werks von 1542 einen Überblick über die bisherige Forschung ablieferte und beispielsweise Brunfels Kräuterbuch Anerkennung zollte, wusste über die bei Egenolff erschienenen Werke daher nur mit Abscheu zu berichten: Kein Kräuterbuch auf der Welt weise so viele extremste Fehler auf, wie jene, die der Drucker Egenolff wieder und wieder herausgebe. So würden (aufgrund willkürlicher Kompilation) ohne Sachverstand wiederholt dieselben Pflanzen für zwei oder gar drei verschiedene ausgegeben, dieselbe Abbildung für unterschiedliche Pflanzen gebraucht.

Egenolff ließ sich von derlei Kritik nicht abschrecken. Vermutlich als Auftragsarbeit für Egenolff hatte der (angebliche?) Arzt, Apotheker und populärwissenschaftliche Publizist *Walther Hermann Ryff*[29] eine Übersetzung der Schriften des antiken griechischen Arztes Pedanios Dioskurides angefertigt und an jedem Kapitelende um recht unbedeutende Bemerkungen ergänzt; das Werk erschien 1543 bei Egenolff unter dem Titel:

> *Pedanius Dioscorides*, De Medicinali Materia Libri Sex, Joanne Ruellio Suessionensi interprete, Singulis cum stirpium … imaginibus seu vivis picturis … Additis etiam Annotationibus sive Scholiis brevißimis … per Gualtherum H. Ryff, Argentinum, Medicum et Chirurgum …, Frankfurt (Main) 1543 (und 1549).[30]

Als Egenolff seine Zusammenarbeit mit Walther Ryff begonnen hat, eilte diesem bereits ein Ruf als Kompilator und Plagiator voraus. 1543 drohte Ryff zudem die Festnahme durch den Straßburger Rat, weil er zusammen mit seinem damaligen Drucker Balthasar Beck ein generelles Nachdruckprivileg für Beck gefälscht hatte: Die beiden hatten die vorgeblich kaiserliche Pergamenturkunde einfach von einem anderen Privileg abgepaust und als Kaisersiegel den Wachsabdruck eines Joachimstalers verwendet. Das erste Werk, bei dem das gefälschte Privileg zum Einsatz kam, war das 1540 erschienene Traumbüchlein »Warhafftige, gewisse und unbetrügliche Underweisung, wie alle Tröum … außgelegt werden sollen«, in Wirklichkeit eine bloße Übersetzung des »Onirocriticon« des Artemidor von Daldis. Auf dem Titelblatt wurde behauptet, es sei »Mit Kün. Maie. Freiheyt in vi. jaren nit nachzûtrucken, bey peen x. Marck lötigs golds« ausgestattet, ähnliches druckte Beck auf alle seine nachfolgenden Bücher bis zum

---

28 Stübler, Fuchs, S. 80 ff.
29 Zu Ryff etwa: Josef Benzing, Walther H. Ryff und sein literarisches Werk. Eine Bibliographie, in: Philobiblon 2 (1958), S. 126–154 und 203–226, insb. S. 126 ff.
30 Mit gewissen Unterschieden, vgl. F. W. E. Roth, Leonhard Fuchs – ein deutscher Botaniker, in: Beihefte zum Botanischen Centralblatt VIII (1898/99), S. 161–191, S. 165.

Beginn der Strafermittlungen gegen ihn. Als der Betrug ruchbar wurde, hatte sich Ryff bereits nach Frankfurt abgesetzt, wohin sich der Straßburger Rat – unter Vermittlung der Gesandten auf dem Speyerer Reichstag – im März 1544 mit der Bitte um Amtshilfe wandte.[31] Es scheint sehr wahrscheinlich, dass Ryff wegen der drohenden Festnahme wohl schon im Herbst 1543 in Frankfurt (Main) Wohnsitz genommen hatte[32] und deshalb die Zusammenarbeit mit Egenolff intensiviert hatte.[33] Ohne Zweifel wusste Branchenkenner Egenolff über die Hintergründe von Ryffs Umzug bestens Bescheid.

Leonhart Fuchs war Walther Ryffs Plagiatorentätigkeit schon länger ein Dorn im Auge. Für mindestens zwei frühere (nicht bei Egenolff publizierte) Bücher hatte sich Ryff bereits recht großzügig bei Fuchs bedient.[34] Aus Fuchsens »Historia stirpium« hatten Ryff und Egenolff für den »Pedanius Dioscorides« vornehmlich die kostbaren Abbildungen abkopiert – und dies in großer Zahl. Soweit Egenolff nicht seine alten Druckstöcke verwendet hat, die namentlich von Schotts Brunfels-Ausgabe abgekupfert waren, dürften die Illustrationen durchweg Fuchs nachgemacht sein. Eberhard Stübler zählt 200 Übernahmen aus der »Historia stirpium« – allesamt vereinfacht und dadurch ungenau.[35]

Vor diesem Hintergrund musste dem redlichen Fuchs das abermalige Plagiat eines seiner Werke durch Ryff wie der blanke Hohn vorkommen. So kam es zu einer der prominentesten »Schlammschlachten« der frühen Buchgeschichte,[36] die in insgesamt sieben separat gedruckten Streitschriften ausgetragen wurde. Zunächst ließ Fuchs eine Streitschrift drucken, in welcher er sich gegen Ryff und Egenolff wandte:

Apologia Leonharti Fuchsii medici qua refellit malitiosas Gualtheri Ryffi veteratoris pessimi reprehensiones, quas ille Dioscoridi nuper ex Egenolphi officina prodeunti attexuit obiterque quam multas imò propemodum omnes, herbarum imagines è suis de stirpium historia inscriptis commentariis idem suffuratus sit, ostendit, Basel 1544 (ca. 60 Seiten).

---

31 Ausführlich: Ludger Grenzmann, Traumbuch Artemidori: zur Tradition der ersten Übersetzung ins Deutsche durch W. H. Ryff, Diss. Göttingen 1973, S. 22–30; Stieda, Straßburger Buchdruck, S. 29 und 93 ff.

32 So auch Ralf Vollmuth, Traumatologie und Feldchirurgie an der Wende vom Mittelalter zur Neuzeit, Stuttgart 2001, S. 30.

33 Ryff überarbeitete für Egenolff z. B. auch: Hans von Gersdorff, Feldtbuch der wundtartzney, Straßburg (Schott) 1517 – erschienen bei Egenolff ab 1551 als anonymes »Stadt und Feldtbůch Bewerter Wundtartznei, New widerumb ersehen [...] von Herrn Walthero Rivio«.

34 Detailliert bei Stübler, Fuchs, S. 56 f. und 84 f.; auch: Benzing, Ryff, S. 128. Generell zu Ryffs Plagiaten: Alexander Marr, Walther Ryff, Plagiarism and Imitation in Sixteenth-Century Germany, in: Print Quarterly 31 (2014), S. 131–144.

35 Stübler, Fuchs, S. 80, 83.

36 Zum folgenden Streit insb.: Stübler, Fuchs, S. 102 ff.; Roth, Fuchs, S. 165 f.

Wiederholt warf Fuchs darin Ryff und Egenolff Diebstahl geistigen Eigentums vor. Anschließend listete er alle größeren Plagiate mit den entsprechenden Belegstellen auf. Vergleicht man die angegebenen Fundstellen in beiden Büchern, besteht kein Zweifel, dass Fuchs der Sache nach Recht hatte. Andere Autoren pflichteten Fuchs alsbald bei. So erklärte der berühmte Züricher Arzt und Naturforscher *Conrad Geßner* über Ryff, in dessen Anmerkungen zur Dioscorides-Ausgabe sei rein gar nichts ihm selbst zuzurechnen.[37] Diese Plagiatsvorwürfe gegen Ryff wirkten bis in spätere Jahrhunderte nach,[38] konnten Ryff indes nur begrenzt etwas anhaben, da sich dessen wissenschaftsferne Leserschaft wenig um derartige Diskurse kümmerte. Christian Egenolff indes scheint ernsthaft um seinen Ruf als Verleger besorgt gewesen zu sein. Im September 1544 rechtfertigte er sich gegen die Vorwürfe von Leonhart Fuchs in der Streitschrift:

> Adversum illiberales Leonharti Fuchsii, medici Tubingensis, calumnias, responsio Christiani Egenolphi, typographi Francofortani, Frankfurt (Main) 1544 (16 Seiten).

Vornehmlich suchte Egenolff darin die Glaubwürdigkeit von Fuchs in Zweifel zu ziehen – durch abwertende Zitate Dritter und die Aufzählung weiterer heftiger Angriffe von Fuchs gegen andere Personen, wodurch er in schlechtem Licht erscheinen sollte. Ob es auch auf Egenolffs Initiative zurückging, dass *Philipp Melanchthon* an Fuchs schrieb und ihn aufforderte, den Streit zu beenden,[39] muss Spekulation bleiben; nachweislich pflegte Egenolff zu dem Reformator seit 1539 tragfähige Kontakte.[40] Ohne jeden Zweifel zog Egenolff in der Angelegenheit alle ihm verfügbaren Register. So schloss er sich auch mit einem alten Erzrivalen

---

37 »Gualtherus Riffus Dioscoridem ædidit cum annotationibus, in quibus nihil proprium ab eo afferri puto, sed aliorum duntaxat in eundem authorem aut similis argumenti scripta reperi, adiectis etiam figuris stirpium & animalium aliquot.« (Conrad Gesner, Praefatio zu: Hieronymus Bock, De Stirpium maxime earum, quae in Germania nostra nascuntur [...], Straßburg 1552); hierzu: Gundolf Keil, »Ryff, Walther Hermann«, in: Neue Deutsche Biographie 22 (2005), S. 310 f.; Habermann, Deutsche Fachtexte, S. 429 f.

38 Hierzu: Vollmuth, Traumatologie und Feldchirurgie, S. 31 f. Teile der neueren Literatur bemühen sich, Ryffs fraglos vorhandene Leistung der Wissensvermittlung durch geschickte Kompilation in den Vordergrund zu stellen, vgl. etwa Ralph Vollmuth, Eine »Persona non grata« der Wissenschaftsgeschichte – zum 450. Todestag des Walther Hermann Ryff († Würzburg 1548), in: Geschichte der Pharmazie 50 (1998), S. 55–57.

39 Brief Melanchthons an Fuchs vom 25. Dez. 1544; Regest-Nr. 3769 im Melanchthon-Briefwechsel.

40 Vgl. Grotefend, Egenolff, S. 20 ff. Es war ein System des Gebens und Nehmens, so stellte Egenolff als Gegenleistung für ein Vorwort Melanchthons ein Geschenk für N. Krapp in Aussicht, die bedürftige, verwitwete Schwägerin Melanchthons; diese war mit dem Bruder Andreas von Melanchthons Frau verheiratet gewesen. Vgl. Brief von Lucas Lossius an Melanchthon vom 2. April 1553; Regest-Nr. 6789 im Melanchthon-Briefwechsel. Um der Bitte um ein weiteres Vorwort für ein Druckwerk bei Egenolff legte Verfasser Christoph Entzelt einen Topas bei, was Melanchthon aber nicht beeindruckte – das Vorwort unterblieb. Vgl. Brief von Christoph Entzelt vom 13. Januar 1552, Regest-Nr. 6309.

von Fuchs zusammen, dem seit 1542 als Professor für Medizin in Marburg tätigen *Hans Haynpol*, genannt *Cornarius* (1500–1558) – und stellte diesem seine Druckerpresse zur Verfügung. Anfang März 1545 reagierte Cornarius auf Leonhart Fuchs, der ihm u. a. mangelnde Griechischkenntnisse vorgeworfen hatte, mit der bei Egenolff erschienenen Streitschrift:

> *Ianus Cornarius*, Vulpecula excoriata [Das abgehäutete Füchslein], Frankfurt (Main) 1545 (38 Seiten).

Cornarius warf Fuchs darin Plagiat der antiken Autoren – aber nicht nur dieser – vor. Die »Historia stirpium« sei ein unnützes Werk mit hübschen Bildchen. Zeitgleich im März 1545 antwortete Leonhart Fuchs auf Egenolff mit der über 50-seitigen Schrift:

> *Leonhart Fuchs*, Adversus mendaces et christiano homine indignas, Christiani Egenolphi Typographi Francofortani suique Architecti calumnias … Responsio, Tübingen 1545.

Bereits das Bibelzitat auf dem Titelblatt lässt den Ton der weiteren Schrift ahnen: Sprüche Salomos 26,5: »Responde stulto ad stultitiam eius, ne sapere sibi videatur. [Antworte dem Toren nach seiner Torheit, dass er sich nicht weise dünke.]« Wie sehr Egenolff den Rufschaden durch diese Schrift fürchtete, von welcher er vorab hörte, lässt sich daran ermessen, dass er die gesamte – bei Morhart auf Kosten von Fuchs gedruckte – Auflage, kurzerhand aufkaufte, bevor sie auf der Frankfurter Ostermesse verbreitet werden konnte.[41] Fuchs sah sich daher gezwungen, das Werk ein zweites Mal drucken zu lassen, diesmal bei Erasmus Zimmermann in Basel.[42] Inhaltlich brachte die Schrift nichts wesentlich Neues. Fuchs hielt – nicht von ungefähr, aber doch wohl zu Unrecht – seinen Gegner Cornarius für den eigentlichen Verfasser der Egenolff'schen Rechtfertigungsschrift, weshalb er auch gegen diesen austeilte (ohne von dessen zeitgleich erschienener Schrift bereits zu wissen). Im August 1545 reagierte Ianus Cornarius wiederum auf Fuchs mit der rein polemischen Streitschrift:

> *Ianus Cornarius*, Nitra ac Brabyla, pro vulpecula excoriata asservanda […] Ad Leonhartum Fuchsium [Salz und Schlehen für das abgezogene Füchslein], Frankfurt (Main) (Egenolff) 1545.

Zeitgleich im August folgte eine zweite Schrift ähnlichen Umfangs aus der Feder von Leonhart Fuchs, in welcher er auf Cornarius erstes Pamphlet antwortete:

> »*Leonhart Fuchs*, Cornarrius furens [Der rasende Cornar], Basel 1545.«

---

41 Roth, Fuchs, S. 165.
42 Ausführlich: Stübler, Fuchs, S. 108.

Im Kern handelt es sich nur um eine Beschimpfung des Gegners, der Name Cornarius wird hierbei absichtlich mit Doppel-R geschrieben: »CorNARRius«. Weil Cornarius dies so nicht stehen lassen wollte, ließ er im April 1546 noch eine dritte Druckschrift folgen:

> »Vulpeculae Catastrophe, seu qui debeat esse scopus, modus, ac fructus contentionum«.

Und als ob diese Texte an Esprit nicht zu übertreffen seien, gab Egenolff alle drei Traktate seines Cornarius 1546 nochmals gebündelt in Druck:

> *Ianus Cornarius*, Orationes in Leonhartum Fuchsium medicum, sive Fuchseides III, quarum inscriptiones sunt: I. Vulpecula excoriata, II. Vulpecula excoriata asservata sive Nitra ac brabyla ... III. Vulpeculae Catastrophe, seu qui debeat esse scopus, modus, ac fructus contentionum, Frankfurt (Main) 1546.

Dabei hatte der Streit längst an Originalität eingebüßt. Immer mehr verloren die Kontrahenten ihre ursprüngliche Streitursache aus den Augen und konzentrierten sich – in beidseits herablassender Weise – auf ihren Gegner und dessen aus ihrer Sicht verfehltes wissenschaftliches Konzept, indem Cornarius Fuchs im Kern mangelnde Kenntnis der antiken Schriften, Fuchs Cornarius aber mangelnde Befähigung zur eigenen naturwissenschaftlichen Expertise vorwarf.

Egenolff indes hatte sein Ziel erreicht: Sein »Plagiat« war längst aus dem Sichtfeld gerückt; bis heute wird die Auseinandersetzung vornehmlich als kurioser Schaukampf zweier streitsüchtiger Wissenschaftler angesehen.[43]

3.   Andreas Vesal: Tabulae anatomicae sex

Die Plagiatsvorwürfe gegen Egenolff beschränkten sich allerdings nicht auf den Bereich der Kräuterbücher. 1538 waren in Venedig die berühmten sechs »Tabulae anatomicae« des *Andreas Vesalius* (1514–1564) als großformatige Einblattdrucke erschienen – Darstellungen des menschlichen Skeletts und der Organe, jeweils mit ergänzenden Erläuterungen in einer Legende. Vesals Grundlage waren umfassende anatomische Studien am Menschen gewesen, sodass er auf den sechs Tafeln Erkenntnisse über den humanen Körperbau präsentieren konnte, die weit über das hinausgingen, was zuvor bekannt war. Wie zum Beispiel auf der Tafel »Humani corporis Ossa parte anteriori expressa« klar zu lesen ist, waren die

---

43 Z.B. Karl Mägdefrau, Geschichte der Botanik: Leben und Leistung großer Forscher, Berlin/ Heidelberg 2013, S. 28 ff.; Gerhard Baader, Die Antikerezeption in der Entwicklung der medizinischen Wissenschaft während der Renaissance, in: Rudolf Schmitz / Gundolf Keil (Hg.), Humanismus und Medizin, Weinheim 1984, 51–66, hier 65 f.; Wilhelm Ludwig Schreiber, Die Kräuterbücher des XV. und XVI. Jahrhunderts. Anhang zum Reprint des Gart der Gesundheit, München 1924, p. 37 f.

Illustrationen gleich mit mehreren Nachdruckprivilegien ausgestattet – einem päpstlichen, einem kaiserlichen und einem der Stadtrepublik Venedig, dem Erscheinungsort der Drucke. Verboten waren Nachdruck und Verkauf von Nachdrucken »sub p[o]enis gravissimis«. Dies hinderte Egenolff freilich nicht daran, sich bei Vesalius zu bedienen. 1541 erschien in Egenolffs Marburger Dependance das Werk:

Johann Dryander, Anatomia Mundin: adsunt & scholia non indocta, quae prolixorum commentatorium vice esse possunt, Marburg (Egenolff) 1541.

Der rührige Anatom, Mathematiker und Astronom *Johann Dryander* (alias Eichmann, 1500–1560) war seit 1535 Professor für Mathematik und Medizin an der Universität Marburg, wo er auch wiederholt Lehrsektionen abhielt und eigene anatomische Studien durchführte.[44] In Dryanders Band wurden zwei der Tafeln Vesals in verkleinerter, massiv vereinfachter und damit zugleich in einem Fall auch fehlerhafter Form reproduziert – unter Übernahme der Vesal'schen Erläuterungen. In beiden Fällen sind die Vesal'schen Skelette, die so Furore gemacht hatten, noch bis in die Details wiederzuerkennen (vgl. Bl. 65v. und Bl. 66v.). Es sind, wie man heute weiß, nicht die einzigen aus anderen Büchern abgekupferten Abbildungen,[45] sodass der gegen Dryander bereits zu seinen Lebzeiten gerichtete Vorwurf des Plagiierens wohl nicht von der Hand zu weisen ist.[46]

Egenolff, spezialisiert auf allgemeinverständliche Schriften, ließ im Folgejahr eine deutsche Fassung von Dryanders Buch folgen:

Johann Dryander, Der gantzen Artzenei gemeyner Inhalt, Wes einem Artzt, bede in der Theoric und Practic zusteht, Mit anzeyge bewerter Artzneienn, zu allen leiblichen Gebrechenn, durch natürliche mittel, Hiebei neben des menschen cörpers Anatomei warhafft Contrafeyt und beschriben, Frankfurt (Main) (Egenolff) 1542.

Hierin finden sich die beiden genannten Bildplagiate erneut, zusätzlich wurden mindestens zwei weitere Abbildungen Vesals »zum gefäß des samens« – in ziemlich entstellter, aber doch eindeutiger Weise – »abgekupfert«.

---

44 Robert Herrlinger, »Dryander, Johannes«, in: Neue Deutsche Biographie 4 (1959), S. 142–143.

45 Weitere Abbildungen sind etwa Berengario da Carpi entlehnt, vgl. Daniél Margócsy, Commercial Visions, Chicago 2014, S. 239.

46 Eine exakte Auflistung der Übernahmen durch Dryander bei: Moritz Roth, Andreas Vesalius Bruxellensis, Berlin 1892, S. 122ff. Er beschreibt auch, wie Vesals »Distichon der Tabulae anatomicae« in die bei Egenolff erschienene »Schola Salernitana« von 1557 wanderte (S. 124). Vgl. ferner etwa: Irmgard Müller, Einführung, zu: Johann Dryander, Vom Eymsser Bade, Nachdruck der Ausg. Mainz 1535, Marburg (Lahn) 1981, S. 22ff. Einen Vergleich der Abbildungen aus medizinischer Sicht unternimmt Isabelle Pantin, Analogy and Difference, in: Isla Fay / Nicholas Jardine (Hg.), Observing the World through Images, Leiden/Boston 2014, S. 37f.

Vermutlich ging Egenolff davon aus, dass Vesal deswegen keinen Prozess im für ihn fernen Frankfurt oder Marburg anstrengen würde. Tatsächlich nahm Andreas Vesalius die Plagiate durchaus mit Ärger zur Kenntnis, reagierte aber nur mit Worten: In seinem 1543 in Basel erschienenen Werk »De Humani corporis fabrica libri septem« beschrieb er in der einleitenden, an Johannes Oporinus gerichteten Epistel nicht ohne Bitterkeit, wie seine »Tabulae« durch gewissenlose Gelehrte und Verleger oft verstümmelt nachgemacht und kopiert würden. Anders als andere Nachahmer würdigte er Egenolff und Dryander nicht des Namens, sondern schrieb nur von dem in Marburg und Frankfurt aktiven Kompilatoren. Egenolff zeigte sich hiervon völlig unbeeindruckt. Bereits 1547 legte er die deutsche Version von Dryanders Buch erneut auf, in überarbeiteter Fassung unter dem Titel »Artzenei-Spiegel«. Die von Vesals Werk plagiierten Abbildungen finden sich allesamt wieder. Weitere Abbildungen stammen aus Vesals »Fabrica« von 1543. Der Titel des Buchs wiederum ist eine Anlehnung an den berühmten, ab 1518 in Straßburg gedruckten »Spiegel der Artzney« des Lorenz Fries von Colmar.

4. Die Lutherbibel

Nachdem *Martin Luther* zuvor nur Teile seiner Bibelübersetzung sukzessive in der Folge seiner fortschreitenden Übersetzungsarbeit publiziert hatte, konnte er 1534 erstmals seine gesamte Bibel unter dem Titel »Biblia, das ist die gantze Heilige Schrifft Deudsch« bei Hans Lufft (Wittenberg) in den Druck geben. Wenige Monate zuvor indes war bei Egenolff bereits eine vollständige Lutherbibel erschienen:

> Biblia, Altes und Newen Testament, Auß Ebreischer und Griechischer Spraach, gründtlich verteutscht, Frankfurt (Main) 1534.

Egenolff war hier ein wahres Meisterstück gelungen – indem er Luthers Teilübersetzungen einfach zusammengefügt hatte, konnte er eine deutsche Gesamtbibel präsentieren, bevor sie der sorgfältiger arbeitende Luther selbst in Druck gab. Der »Raubdruck« erschien mithin vor dem Original. In der Literatur gilt Egenolffs Lutherbibel heute als ein Hauptwerk seiner Buchproduktion.[47] Nicht zuletzt wegen der achtzig künstlerisch hochwertigen, in einigen Exem-

---

47 Jahns, Frankfurt im Zeitalter der Reformation, S. 154; Wolfgang Mieder, »Egenolff, Christian«, in: Killy-Literaturlexikon, 2. Aufl., Bd. 3, Berlin 2008, S. 198 f.; William Schröder, Das Geheimnis der Bethmännchen und andere Frankfurter Merkwürdigkeiten, Frankfurt (Main) 1966, S. 163; Harry Gerber, Christian Egenolff, in: Rudolf Vaupel (Hg.), Nassauische Lebensbilder 3, Wiesbaden 1948, S. 84–92, 86.

plaren sogar kolorierten Illustrationen nach Entwürfen von *Sebald Beham*, wird die Ausgabe gerühmt.[48]

Das Pikante: Obgleich Egenolff die Luther'sche Übersetzung komplett übernahm (außer den noch nicht verfügbaren Apokryphen),[49] verzichtete er auf eine Nennung Luthers, vermutlich betrachtete er die bloße Übersetzung nicht als »urheberrelevant«. Und in der Tat verfügte Luther zur Zeit des Egenolff'schen Drucks über kein wirksames Schutzrecht. Er hatte sich zwar schon 1526 bei Kurfürst Johann um ein generelles Privileg für seine Publikationen bemüht, was zeigt, dass Luther an einem Schutz seiner Druckwerke durchaus gelegen war; der Kurfürst hatte damals jedoch abgelehnt.[50] Egenolffs »Raubdruck« war mithin durchaus legal. Luther war mit dieser Situation äußerst unzufrieden. Aber erst für seine – nach Egenolffs Druck – erschienene Vollbibel von 1534 konnte er ein kurfürstliches Schutzprivileg gegen den Nachdruck und den Verkauf von Nachdrucken erhalten. Drucker Lufft verwies darauf nicht nur auf dem Titelblatt, sondern druckte es sogleich hinter dem Titel im vollen Wortlaut ab. Da es allerdings nur für Kursachsen galt, konnte es nur begrenzt Wirkung entfalten. Deshalb fügte Martin Luther in den späteren Ausgaben noch eine persönliche »Warnung« an, mit welcher er sich und seine Verleger gegen den unautorisierten Nachdruck des Werks auch jenseits der kursächsischen Grenzen zu schützen suchte:

> »So feret der Geitz zu, und thut unsern Buchdrückern diese schalckheit und büberey, das[s] andere flugs balde her nachdrücken, und also unsern Erbeit und Unkost berauben zu irem Gewin, welchs eine rechte grosse öffentliche Reuberey ist, die Gott auch wol straffen wird, und keinem ehrlichen christlichen Menschen wol anstehet.«[51]

Luther betonte, dass ihm selbst der Nachdruck egal sein könne, da er nichts an den Drucken verdiene, der redliche Drucker angesichts seiner hohen Kosten aber geschützt werden müsse. Auch erfüllte ihn die oft fehlende Korrektheit der Nachdrucke mit Sorge, da »die geitzigen Wanste und reubischen Nachdrücker mit unser Erbeit untrewlich umbgehen«. Daher rief er alle guten Christen auf, nur das in Wittenberg gedruckte Original zu erwerben. Egenolff, dem an guten

---

48 Die Holzschnitte wurden indes nicht exklusiv für diese Bibel geschaffen. Sie wurden wohl kurz zuvor für die katholische Bibelübersetzung von Dientenberger in Mainz gebraucht; Egenolff selbst gebrauchte sie nochmals für seine Ausgabe der »Chronica von an und abgang aller Weltwesen. Auß den glaubwirdigsten Historien, On alle Glose vnd Zusatz, Nach Historischer Warheit beschriben«, Frankfurt (Main) 1534. Hierzu bereits: Gustav Pauli, Hans Sebald Beham, Straßburg 1901, S. 5.

49 Heinrich August Schott, Geschichte der teutschen Bibelübersetzung D. Martin Luthers, Leipzig 1835, S. 80, bescheinigt Egenolff ein sorgfältiges Abkopieren der Luthertexte.

50 Stefan Michel, Die Kanonisierung der Werke Luthers im 16. Jahrhundert, Tübingen 2016, S. 44.

51 Hier zitiert nach dem Druck von 1541. Zu einer Vorfassung dieser Warnung und weiterer Maßnahmen Luthers vgl. Gieseke, Vom Privileg zum Urheberrecht, S. 21 ff.

Kontakten zu den Lutheranern gelegen war, ließ sich hiervon offenbar beein-
drucken, denn Luther-Bibeln erschienen im Verlag Egenolff erst wieder nach
Christian Egenolffs Tod (1555) in den Jahren 1576, 1581, 1585, 1592, 1595, 1599
und 1602.

5.   Beispiele aus der juristischen Sparte

Wie systematisch sich Egenolff aus den Werken anderer bediente, lässt sich auch
sehr gut am Beispiel der juristischen Literatur exemplifizieren. Er entwickelte
hierbei höchst unterschiedliche Methoden – vom kompletten unautorisierten
Nachdruck über das »Plagiat« ohne Namensnennung bis hin zur Kompilation
aus einem oder mehreren Werken – mit oder ohne nennenswerte Eigenleistung
des für Egenolff tätigen Kompilators. Die Wahl des Mittels hing hierbei offenbar
nicht zuletzt davon ab, wie hoch Egenolff das Risiko rechtlicher oder sonstiger
Konsequenzen einschätzte. In den allermeisten Fällen dürfte er sich innerhalb
des rechtlich zulässigen Rahmens bewegt haben.

Einen *kompletten unautorisierten Nachdruck* unter Angabe des ursprünglichen Verfassers unternahm Egenolff beispielsweise im Falle der »Teütsch For-
mular« des Ludwig Fruck. Bereits 1522 war dieses Formularbuch in Wien mit
kaiserlichem Nachdruckprivileg auf 6 Jahre unter folgendem Titel erschienen:

> *Ludwig Fruck*, Teutsch Formulari wie man in gerichtssachen unnd andern handlen und
> geschefften briefe verschreybung und instrument stellen mag [...], Wien (Singriener),
> 1522.

Als die von Johannes Singriener kurz vor Ablauf des Privilegs im Jahre 1528
durchgeführte Neuauflage nur einen unspezifischen Hinweis auf »Khünigclicher
Maiestat Gnad und Privilegien« enthielt – ohne expliziten Hinweis auf ein er-
neuertes Nachdruckprivileg –, wagte Egenolff bereits im Januar 1529 – damals
noch in Straßburg tätig – den kompletten Nachdruck:

> *Ludwig Fruck*, Teütsch Formular, wie mann in Gerichts Sachen unnd andern Händlen,
> Contracten und Geschefften Briefe, Verschreybungen unnd Jnstrument stellen mag
> [...], Straßburg (Egenolff) 1529.

Weitere Drucke unternahm Egenolff zweimal im Jahr 1530, dann 1531, 1534 und
1535. Nun druckten auch andere das Fruck'sche Buch und Egenolff ließ die
Finger davon.

Ohne eine Herkunfts- oder Autorenangabe einfach »bedient« hat sich Egenolff
für das 1530 in seinem Hause erschienene Werk

[anonym] »Gerichts Ordenung und Proceß, ietzläuffiger übungen, Mit Rechtmässiger deren Gründ und klarer anzeyg, in Keyserlichen unnd Geystlichen Rechten, Straßburg (Egenolff) 1530 (und 1531).«

Es handelt sich dabei um einen kaum veränderten Nachdruck der 1529 in Leipzig gedruckten Schrift:

Mauritius Breunle, Ein proceß der gerichts Ordenung aus Bepstlichen und Keyserlichen rechten, Leipzig (Melchior Lotter in Verlegung von Wolff Breunle/Präunlein[52]) 1529.[53]

Der Verfasser Mauritius oder Moritz Breunle ist als Person bislang nicht sicher zuordenbar; aller Wahrscheinlichkeit nach aber handelt es sich um den aus Mosbach stammenden, in Heidelberg 1527 zum Doktor beider Rechte promovierten und später in Speyer als Reichskammergerichtsprokurator tätigen Mauritius Breunle oder Breunlin[54] – mithin eine einflussreiche Persönlichkeit. Da das Werk über kein Druckerprivileg verfügte, war der alsbaldige Nachdruck freilich – jedenfalls aus rechtlicher Sicht – unproblematisch. Egenolff dürfte zudem gewusst haben, dass sich Breunle selbst Plagiatsvorwürfen ausgesetzt sah, weil sein Buch gänzlich auf dem bekannten Werk des Oppenheimer Stadtschreibers *Jacob Köbel* beruhte, das bereits 1523 unter dem Titel »Gerichts Ordenung, Antzeigung und Inleitung Gerichtlicher Ordenung« in Köbels eigenem Verlag erschienen war.[55] Breunle hatte Köbels Schrift indes zweimal deutlich überarbeitet, sodass sein Buch durchaus eigenständig war. Egenolffs Druck baut eindeutig auf der zweiten Überarbeitung Breunles auf.[56]

Heute nicht weniger verschrien, im 16. Jahrhundert aber noch vergleichsweise selten problematisiert, war die dritte Form der Übernahme fremder Texte: *die Kompilation* aus einem oder mehreren Werken anderer. So wie Egenolff zur Durchsicht und Umarbeitung medizinisch-naturwissenschaftlicher Bücher spezielle Autoren wie Ryff, Rösslin und Lonicer um sich geschart hatte, verfügte er auch im Bereich des Rechts über einen treuen Weggefährten: Dr. *Justin Gobler* (1503–1567).[57] Der zeitweilig als Kanzleichef, Universitätslehrer und Richter tätige Jurist dürfte Egenolff nicht nur bei manch einer juristischen Auseinandersetzung unterstützt haben. Gobler arbeitete Egenolff auch als Übersetzer

---

52 Der bekannte Buchführer Wolff Preunlein (Schwiegersohn von Johann Rynmann) war ausweislich der Beschlussrede am Ende des Buchs (Bl. 93 r.) Mauritius Breunles »Vetter«.

53 Vgl. auch den Druck: Mauritius Breunle, Eyn Process der gerichts ordenung aus Bepstlichen und Keiserlichen rechten [...], Leipzig (Michael Blum) 1531.

54 Zu diesem: Leopold Löwenstein, Nicolaus Cisner aus Mosbach, in: ZGO 61 (1907), S. 711–716, S. 716.

55 Vgl. die rechtfertigende Vorrede von Breunle in der Leipziger Ausgabe von 1529.

56 Man vergleiche nur den Wortlaut aller Ausgaben – z.B. bereits im ersten Abschnitt.

57 Andreas Deutsch, »Gobler, Justin«, in: Handwörterbuch zur deutschen Rechtsgeschichte II, 2. Aufl., Berlin 2012, Sp. 438–440. Zu Gobler demnächst der Verfasser.

mehrerer juristischer Schriften zu; die Übersetzungen mal ins Deutsche, mal ins
Lateinische ermöglichten einen rechtefreien Abdruck. Daneben kompilierte und
überarbeitete Gobler für Egenolff mehrere deutschsprachige, möglichst brei-
tenwirksame Rechtshandbücher. So dürfte bereits die erste Auflage des »Gerichtlichen Prozesses« auf ihn zurückgehen:

> [anonym] Gerichtlicher Proceß ausz grund der Rechten und gemeyner übung zum
> fleissigsten in drei theyl verfasset, Frankfurt (Main) 1536.

Das Werk ist im zweiten Teil zu großen Stücken aus dem »Klagspiegel« abgeschrieben[58] – einem bereits hundert Jahre zuvor von Conrad Heyden verfassten
Rechtsbuch; auch die beiden anderen Teile dürften aus noch nicht identifizierten
Quellen zusammengefasst sein. Nach einer unveränderten Neuauflage 1538
folgte 1542 eine deutliche Überarbeitung des »Gerichtlichen Prozesses«, die 1549
um eine Darstellung des Strafverfahrens erweitert wurde – mit starken Übernahmen aus Andreas Perneders »Gerichtlichem Prozess«. Weitere Drucke folg-
ten 1555, 1562, 1567 und 1578. Auch[59] Justin Goblers »Rechtenspiegel« ist eine
solche Kompilation:[60]

> *Justin Gobler*, Der Rechten Spiegel: Ausz den beschribenen Geystlichen, Weltlichen,
> Natürlichem und andern gebreuchlichen Rechten, auch gemeynen im Heiligen Reich
> Teutscher Nation Constitutionen und übungen zůgericht [...], Frankfurt (Main) 1550.

Bemerkenswert ist, dass das Buch im Innern – etwa in den Abschnittsüber-
schriften und Kolumnentiteln – durchgängig »Neuer Laienspiegel« oder auch
nur »Laienspiegel« genannt wird. Vermutlich sollte es also eigentlich diesen Titel
erhalten und Egenolff entschied sich erst in letzter Minute, bevor nach Abschluss
der Drucklegung des Buchinneren das Titelblatt gesetzt werden sollte, für den
neuen Namen »Rechtenspiegel«. Der Laienspiegel war eines der erfolgreichsten
deutschsprachigen Rechtshandbücher des frühen 16. Jahrhunderts. 1509 in
Augsburg erstmals gedruckt, gab ihm sein Verfasser *Ulrich Tengler* (um
1445–1522) für die überarbeitete Version von 1511 den Titel »Neuer Laienspiegel«.[61] Goblers Kompilation mag zwar Anklänge an den Laienspiegel haben,

---

58 Hierzu jüngst: Almuth Bedenbender, Wörtliche Übereinstimmungen und Übernahmen in
   frühneuhochdeutschen Rechtstexten – Erkennung und Auswertung, Diss. Köln 2018,
   S. 251 ff. – Bedenbender hat ein Verfahren zum elektronischen Textabgleich entwickelt, das
   die jeweiligen Übernahmen exakt belegt.
59 Ein drittes Werk vergleichbarer Machart ist: Statuten Bůch, Gesatz, Ordnungen und Ge-
   bräuch Kaiserlicher, Allgemainer und etlicher Besonderer Land- und Stett-Rechten,
   Frankfurt (Main) 1553, ferner 1557, 1558 (2 x), 1572 – kompiliert u. a. aus dem Klagspiegel,
   der Wormser Reformation und Andreas Perneders Werken.
60 Zu den Quellen des Rechtenspiegels jetzt: Bedenbender, Wörtliche Übereinstimmungen,
   S. 259 f.
61 Vgl. Andreas Deutsch, »Laienspiegel«, publiziert am 15.04.2011; in: Historisches Lexikon
   Bayerns, http://www.historisches-lexikon-bayerns.de/Lexikon/Laienspiegel; sowie die Bei-

scheint aber doch deutlich mehr an den Klagspiegel und weitere Werke angelehnt. Obgleich der »Neue Laienspiegel« von 1511 mit einem kaiserlichen Nachdruckprivileg versehen war,[62] wäre ein Nachdruck des Werks rund vierzig Jahre später unproblematisch gewesen, zumal es schon längst zahlreiche »Raubdrucke« davon gab. Egenolff wollte jedoch keinen Nachdruck. Mit der anfänglichen Übernahme des Laienspiegel-Namens war zweifellos lediglich eine Anknüpfung an die enorme Beliebtheit und Bekanntheit von Tenglers Werk geplant. Dann überwog für Egenolff aber wohl doch die Gefahr, mit dem »Namensplagiat« den Eindruck einer bloßen Neubearbeitung des alten Buchs zu erwecken, und er wählte daher den neuen Titel. Der »Rechtenspiegel« etablierte sich schnell auf dem Buchmarkt; er wurde 1552, 1558, 1564 und 1573 neu aufgelegt.

6.   Das Notariatbuch von 1534

Im Sommer 1534 erschien bei Egenolff ein weiteres Formular- und Handbuch für Notare:

> [anonym] Notariatbůch, Wes einem Notarienn odder Schreiber, aller seiner Practic, in ieden Sachen, Contracten und Verbrieffungen, zuwissen, zubetrachten, zuversehen und fürzunemen sei: Mit Erklerung aller [...] Contracten und Jnstrument [...], Frankfurt (Main) 1534.

Es fußt fast komplett auf dem sehr beliebten, zu dieser Zeit schon in mehreren Auflagen verbreiteten Notariatbuch:

> *Alexander Hugen*, Rethorica und Formulare Teütsch, der gleich nie gesehen ist, bey nach all schreyberey betreffend, von vilerley Episteln under- und überschrifften, allen Geistlichen und Weltlichen [...], Tübingen 1528.

Die Übereinstimmung ist nicht nur strukturell und inhaltlich, auch wörtliche Übernahmen sind häufig. Bereits Otto Stobbe stellte fest, das »Notariatbuch« sei nichts als »ein Plagiat und zwar wesentlich aus dem Werke von Hug«.[63] Hugens »Rethorica und Formulare« waren seit der Erstausgabe von 1528 mit einem

---

träge in: Andreas Deutsch (Hg.), Ulrich Tenglers Laienspiegel – ein Rechtsbuch zwischen Humanismus und Hexenwahn, Heidelberg 2011.

62 Da dieses im Haus-, Hof- und Staatsarchiv Wien nicht verzeichnet ist, kann die Echtheit freilich nicht bestätigt werden, vgl. Koppitz, Die kaiserlichen Druckprivilegien (ohne Nachweis). Vgl. hierzu Stephan Füssel, Druckprivilegien im frühen Buchdruck, in: Deutsch (Hg.), Ulrich Tenglers Laienspiegel, S. 163–178.

63 Otto Stobbe, Geschichte der deutschen Rechtsquellen, Bd. 2, Braunschweig 1864, S. 161 f.; auch: Andreas Deutsch, Die »Rethorica und Formulare teütsch« des Pforzheimer Stadtschreibers Alexander Hugen, in: Neue Beiträge zur Pforzheimer Stadtgeschichte 2 (2008), S. 31–75, mit weiteren Nachweisen.

Nachdruckprivileg zugunsten des Tübinger Druckerverlegers Morhart ausgestattet, dem Hugen sein Werk kurz vor seinem Tod anvertraut hatte. Als Strafe für die Privilegsverletzung waren »zehen Marck löttigs golds« festgesetzt. Laut dem in den Drucken von 1528 (zweite Ausgabe) und 1529 vollständig wiedergegebenen Privileg sollte dieses allerdings auf vier Jahre beschränkt sein. Von dieser Befristung war in späteren Druckausgaben nicht mehr die Rede, möglicherweise hat Morhart eine Privilegsverlängerung erwirkt. Vielleicht hoffte er aber nur darauf, dass keiner vom Auslaufen der Schutzfrist Kenntnis nahm.

Wahrscheinlich wegen dieser unsicheren Rechtslage sah Christian Egenolff von einem simplen Nachdruck der »Rethorica und Formulare« ab und entschied sich für den sicheren, aber aufwendigeren Weg einer anonym gehaltenen Umarbeitung des Bestsellers – mit dem für Egenolff angenehmen Effekt, dass potenzielle Käufer nicht so leicht erkennen konnten, dass es sich um eine bloße Nachahmung handelte. Um die Vergleichbarkeit mit Hugens Werk zu verringern, wurde im »Notariatbuch« vor den Haupttext eine kurze allgemeine Einleitung zum Notariatswesen eingefügt. Schon auf Bl. 4 v. beginnen dann die Formulare, wobei aber das Eherecht ganz nach vorne gerückt wurde, das Hugen fast ans Ende seines Werks gesetzt hatte. Sämtliche von Hugen zum Eherecht abgedruckten Formulare finden sich dann – entsprechend nach vorne gerückt – auch im Egenolff'schen Buch. So beginnt die »Eestewrbrieffsform gemeiner lewten« bei Hugen auf Bl. 233 r. wörtlich wie folgt:

> »In dem namen der heiligen Drifaltigkeit sey kund mengklichem, das zu lob dem heiligen Sacrament, zu merung Christenlicher ordnung und fruntschafft ein elicher heyrat zwischen N an einem, und N am andern, in beysein beider teilen lieben herrn und gütten fründen, abgeredt worden ist, das sie beide N und N einander zur heiligen ee nenen und haben, als die dann mit worten, mund unnd hand volzogen [...]«.

Im »Notariatbůch« kann man auf Bl. 4 v. ganz entsprechend lesen:

> »In dem Namen der heyligen Dreifaltigkeit sei kund mengklichem, das zu lob dem heyligen Sacrament, zu meerung Christenlicher ordnung und freuntschafft, ein ehlicher heyrat zwischen N. an einem, und N. am andern, inn beisein beider theilen lieben herrn und gůte freunden, abgeredt worden ist, dass sie beide N. und N. einander zur heiligen Ee nemen und haben, als die dann mit worten, mund und hand volzogen [...]«.

Selbst wenn der größte Teil des gerade einmal 105 Folioblätter starken »Notariatbůchs« mehr oder weniger wörtlich aus den »Rethorica und Formulare« genommen ist, hat sich der Charakter des Werks durch die zahlreichen Umstellungen doch merklich geändert. Der Stoff wurde präziser strukturiert und gegliedert; was redundant schien, wurde weggekürzt. Die meisten Abschnitte beginnen nun mit einer knapp gehaltenen Einleitung, was der Hauptzielgruppe derartiger Werke, der Masse der weniger erfahrenen Schreiber, den Zugang erleichtert haben dürfte. Auch sprachlich wirkt das »Notariatbuch« moderner, beginnend mit seinem ansprechenden, werbewirksamen Titel.

Die beschriebene Methode, mit welcher das »Notariatbuch« erstellt wurde, entspricht ziemlich genau jener vom »Rechtenspiegel« und »Gerichtlichem Prozess«. Es könnte also sehr gut sein, dass auch diese Kompilation von Justin Gobler ausgeführt wurde, der um 1534, zur Entstehungszeit des »Notariatbuchs«, noch am Anfang seiner teils steilen Karriere stand und gerade als erzbischöflich-trierischer Kanzleischreiber in Koblenz fungierte, also in einem Amt wirkte, für welches derartige Formelbücher von Nutzen sind. Egenolffs »Notariatbuch« verkaufte sich gut. Schon im Juni 1535 wurde es zum zweiten Mal abgedruckt; bis 1578 erfuhr es mindestens zehn Auflagen.[64]

7.   Conrad Lagus – eine »geklaute« Vorlesungsmitschrift

Gut erforscht[65] ist ein besonders dreister Fall, in dem Egenolff ein Buch zum Druck brachte, bevor es überhaupt geschrieben war – und dies gegen den Willen desjenigen, unter dessen Namen das Werk erschien:

> *Conrad Lagus*, Iuris Utriusque Traditio Methodica: Omnem Omnium Titulorum, Tam Pontificii Quam Caesarei Iuris Materiam & genus, Glossarum item & Interpretum abstrusiora vocabula scienter & summatim explicata: postremo & Iudiciarij ordinis modum, ad Practicam forensem accomodatum, complectens, Frankfurt (Main) 1543.

Christian Egenolff brachte hier nämlich eine – recht unvollständige – Vorlesungsmitschrift zum Druck, die ihm, nach seiner eigenen Angabe, 1539 von einem ehemaligen Wittenberger Studenten zum Kauf angeboten worden war. Egenolff habe mit dem Ankauf gezögert und sich nur, weil der Veräußerer mit anderen Interessenten gedroht habe, dazu »breitschlagen« lassen. Erst nach Durchsicht durch erfahrene Männer habe er den Druck in Angriff genommen. Ausweislich eines alternativen Titelblatts ist das Werk »cum Summariis et Scholiis Iustini Gobleri Goarini« versehen worden, sodass vermutet werden kann, dass Gobler auch der (sicherlich einzige) von Egenolff mit der Manuskriptbeurteilung betraute Gutachter war.[66] Offenbar dachten Egenolff und Gobler, *Conrad Lagus* (um 1500–1546) sei Ordinarius in Wittenberg und das

---

64 Ausführlich: Deutsch, Die »Rethorica und Formulare teütsch«, S. 71 f.
65 Theodor Muther, Conrad Lagus – Ein Beitrag zur Lehre vom sogenannten geistigen Eigenthum, in: Jahrbücher für Gesellschafts- und Staatswissenschaften 5 (1866).S. 394–424. Zusammenfassung bei: Roderich von Stintzing / Ernst Landsberg, Geschichte der deutschen Rechtswissenschaft, 1. Abt. München/Leipzig 1880, S. 296–305; Gieseke, Vom Privileg zum Urheberrecht, S. 29 f.
66 Zum Ganzen: Muther, Lagus, S. 414 ff.

Skript habe er in öffentlicher Vorlesung diktiert – so heißt es jedenfalls zu Beginn von Egenolffs Einleitung. Beides stimmt jedoch nicht: Lagus war nicht einmal Professor, es handelte sich um Privatunterricht, weshalb Lagus nach eigenen Angaben seinen Studenten jede Publikation von Mitschrieben ausdrücklich untersagt hatte. Erst als der Druck schon in Vorbereitung war, kamen Egenolff offenbar Bedenken, den Text ungefragt zu verbreiten, denn er wandte sich nach eigenen Angaben im Frühjahr 1543 in mehreren Schreiben an Lagus, um eine Druckerlaubnis zu erlangen. Lagus reagierte pikiert: Wie sollte ein roher, lückenhafter studentischer Vorlesungsmitschrieb zur Publikation taugen? Lagus untersagte die Veröffentlichung des Buches daher explizit. Das Schreiben erreichte Egenolff allerdings erst, als das Buchprojekt (laut Egenolff) ohne erhebliche finanzielle Einbußen nicht mehr umkehrbar war.[67] Der Frankfurter Verleger setzte daher – als Versuch der eigenen Absicherung – ein lateinisches Vorwort hinzu, in dem er betonte, die Publikation sei auf Drängen junger Jurastudierender erfolgt, nicht hingegen auf Veranlassung des Autors, der nicht einmal davon wisse, weshalb er auch nichts habe korrigieren können. Dennoch werde Lagus über die Veröffentlichung des Buches in dieser Gestalt nicht ungehalten sein dürfen, behauptete Egenolff, denn dieselbe sei nicht erfolgt, um jemandem Unrecht zu tun, sondern allein zum Vorteil der Studierenden und der Wissenschaft.[68]

Zur Herbstmesse 1543 erschien das Buch im Druck. Im März 1544, pünktlich zur Frankfurter Ostermesse, ließ Lagus eine Streitschrift gegen Egenolff erscheinen:

> Protestatio Cunradi Lagi adversus improbam suorum commentariorum de doctrina iuris editionem ab Egenolpho factam, Danzig (?) 1544.[69]

Lagus suchte in dem 22 Seiten starken Heft seinem Ärger Luft zu machen: Zur letzten Frankfurter Messe habe der Buchdrucker Christian Egenolff eine unvollkommene Kompilation von Ausführungen zu Rechtsmaterien unter einem unverschämt anmaßenden Titel erscheinen lassen – mit Nennung des Namens des Verfassers der Protestatio –, als ob die Kompilation auf einem Diktat desselben in öffentlicher Vorlesung beruhe. Dies mache Lagus bei angesehenen und gelehrten Männern lächerlich. Um seine Ehre zu verteidigen und um die Jurastudierenden vor der Gewinnsucht des Verlegers und seinem schlampig redigierten Machwerk zu warnen, habe er die Streitschrift verfasst. Egenolff habe diesen Mischmasch (»istam farraginem«) nicht nur, wie er selbst einräume, ohne Lagus' Wissen zum Druck befördert, sondern sogar gegen sein ausdrückliches Verbot. Offen nennt Lagus Egenolff daher einen »plagiarius« (Dieb). Nur um zu

---

67 Vgl. die nachfolgend dargestellte Rechtfertigungsschrift Egenolffs.
68 Übersetzung nach Muther, Lagus, S. 415.
69 Vgl. die Übersetzung von *Renate Frohne* in diesem Band, S. 67–84.

vertuschen, dass die Mitschriebe aus einer Privatlesung stammten, nenne ihn Egenolff im Titel des Bandes einen Ordinarius. Dass sich studentische Mitschriften nicht zur Publikation eigneten, ergebe sich von selbst. Manche Fehler im Druck seien indes so kindisch, dass es geradezu unvorstellbar erscheine, dass sie einem der Studenten unterlaufen sein könnten; sie seien allein Egenolff und seinen Helfern anzurechnen.

Lagus sah die Käufer aufgrund des irreführenden Titels samt falscher Autorenangabe betrogen, weshalb er ihnen anriet, ihr Geld im Wege der Wandelungsklage zurückzuverlangen. Die Arglist des Verlegers stehe außer Frage. Wie ferner gegen denjenigen vorzugehen sei, der entgegen dem ausdrücklichen Willen des Autors zu dessen Lebzeiten ein Buch herausgebe, müssten die Gerichte entscheiden. Im Übrigen fordere er die Regierungen dazu auf, durch entsprechende Gesetze das Gebaren zweifelhafter Drucker, die schlechte Ausgaben besorgen, wie namentlich Egenolff einer sei, zu stoppen. Im September 1544 reagierte Egenolff mit einer Verteidigungsschrift:

> Defensio Christiani Egenolphi ad Dn. Conradi Lagi, Iurecos., Protestationem, qua in eum, ob vulgatos de doctrina Iuris Commentarios, publice edito Scripto invectus est, Frankfurt (Main) 1544.

Die zum Teil rechtliche Argumentation macht es wahrscheinlich, dass Justin Gobler den Text für Egenolff redigierte.[70] Die Schrift[71] stellte das Geschehene als unglückliche Verkettung von Umständen dar, die Egenolff bedauere. Mit einigen zweifelhaften Beispielen wurde ferner darzulegen versucht, dass ungefragte Abdrucke durchaus verbreitet seien und den Autor nicht grämen müssten. Von einem Plagiat könne im vorliegenden Falle jedenfalls nicht die Rede sein, da in der Vorrede eindeutig stehe, dass es sich nur um eine Mitschrift handele und Lagus nicht der Urheber der Publikation sei, nicht einmal davon gewusst habe. Daher sei im Übrigen auch die Klage auf Wandelung ausgeschlossen. Und mutig legte Egenolff nach: Wenn Lagus es mit seinen Vorwürfen ernst gemeint hätte, so hätte er besser klagen sollen, als mit einer solchen unwürdigen Schmähschrift zu reagieren. Fast hämisch verwies Egenolff darauf, dass das Papier der »Protestatio« ausweislich des darauf befindlichen Wasserzeichens aus einer Mühle nahe Basel stamme, was es faktisch ausschließe, dass die Schrift in Danzig gedruckt worden sei. Die Schwindelei mit dem Erscheinungsort belege, dass hinter der »Protestatio« der Basler Verleger *Oporinus* stehe, der seit Längerem auf ein Geschäft mit der Publikation der »Iuris Utriusque Traditio Methodica« gehofft habe, sich also bloß ärgere, weil nun ein anderer den Gewinn einstreiche.

---

70 So auch Muther, Lagus, S. 420: »deren Concipient wohl ein Schmierer wie Justinus Gobler war«.

71 Den vollständigen Text paraphrasiert Muther, Lagus, S. 417 ff.

Ob Egenolff mit diesen Behauptungen recht hat, ist indes zweifelhaft:[72] Laut Titelblatt wurde die »Protestatio« in Danzig gedruckt, was in Anbetracht des Umstands, dass Lagus dort seit 1540 als Stadtsyndikus fungierte, mehr als nur wahrscheinlich ist. In den Bibliothekskatalogen wird der dort ab zirka 1538 ansässige Franz Rhode als Drucker benannt; dessen Typen stimmen mit denen der Streitschrift gut überein. Ein Bezug zu Basel ergibt sich immerhin aus dem Umstand, dass Lagus seine Streitschrift *Johannes Oporinus* (1507–1568), der eben nicht nur Verleger, sondern auch Humanist war, gewidmet hat.

Wiederholt betonte Egenolff in seiner Rechtsfertigungsschrift, wie sehr sich die Studenten über die Schrift freuten, wie sehr er zu einer weiteren Auflage gedrängt werde, versprach aber dennoch, eine solche nicht ins Auge zu fassen, woran er sich wohl immerhin bis 1552 hielt.

Während die Parteien stritten, entstanden freilich anderswo bereits unautorisierte Nachdrucke des »Raubdrucks« – und dies obwohl Egenolff auf dem Titelblatt seiner Ausgabe auf ein ihm zukommendes Nachdruckprivileg verwiesen hatte. Alle Nachdrucke entstanden indes außerhalb des Reichs, sodass der Privilegienschutz nur eingeschränkt wirken konnte. So druckte man den »Lagus« in Lyon 1544, 1546, 1562, 1566 und 1592, Paris 1545 und Leuven 1552 und 1565. In Basel erschien die »Iuris utriusque traditio methodica« 1553 bei einem unbekannten Drucker; es wurde vermutet, es handele sich um eine verbesserte, von Lagus selbst initiierte Fassung. Dies ist aber schon ausweislich des Titels nicht der Fall, denn die Ausgabe ist »cum summariis & scholiis Iustini Gobleri«, woraus sich ergibt, dass ein weiterer Nachdruck der Egenolff'schen Ausgabe vorliegt (nach dem Druck von 1552). Am 7. November 1546 bereits war Lagus den Spätfolgen eines Kutschenunfalls erlegen. Eine eigene Fassung seiner Methode konnte er daher nicht mehr vorlegen. So verdankt die Welt der Dreistigkeit eines Verlegers einen juristischen Bestseller, über den Roderich von Stintzing zusammenfasste: »Trotz seiner Mängel ist das Werk, wie es vorliegt, in mehrfacher Beziehung ausgezeichnet zu nennen.«[73]

8. Egenolffs eigenes Nachdruckprivileg

Abschließend erwähnt sei, dass Christian Egenolff bereits zum 8. Juli 1536 ein erstes generelles kaiserliches Nachdruckprivileg erworben hatte; der Nachweis hat sich zusammen mit einer langen Liste der geschützten – von Egenolff bereits angefertigten oder noch geplanten – Bücher im Wiener Haus-, Hof- und

---

72 Ein Wasserzeichen ließ sich in den verfügbaren Ausgaben nicht identifizieren.
73 Roderich von Stintzing, »Lagus, Konrad«, in: Allgemeine Deutsche Biographie 17 (1883), S. 522–524, 523.

Staatsarchiv erhalten.[74] Eine Prüfung der betreffenden Titel auf besondere Originalität fand vor der Privilegienerteilung ersichtlich nicht statt; ebenso wenig konnte Egenolff einen besonderen unternehmerischen Aufwand oder ein spezifisches Risiko geltend machen; vermutlich hat sich Egenolff das Privileg aber viel Geld kosten lassen. Am 30. März 1542 stellte Kaiser Ferdinand I. in Speyer Egenolff eine Erneuerung des Privilegs für die Drucke der hebräischen, griechischen und deutschen Bücher um nochmals acht Jahre aus. Eine weitere Verlängerung ist dann erst für 1555 aktenkundig: Am 4. Mai, also knapp drei Monate nach Egenolffs Tod, gewährte Kaiser Karl V. von Brüssel aus Egenolff ein Privileg für seine »libri und authores« für vier Jahre. Den Erben gelangen dann noch wiederholte Verlängerungen. Wie aus Frankfurter Akten hervorgeht, war Egenolffs Privileg umfassend – es untersagte nicht nur den Nachdruck von dessen neu gedruckten Büchern, sondern auch den Verkauf der Nachdrucke – beides bei einer »Pön« von 9 Mark lötigen Goldes, halb dem Kläger, halb dem Fiskus zufallend sowie bei Konfiskation der betreffenden Bücher zugunsten von Egenolff. Er scheute sich auch nicht, sein Privileg durchzusetzen; wie Grotefend beschreibt, strengte er deshalb sogar wiederholt Prozesse an. 1553 etwa konnte er gerichtlich erzwingen, dass der Buchführer Gottfried Beringer alle Bücher an Egenolff abzuliefern hatte, die er bei dem Lyoner Verleger Jacques Giunta erworben hatte, um sie auf der Frankfurter Messe anzubieten.[75]

9. Fazit

Wenn Christian Egenolff fast aus dem Nichts im Laufe seines Lebens ein beträchtliches Vermögen von 28.000 Gulden anhäufen konnte, so lag dies sicherlich nicht nur an seinem Marktvorteil am Messestandort und seinem unbestreitbaren Gespür für die Marktgängigkeit von Texten. Die große Anzahl kostengünstiger Nachdrucke, Kompilationen usw. in seinem Verlagsprogramm dürfte dabei ebenfalls eine erhebliche Rolle gespielt haben. Ein besonderes Geschick hatte Egenolff darin, Männer wie Rösslin, Ryff und Gobler um sich zu scharen, die bereit waren, in schneller Arbeit von Egenolff ausgegrabene fremde Werke »aufzumöbeln«.

Egenolff wusste aber im Übrigen auch, Kosten zu minimieren – etwa mit einer hauseigenen Schriftgießerei und einer eigenen Papiermühle. Leonhart Fuchs warf ihm 1544 vor, besonders billiges Papier zu verwenden – es gebe keinen

---

74 AT-OeStA/HHStA RHR Impressoria 14–22; die weiteren Privilegien ebendort: 14–17 bis 14–29. Vgl. auch Koppitz, Die kaiserlichen Druckprivilegien, S. 104f.
75 Grotefend, Egenolff, S. 22.

Drucker, der auch nur annähernd so minderwertiges Papier benutze.[76] Da
Egenolff erkannt hatte, dass Illustrationen stark verkaufsfördernd wirkten, er
aber die Kosten für deren Anfertigung gering halten wollte, bevorzugte er für die
meisten seiner Bücher eher unspezifische Abbildungen, die sich in verschiedener
Weise wiederverwenden ließen.[77] Für wichtige Titelholzschnitte und einige aus
dem Gesamtprogramm herausragende Werke beauftragte Egenolff namhafte
Künstler wie Hans Weiditz[78] und Sebald Beham,[79] da er um den Werbeeffekt
wusste. Um nicht für jeden Zweck selbst Holzschnitte in Auftrag geben zu
müssen, kaufte er in großem Stil ausgebrauchte Druckstöcke bei anderen auf.[80]

Wie eingangs erwähnt, produzierte Christian Egenolff in seinen rund 27
Jahren als Druckerverleger über 600 Drucke – etwas mehr als zwanzig pro Jahr.
Im vorliegenden Beitrag wurden rund 60 Werke Egenolffs vorgestellt, die aus
moderner Perspektive in den Kontext unautorisierter Nachdruck, Plagiat usw. zu
stellen sind – circa zehn Prozent des gesamten Verlagsprogramms. Die für den
Beitrag getroffene Auswahl erfolgte allerdings eher zufällig; eine systematische
Durchsicht von Egenolffs Gesamtproduktion unterblieb. Es ist daher davon
auszugehen, dass der Anteil derartiger Werke tatsächlich noch viel höher ist. Die
Nachdrucke betreffen alle Sparten des vielseitigen Verlagsprogramms, so etwa
auch die im Beitrag ausgesparten Musikalien,[81] Sprichwörtersammlungen,[82]
Geschichts-[83] und Rechenbücher.[84]

Wie sich gezeigt hat, wusste Egenolff die Grenzen des rechtlich Zulässigen in

---

76 In der genannten Streitschrift »Apologia Leonharti Fuchsii«, hierzu: Stübler, Fuchs, S. 85.
77 Recht abfällig daher Röttinger, Frankfurter Buchholzschnitt, S. 133 f.
78 Z. B. die Kopien in Rösslins Kräuterbuch, die Justitia für das Titelblatt des Nachdrucks der
    Wormser Reformation von 1531 und 1534, die 1566 auch Goblers Carolina-Kommentar
    zierte, zwei Druckerzeichen Egenolffs; ausführlich: Röttinger, Frankfurter Buchholzschnitt,
    S. 1 ff.
79 Z. B. Frankfurter Bibel, Titel Gerichtlicher Prozess; vgl. Röttinger, Frankfurter Buchholz-
    schnitt, S. 37 f.
80 Zum Aufkauf der Stöcke des Augsburger Druckers Heinrich Steiner: Grotefend, Egenolff,
    S. 16; Röttinger, Frankfurter Buchholzschnitt, S. 23 und 136.
81 Etwas zugespitzt schreibt Hugo Riemann (Musik-Lexikon, 11. Aufl., Berlin 1929, S. 450 f.;
    ebenso noch die 12. Aufl. 1959) Egenolff sei »einer der ersten, die fast nur vom Nachdruck
    lebten, weshalb die meisten Kompositionen in seinen Musiksammelwerken keine Autor-
    namen tragen«.
82 Wolfgang Mieder, »Egenolff, Christian«, in: Killy-Literaturlexikon, 2. Aufl., Bd. 3, Berlin
    2008, S. 198 f., verweist darauf, dass Egenolff zwei Sprichwörtersammlungen (Sebastian
    Franck und Agricola) plagiiert hat.
83 In Egenolffs »Chronic von an und abgang aller Weltwesenn« (1533, ferner 1534 und 1535)
    sind von 294 Abbildungen nur elf nicht aus dem Buch: Johann Huttich, Imperatorum Ro-
    manorum Libellus una cum imaginibus, ad vivam effigiem expreßis, Straßburg 1525.
84 So druckte Egenolff u. a. Adam Rieses zweites Rechenbuch nach, was diesen dazu veranlasste,
    sein drittes Rechenbuch erst 1550 – nach Erlangung eines kaiserlichen Nachdruckprivilegs –
    in Druck zu geben; vgl. Rainer Gebhard, Das macht nach Adam Ries(e) ... Zum 450. Todestag
    des Rechenmeisters, in: MDMV 17 (2009), S. 117–122, hier 118.

aller Regel geschickt auszuloten. Ein Urheberrecht im modernen Sinne gab es nicht, sodass sich Autoren und Verleger gegen »Raubdrucke« nur durch ein Nachdruckprivileg schützen konnten. Viele Autoren und Verleger verzichteten von vorneherein auf die komplizierte und teure Beschaffung eines solchen Privilegs. Andere scheiterten an dessen rechtlicher Durchsetzung im territorial zersplitterten Heiligen Römischen Reich deutscher Nation. Die in den Privilegien gewährten Schutzfristen waren kurz, betrugen oft nur drei oder vier Jahre; danach war ein Nachdruck uneingeschränkt möglich. Egenolff und andere Nachdrucker hatten dann die freie Wahl, ob sie das Werk unter Angabe des Autorennamens, anonym oder als (oft nur angebliche) Neufassung unter dem Namen eines Überarbeiters in den Druck gaben. Inhaltlich war der Schutzumfang der Privilegien ohnehin nirgends klar umrissen. Eine Übernahme von Teilen des geschützten Werks war wohl selbst innerhalb der Schutzfrist möglich (vgl. aber den Fall Schott-Egenolff!), eine – selbst grobschlächtige – Neuzusammenstellung ließ ein neues Werk entstehen.

Nicht nur Verleger, sondern auch zahlreiche Autoren waren über die Art, wie sich Egenolff bei ihnen bediente, empört. Sie hatten durchaus das Empfinden, als Urheber der Texte durch Nachdruck oder Plagiat in ihren Ehren und (nicht einklagbaren) Rechten verletzt zu sein. Mangels rechtlicher Möglichkeiten äußerten sie ihren Ärger in den Vorreden der eigenen Werke oder in eigens angefertigten Streitschriften. Sie verbanden damit zum Teil die Hoffnung, Egenolff wenigstens in wirtschaftlicher oder moralischer Hinsicht schaden zu können. Conrad Lagus forderte zudem die Gesetzgeber zum Handeln auf – ein frommer Wunsch, der unerhört blieb. Obgleich gerade die Bildplagiate Egenolff viel Ärger einbrachten, hatten die bildenden Künstler in dieser Diskussion keine Stimme. Die Bildkünstler waren Angestellte oder Auftragshandwerker der Druckerverleger, in aller Regel (außer in Sonderfällen wie Dürer) hatten sie noch kein Urheberempfinden, sahen ihre Leistung mit der Bezahlung des Druckstocks abgegolten.

In Anbetracht der massiven Angriffe, denen sich Egenolff immer wieder ausgesetzt sah, kann kaum angenommen werden, dass ihm nicht klar war, wie sehr sein Geschäftsgebaren von anderen als unredlich empfunden wurde. Egenolff sah sich dennoch im Recht, solange gegen ihn nicht rechtlich vorgegangen werden konnte. Mit allen verfügbaren Mitteln suchte er den guten Ruf seines Unternehmens zu verteidigen. Sein stetig wachsendes Vermögen half ihm dabei, wenn er etwa gegnerische Streitschriften einfach in ganzer Auflage aufkaufte und vernichtete oder selbst mit hohem Aufwand Gegenstreitschriften drucken ließ. Ebenso profitierte er von seinen immer besseren Verbindungen zu namhaften Persönlichkeiten, wenn er sie etwa als Autoren für Pamphlete gewinnen konnte. Seine Position als bedeutende Frankfurter Persönlichkeit senkte zudem sein Prozessrisiko – denn wer sollte es wagen, ihn vor den Frankfurter Schöffen zu verklagen?

Öffentliche Erklärung[1] von Conrad Lagus[2] gegen eine von Christian Egenolff[3] hergestellte unredliche Ausgabe seiner Kommentare zur Rechtswissenschaft; Juris utriusque Traditio Methodica; Frankfurt 1543.

übersetzt von Renate Frohne

An Johannes Oporinus, Buchdrucker in Basel.
In Danzig, 1544, im Monat März.[4]

[A2] Auf der letzten Frankfurter Buchmesse[5] wurde von Christian Egenolff ein gewisses ungeordnetes Gemenge (lat. *farrago*)[6] zu juristischen Themen herausgegeben, welchem er unter Beifügung meines Namens einen ungewöhnlich anspruchsvollen (oder: unverschämt rücksichtslosen) Titel voranstellte, der den Eindruck erweckt, diese *Farrago* sei in meinen öffentlichen Vorlesungen, bei denen der Stoff zum Mitschreiben diktiert wurde, von meinen Hörern in Wittenberg so aufgezeichnet worden. (Der Beginn des 10-zeiligen Titels: »Metho-

---

1 Protestatio, eine öffentliche Erklärung; »Lagus« steht gräzisiert für (lagos) Hase, o. ä. – In der lateinischen Sprache eines humanistischen Gelehrten schwingt neben dem klassischen Latein und dem der Spätantike oft eine mittelalterliche oder zeitgenössische Verwendung mit; der Satzbau ist manchmal vom muttersprachlichen Duktus geprägt. – In den Digesta wird mit protestatio diejenige Erklärung bezeichnet, mit der jemand verhindern will, dass sein Schweigen in einer strittigen Sache als Zustimmung zur Position des Gegners verstanden wird; vgl. Digesta 14,6,11. Die Übersetzung folgt dem z. T. umständlichen Stil des Autors. In (…) stehen kurze Erläuterungen von R. F., nahe Begriffe und die lat. Ausdrücke; stellenweise ist eine auffüllende Übersetzung angebracht. Lagus' Ausführungen enthalten Anspielungen auf Gelesenes und Erinnertes; Belege fehlen oder sind unvollständig. Anspielungen wurden hier nur verifiziert, wenn die Kenntnis ihrer Vorlage für das Erfassen des Zusammenhanges unabdingbar ist.

2 Die hier übersetzte protestatio wurde im Rahmen einer ausführlichen Vita besprochen von: Muther, Theodor: Doctor Conrad Lagus. Ein Beitrag zur Geschichte der Systematik des Civilrechts und der Lehre vom Autorrecht; Jena 1876; S. 299–356. – Troje, Hans-Erich: Konrad Lagus (um 1500–1546) und die europäische Rechtswissenschaft; Vortrag, Wittenberg 2001. – Stationen in Lagus' Lebensweg: * um 1500 in Kreutzburg in Hessen; geisteswissenschaftliches Studium in Leipzig und Wittenberg; 1522–1540 Unterrichtätigkeit in Wittenberg; theologische und juristische Studien; 1527/8 und 1535 Pest in Wittenberg; 1540 Syndicus in Danzig; Reisen nach Krakau; † 1546. – Zu Lagus und »ersten Rechtsauffassungen von Autoren«: Gieseke, Ludwig: Vom Privileg zum Urheberrecht; Göttingen 1995, S. 19, 29, 35, 37.

3 Eingehend zu Egenolffs Nachdrucken vgl. Andreas Deutsch in diesem Band, S. 39–65.

4 Danzig, lat. Gedanum, Dantiscum; Lokativ Gedani; zum Druckort vgl. Muther S. 33.

5 Henricus Stephanus, Henri Etienne II.: Francofordiense Emporium; 1574, ND 1968 (mit der Übersetzung von J. Ziehen, 1919).

6 Farrago (far, Mehl) bedeutet ein Mancherlei, ein Gemenge bzw. etwas Wertloses. Der St. Galler Humanist und Reformator Joachim von Watt/Vadianus verwendete Farrago 1537 für eine historische Quellensammlung.

dische Unterweisung in beiden Rechten, welche den gesamten Stoff aller Titel umfasst.«)

Da dieser Sachverhalt meinen guten Namen bei bedeutenden und gelehrten Herren nicht wenig belastet und nicht frei ist vom Vorwurf böswilliger Täuschung, um arglose Käufer um ihr Geld zu prellen, konnte ich mich nicht zurückhalten, kaum dass mir jene *Farrago* gezeigt worden war, mit der vorliegenden Schrift alle meine Kräfte aufzubieten, um mein Ehrgefühl vor dieser Beschmutzung in Schutz zu nehmen und den Studenten der Rechtswissenschaft zur Vorsicht zu raten, in ihrem Leichtsinn diese *Farrago* ja nicht zu kaufen und sich nicht in den Netzen dieses Betrügers zu verfangen. Denn dass jener Egenolff mit dieser seiner Edition nichts anderes gesucht hat, als durch das Überraschende des Werkes ein Profitchen zu erzielen, kann schon deshalb einem jeden klar sein, weil er bei der Ausgestaltung dieser Ausgabe keinerlei Sorgfalt walten ließ, sodass man in der veröffentlichten *Farrago* nur mit Mühe einige wenige Zeilen findet, die nicht von grammatischen Verstößen wimmeln. Davor hätte er sich wahrlich hüten müssen, hätte er seine Pflicht als redlicher Buchdrucker irgendwie wahrnehmen wollen.

Denn wenn ein jeder schon von öffentlichen Schreibern verlangt, alle Schriftstücke möglichst fehlerfrei vorzulegen, selbst wenn sie vielleicht nur zum Gebrauch Weniger abgefasst seien: Wer wird dann nicht dieselbe, oder gar noch eine größere Sorgfalt bei jenen Buchdruckern suchen, die ihre Bücher erklärtermaßen für das öffentliche Wohl und damit zum Nutzen aller drucken?

Daher wird ein jeder die ›Buchwaren‹ dieses Menschen-/Sklavenhändlers (der seine Waren aufputzt, um damit zu werben), zu Recht für verdächtig halten, als die Waren jemandes, der keinerlei Scham empfindet, eine Farbe vorzulügen, sofern ihm nur irgendeine Hoffnung auf Gewinn entgegenleuchtet. Könnte ich doch mit dieser meiner Warnung erreichen, dass Egenolff bei seinem Streben nach Gewinn, den er sich ja als erreichbar vorstellte, seine Hoffnung verfehlte und selbst zum Betrogenen würde. Hätte er es doch verdient – zumal er mit seiner Übeltat noch Anderen ein Beispiel gab –, damit nach ihm niemand je solches wieder wagt.

Zunächst hat Egenolff jene *Farrago* ganz ohne mein Wissen herausgegeben, wie er selbst im einleitenden Brief an den *Candidatus iuris* zu erkennen gibt. Dass er das auch noch trotz meines Einspruches getan hat, hätte er um der Ehrlichkeit wegen hinzufügen müssen. Denn er kann nicht leugnen, dass er mich im vergangenen Frühjahr in zwei Briefen bat, ich möge mich um die Korrektur dieser *Farrago* kümmern und ihm die Erlaubnis geben, diese zu veröffentlichen. So gut ich konnte, riet ich ihm daraufhin in einem langen Brief zum Verzicht auf dieses Vorhaben und forderte ihn auf, nicht gegen meinen Willen auf eine Ausgabe hinzuarbeiten. Ich führte mehrere und berechtigte Umstände dafür an, warum ich es nicht wolle, dass meine Vorlesungsdiktate – welche auch immer –

veröffentlicht werden, ohne von mir selbst zuvor ganz sorgfältig überprüft worden zu sein. Und schließlich habe ich ihm ernsthaft angedroht, ihn wegen Diebstahles zu verklagen, würde er weiter etwas unternehmen, um von mir Diktiertes gegen meinen Willen herauszugeben. Ich tat das, um ihn, sofern noch irgendein Ehrgefühl oder eine Neigung zu moralischer Würde in ihm wäre, von der geplanten Ausgabe abzuschrecken, wenigstens aus Furcht vor Schande und Schmach, da ich, so weit entfernt von ihm wohnend, ihn auf andere Weise nicht hindern könnte. Das Ergebnis belegt nun aber, dass er zur Zeit des Briefwechsels die jetzt vorliegende *Farrago* schon unter dem Druckstock hatte (wovon ich, wie gesagt, nichts wusste), als er mich um die Erlaubnis für die Herausgabe bat. Deshalb ist er jetzt auch nicht berechtigt, sich wegen meines unmissverständlichen Drohens, ihn zu verklagen, zu beschweren, würde ich ihn nun wirklich eines Menschendiebstahles (*plagium*) wegen vor Gericht bringen. Denn wenn derjenige als *plagiarius*[7] (*Digesta* 48, 15) bezeichnet wird, der einen fremden Menschen durch Arglist (*dolus malus*)[8] jenem raubte, in dessen Gewalt sich dieser befindet: Was hindert dann daran, auch jenen zu verklagen, der – wenngleich wohl wissend und sehend, alles gegen meinen Willen und Einspruch zu veröffentlichen, was er auch von meinen Kommentaren veröffentlichen würde – sich doch nicht von der Umsetzung seines einmal gefassten Vorhabens abschrecken ließ und, unter Preisgabe meiner Ehre, meines Rufes und meiner Glaubwürdigkeit, meine Diktate unvollständig und entstellt veröffentlichte; wie gesagt, trotz meines Widerspruches.

Um dann letztlich doch etwas zur Hand zu haben, um vor allen nichts von dem Ganzen Wissenden dieses sein Verbrechen zu verschleiern, scheute Egenolff sich nicht, auf unverschämteste Weise vorzulügen, ich hätte die von ihm herausgegebene *Farrago* an der hochberühmten Universität von Wittenberg öffentlich diktiert, und das zudem als *Ordinarius*, um natürlich nicht in den Verdacht zu geraten, mir das heimlich entwendet zu haben, was durch meine öffentliche Vorlesung ja Gegenstand des *publicum ius* geworden sei. Das ist ganz einfallsreich gemacht, sofern Egenolff bei seiner hinterhältigen Verschlagenheit in einer so bösen Sache dieses Lob verdient. Unverschämter allerdings, als dass man es noch hinnehmen könnte! Niemand nämlich von all jenen Studenten, die in den Jahren von 1522 bis 1540 eine Weile an dieser Hochschule lernten, weiß nicht, dass ich dort nie je öffentlich etwas unterrichtet habe (als *Professor publicus*), sondern stets innerhalb meiner eigenen Wände;[9] ich weiß gar nicht, ob das an

---

7 Plagiarius bedeutet Menschendieb, Sklavenhändler, Plagiator; plagium, Menschendiebstahl. – Kaser, Max: Das römische Privatrecht. Die nachklassischen Entwicklungen; München 1975 (2), S. 434.
8 Dolus malus. Kaser a. a. O. S. 90 Arglist; S. 346 Vorsatz; S. 90–91; S. 333 Fn. 12.
9 Weimar, Peter: Rechtsunterricht, in: Lexikon des Mittelalters; Sp. 524 betr. die »Stubengelehrten«. – Verger, Jacques: Professor, in: Lexikon des Mittelalters; Sp. 241 professor legum.

meinem besonderen Schicksal liegt oder an menschlichem Übelwollen oder meiner eigenen Gleichgültigkeit.

Weit entfernt, dass ich dort als *Ordinarius* aufgetreten wäre, was ja als das Höchste unter den Professoren des Rechts gilt. Doch ohne Zweifel erinnern sich dessen auch jene, die mich in Jena in Thüringen, wohin ich mich zu Vorträgen während der in Wittenberg wütenden Pest begeben hatte, zuerst aufforderten, ihnen meinen guten Willen zu bezeugen, indem ich für sie die Grundlagen der Rechtswissenschaft zusammenfasste. Dem habe ich zwar sofort zugestimmt, zugleich aber unbestreitbar dargelegt, ich wolle nicht, dass das, was ich allein zu ihrem Nutzen überdenken und zusammenstellen würde, von irgendeinem meiner Hörer ohne meine Einwilligung veröffentlicht würde. Denn ich wusste ja zur Genüge, dass solch ein ›Betreiben‹ der Rechtsvermittlung jenen, die nach der Vorstellung der Mächtigen als Einzige die Legitimation dazu besitzen, verhasst ist, auch gefürchtet, und lächerlich vorkommt. Überhaupt glauben ja alle, die sich intensiv mit dem Recht befasst haben, juristische Themen könnten wegen der Vielfalt und verwirrenden Vernetztheit gar nicht in einem *Compendium*, (d. h. einem Richtweg bzw. kurzen Weg), zusammengefasst werden. Und mit einer nicht besseren Urteilskraft ausgerüstet glauben einige von ihnen, dass jene, die mit irgendeiner verfeinerten wissenschaftlichen Bildung ›gefärbt‹[10] sind (d. h. die Humanisten) und damit versuchen, sich auch nur einen Fingerbreit von der Lehrgewohnheit zu entfernen, ungeeignet seien, um die Rechtskunde zu lehren; wie Paul II.[11] alle als Häretiker betrachtete, wenn sie sich den *studia humanitatis* widmeten. Und ich bin ja auch kein auf dem Rücken liegender unbeteiligter Beobachter der Einbildung des Volkes, dass ich nicht sähe, dass die Masse der studierenden Juristen das sogar verachten wird, was ich, wie ich sagte, so gesammelt hätte, weil diese Art von Menschen sowohl wegen ihres ungefestigten Alters wie auch des fehlenden Wissens um die *bonae litterae et artes* (und damit um einen kritischen Umgang mit den alten Texten), oder auch aus Gleichgültigkeit, sich mehr von blendenden und zugleich einträglichen Beispielen leiten lässt als von einem nachvollziehbaren und vernünftigen Umgang mit allen Fragestellungen. Deshalb fügt mir jener Betrüger (*impostor; Digesta 21,1,4,3*) und *plagiarius* Egenolff großes Unrecht zu, der, um seines Handbuches willen, sich ausdenkt, ich hätte, was er unter meinem Namen herausgegeben hat, ja öffentlich diktiert; er wird freilich niemals darlegen können, es sei meine Absicht gewesen, das herauszugeben und damit allen (Schwarz auf Weiß) zur

---

10 Tinctus, gefärbt. Erler, Michael: Übung, in: Historisches Wörterbuch der Philosophie; Sp. 79: Durch geistige Übung, Lektüre, ein Einfärben, »soll philosophische Erkenntnis für ein gelingendes Leben wirksam werden«. Belege bei Platon und Seneca.
11 Treusch, Ulrike: Paul II. (1464–1471), in: Religion in Geschichte und Gegenwart. Paul II. verbot die Lektüre antiker Klassiker in den Schulen Roms. – Pfeiffer, Rudolf: Die Klassische Philologie von Petrarca bis Mommsen; München 1982, S. 31–32.

Verfügung zu stellen. Dass ich trotz anfänglicher Bedenken auf die Wünsche der Studenten eingegangen bin, Einiges zu sammeln, um der Methode (des Lehrens und des Lernens) die rechte Gestalt zu geben, (damit alle Teile auch zusammenpassen), geschah nicht aus irgendeinem Verlangen, meinen Widerspruch gegen die Schultradition der Rechtswissenschaft darzulegen, sondern einfach aus dem Wunsch, die Bestrebungen jener Studenten zu fördern, die ich zu Hause (*privatim*) ausbilden wollte.

Um also nichts von den Abläufen zu verschweigen, die mich bewogen haben, diese Mühe wirklich auf mich zu nehmen: Ich kann nicht leugnen, nachdem ich mehrmals die Kaiserlichen *Institutiones*[12] vorgelesen und jeweils anschließend auch die Gedankenschritte[13] besprochen hatte – zumal die *Institutiones* ja als eine methodische Einführung durch die vom Kaiser Beauftragten gesammelt seien, wie der Kaiser selbst im Vorwort der *Pandectae*[14] erklärt –, dass viele Studenten mich oft stürmisch angingen, eine reichhaltigere Behandlung der Rechtslehre zu erarbeiten, als sie in den *Institutiones* vorliegt. Diese schien den Studierenden nämlich zu knapp bemessen, als dass sie daraus ein allgemeines und zuverlässiges Bild der gesamten Rechtslehre[15] gewinnen könnten, welches sie hingegen mit einem wiederholten Lesen von mir besonders erbetener Abhandlungen über das Recht vor sich hätten, als würden sie eine Statue des (Götterboten und Mystagogen, d.h. in die Geheimnisse einführenden) Merkur betrachten; wenn dann etwa eine Lektüre (ein Beleg) oder ein Fall, ihnen nur eine unklare Vorstellung der Rechtslage böte, könnten sie ihre Gedanken davon einmal ablenken und unter den Hauptabteilungen des Rechts ganz bequem auf diesen Einzelfall zurücklenken, um sich auf diese Weise selbst oder durch die Vermittlung Anderer eine zutreffende Entscheidung zu eigen zu machen. Und genau das würden sie sich wohl nicht umsonst von einer vollständigeren und übersichtlichen Methode[16] versprechen, da nach der Meinung aller Gelehrten die

---

12 Über die Institutiones informieren die Einführungen in die Römische Rechtsgeschichte. Sie erlangten 533 Gesetzeskraft.

13 Hammerstein, Notker; Buck, August: Handbuch der deutschen Bildungsgeschichte I. 15. bis 17. Jahrhundert; München 1996, S. 337: Das Wort »Methode« bezeichnete im 16. Jh. »noch nicht eine Verfahrensregel oder -anweisung, sondern die übersichtliche Kurzfassung, ars brevis, einer Wissenschaft, davon abgeleitet allerdings auch schon die Art und Weise, wie man dazu gelangte«.

14 Pandectae bzw. Digesta: Die von Kaiser Justinianus 530 veranlasste Sammlung von Exzerpten aus klassischen Juristenschriften. – Landfester, Manfred: Corpus Iuris Civilis, in: Der Neue Pauly, Suppl. 2, S. 186–188.

15 Wie Fn. 13; S. 338 betr. die »Enzyklopädie« als die treibende Kraft im Humanismus.

16 Wie Fn. 13; S. 203 Ablauf einer Vorlesung; S. 212 Juristenfakultät; Dauer der Ausbildung; S. 262–264 Privatpräzeptoren; S. 268 Diktate und Mitschriften; lectio privata; S. 269 Studienanweisungen. – Voß, Wolf E.: Digesta, in: Der Neue Pauly; Sp. 561: Aufbau des Studiums der Rechte zur Zeit Kaiser Justinians. – Burmeister, Karl H.: Humanismus II. Recht, in: Der Neue Pauly, Band 14; Sp. 556 betr. Lagus und das Bemühen um eine systematische Methode,

Methode derjenige Weg[17] sei, auf dem, wie in jedem Fach, durch eine Sammlung
allgemeiner Regeln der Zugang geöffnet wird, um in einem bestimmten Fach
tätig zu werden, und zwar immer im Hinblick auf die Muster zu einzelnen Fällen
und Fragen, die sich zur Klärung als nützlich erweisen können; und dass im
Rahmen der Bemühungen, Kenntnisse in irgendeinem Fach zu erwerben, die
Zeit und Kraft, die für das Erlernen der Methode aufgewendet wird, den Vorrang
verdiene, abgesehen von dem, was eine natürliche Abfolge verlange, dass wir
nämlich durch das theoretische Kennenlernen der Gattungen zum Verstehen der
Einzelfälle gelangen, werde ja auch von der Autorität Galens[18] gutgeheißen, auch
wenn jener die Methode (griechisch *méthodos*) und die Übung (griechisch
áskesis) so miteinander verbinde, dass er behaupten kann, ohne das Bemühen
um den jeweils anderen dieser beiden Aspekte sei in keinem Fach in vollkom-
mener Weise Wissen zu erlangen. Obwohl die Sammler der Kaiserlichen *Institutiones* im Titel *De iustitia et iure*[19] offen bezeugen, das vorteilhafteste Vorgehen
bzw. die beste Studienanweisung, um den Lernenden die Rechtswissenschaft zu
vermitteln, bestehe darin, wenn zunächst auf einem einfachen und leichten Weg
die Grundlagen erklärt würden, um auf diese Weise die natürlichen Anlagen der
Studierenden nicht durch die Menge und Vielfalt der Themen zu belasten, sei es
dennoch nicht zu leugnen, dass die Interpreten der *Institutiones* diesen einfachen Weg doch so wenig im Blick hätten, dass sie oft sogar das Entlegenste mit
Gewalt herbeiholten, um den jeweiligen Reichtum der Gedanken und die Gelehrsamkeit zu zeigen, oder nur um der tradierten Lehre wegen:

---

   die den Wissensstoff überschaubarer macht und die Dauer der Ausbildung verkürzt; Sp. 555
   »Der juristische Humanismus wurde vornehmlich zu einem pädagogischen Anliegen.« Man
   war bemüht, Ciceros verlorene Schrift De iure civili in artem redigendo (Fn. 26) wieder
   aufzufinden und zu rekonstruieren. – Deflers, Isabelle: Recht, in: Der Neue Pauly, Suppl. 9;
   Sp. 810: Ziel der modernen Interpreten war, »die Rechtssätze ihrem Sinn nach mit der
   natürlichen Vernunft in Einklang zu bringen«. Sp. 812 betr. den sog. historischen Humanismus mit seinem Bemühen, das Recht an die Umstände anzupassen.
17 Das griechische Wort méthodos ist aus der Präposition metá und hodós zusammengesetzt:
   Weg, um etwas zu erreichen.
18 Galén (129–199). Nutton, Vivian: Galénos aus Pergamon, in: Der Neue Pauly; Sp. 749: Der
   Arzt G. legte in seiner philosophischen Hauptschrift De demonstratione dar, »dass sicheres
   Wissen nur möglich sei, wenn man von geeigneten Grundlagen, insbesondere dem ›deutlich‹
   Sichtbaren‹ ausgehe«.
19 Institutiones 1,2: »Die Rechte des Römischen Volkes […] scheinen Uns am zweckmäßigsten
   vermittelt werden zu können, wenn die einzelnen Rechte zunächst in einer leichten und
   einfachen, später dann in einer ganz sorgfältigen und gewissenhaften Interpretation vermittelt werden können. Sonst, wenn Wir gleich zu Beginn des Studiums den noch unaus-
   gebildeten und unselbständigen Geist eines Studenten durch die Menge und Vielfalt der
   Themen belasten, werden Wir das eine von zwei Dingen bewirken: Entweder, dass Wir (den
   Studenten) zum Deserteur seines Studiums machen, oder ihn […] erst recht spät zu dem Ziel
   führen, zu welchem er, auf einem einfacheren Weg geleitet, ohne große Anstrengung und
   einen Vertrauensverlust früher hätte gebracht werden können.«

[B] Mit der Folge, dass die Kommentare dieser Interpreten zwar ganz voll-
gestopft sind mit guten und nützlichen Dingen, die meisten den Gegenstand, um
den es in irgendeinem Kapitel der *Institutiones* geht, aber nur wenig oder gar
nicht erhellen, sodass zu Recht über sie gesagt werden könne, was im Übrigen für
jede mit allzu vielen Abschweifungen überladene Schrift gilt, dass sie mehr
Nebensächliches (oft Geschwätz, griechisch *párerga*) als Wesentliches bzw.
Handfestes (griechisch *érga*) enthalten; (Aristoteles: Nikomachische Ethik 1098
a 32). Das wolle aber nicht von den Abschweifungen gesagt sein, die ein Grund
für eine kleine Ausschmückung sind, oder die den Leser anregen oder einzu-
haltende Regeln, wie bei Faustkämpfen, zur Geltung bringen wollen, sondern von
jenen Abschweifungen, die aus dem entlegensten Wortgebrauch geschnappt
werden, nur um bei der Einführung in die Texte deren Ausdrucksschärfe auf-
zuzeigen. Durch eine solche Behandlung der *Institutiones* würden die Köpfe der
Lernenden in mannigfacher Weise »zerstreut« und verunsichert und die Gesetze
selbst eingenebelt, sodass nur wenige Studierende, und diese auch spät, (d.h.
nach einem langen Studium), zur sinnvollen Kenntnis des Rechts gelangten, was
nicht nur sie selbst jetzt zum ersten Mal beklagten. Auch die besten Rechtsgelehrten, Johannes Fabri[20] und ›der aus Palermo‹[21] hätten schon längst auf die
Fehlentwicklung hingewiesen; dieser dort, wo er sagt, die Interpreten machten
das Rechtsverständnis allzu bequem, und zwar durch die Metaphorik (*mate-
riarum transportatio; translatio*), welche sie vornähmen, um letztlich sich selbst
(in Ausdruckssteigerungen) zur Schau zu stellen. Der andere im Vorwort seiner
Kommentare zu den *Institutiones*, wo er die Streitigkeiten der alten Rechtsin-
terpreten, wenn sie verschiedene Meinungen aneinanderreihten und verteidig-
ten, mit dem unangebrachten Eifer (griechisch *kakozelia*) bzw. der Rivalität der
Jüngeren vergleicht und betont, das Recht sei durch die sich widersprechenden
Meinungen der Interpreten heute nicht weniger in Unordnung gebracht, als das
einst der Fall gewesen sei; deshalb könne es auch nicht weiter als verwunderlich
angesehen werden, wenn man verlange, die Rechtsstudien durch eine geeigne-
tere Behandlung der Grundlagen zu stärken, und mir könne es nicht als Vergehen
ausgelegt werden, dass ich den Wünschen jener Studenten entgegengekommen
sei, auch wenn ich deren Erwartung vielleicht nicht ganz erfüllte, da auch ein
Versuch ohne Erfolg in großen und ehrwürdigen Belangen gemäß dem grie-

---

20 Johannes Faber oder Fabri (1478–1541), Humanist und Theologe. Werke und Literatur in:
    Wikipedia und der TRE, der Theologischen Realenzyklopädie. – Lagus' Quellenhinweis ohne
    Nennung der eingesehenen Textausgabe besagt »beim mit vigilanti beginnenden Ex-tempore
    de praescriptionibus«; vgl. Kaser (Fn. 6) S. 69 betr. Verjährungen; D gesta 22,5,3,1.
21 Mit »Panormitanus« ist der italienische Theologe und Erzbischof von Palermo Nicolaus de
    Tudeschis (1386–1445) gemeint. Seine juristischen Kommentare galten den Decretales Libri.
    Werke und Literatur in: Wikipedia.

chischen Sprichwort »Verzeihung dem zuerst Versuchenden« seiner Nachsicht würdig sei.

So wurde ich also oft ermahnt und von den Studierenden, die meiner Gewissenhaftigkeit ganz besonders anempfohlen waren, gar inständig angefleht, ich möchte doch privat ihre Rechtsstudien anleiten und fördern. Schließlich konzentrierte ich mich dann auf mein Werk, nicht, um beim ersten Versuch schon zu vollenden, was ich wollte oder könnte, sondern um durch meine vorbereitende Tätigkeit die Erfahrung zu gewinnen und zu sehen, ob die juristischen Gegenstände überhaupt irgendwie in einem *Corpus* zusammengefasst werden könnten, damit die Lernenden sähen, aus welchen Elementen des Rechts diese Wissenschaft und Fertigkeit im Allgemeinen besteht.

Wenn im Wesentlichen nun anzuerkennen ist, dass alle juristischen Themen in hervorragender Weise und in vollem Umfang überliefert sind und, wie man sagt, an den üblichen Orten, d. h. in den Bibliotheken bei den Rechtsgelehrten zur Verfügung stehen, wird doch – da diese Orte nicht allen Anfängern zugänglich sind, und wenn immer neue Fragestellungen auftauchen, die Texte oft auch an verschiedenen Orten vorliegen und nirgends in die bestimmte Ordnung gebracht wurden, bei der die Lernenden schon allein aus deren Zuordnung erkennen könnten, wie sie miteinander verbunden sind und damit eine Art Musterexemplar der gesamten Rechtswissenschaft bilden – , das hoffe ich, ein jeder zu dem Urteil gelangen, dass ich mein Vorhaben nicht vergebens angepackt habe, zumal es meine Gewohnheit ist, die Bemühungen anderer Lehrer erst dann zu rügen, wenn ich sie bedacht und erforscht habe. [B2] Jener wird nämlich erkennen, dass im Allgemeinen viel Licht auf die Dinge fällt, wenn sich alle gleichsam an dem ihnen zustehenden Platz befinden. Wie nämlich die Verschiedenheit und Übereinstimmung von Farben viel deutlicher sichtbar wird, wenn sie passend zueinander verwendet werden, so werfen die Gegenstände einer Lehre, wenn sie kurz und angemessen, entsprechend ihrem Unterschied und ihrer Verwandtschaft, in einem *Corpus* gesammelt sind, mehr Licht aufeinander, als sie aus einem langen Kommentar treffen könnte, wenn alle einzeln – außerhalb des einen Überblick ermöglichenden Rahmens der nach Form und Verwendung zusammenhängenden bzw. abweichenden – behandelt würden.

Von diesem Vorhaben geleitet zeichnete ich zuerst in Jena kurz und umrisshaft die beiden einleitenden Kapitel über den Ursprung des Rechts sowie über die Befugnis und das Recht der Personen. Da ich dort aber nur einen völlig unbedeutenden Vorrat meiner Bücher bei mir hatte, konnte ich allein mit dem Wunsch, das Begonnene bis zum Ende zu führen, dort gar nichts unternehmen. Ich war in der Lage desjenigen, dem es nicht entgeht, wie wichtig es ist, dass die eingesehenen Bücher stets zur Überprüfung bereitstehen, wenn man mit solchen Bemühungen etwas erreichen möchte. Später, nach meiner Rückkehr, als ich die übrigen Kapitel zusammenstellte, war mein Plan in Wittenberg kein anderer geworden. Auch wenn ich dort mehr Hilfsmittel als in Jena zur Verfügung hatte, um das begonnene Werk zu vollenden, eilte ich einfach, so gut es ging, auf das Ziel zu, obwohl ich von Beginn an diese Mühe nicht mit der erforderlichen Gründlichkeit auf mich genommen hatte, um die Zuversicht hegen zu können, schon beim ersten Versuch ans Ziel zu gelangen; ich wollte ja, wie gesagt, nur die Probe machen, ob alle Gegenstände des Rechts in einem *Compendium* darzustellen wären. Ohne eine strengere Auswahl vorzunehmen, setzte ich also alles, so gut ich konnte, bei der Durchsicht der Gesetzestexte gleich an die Stelle, wie ich es bei diesem ›Webvorgang‹ als verfolgenswert in Gedanken entworfen hatte; bei einer späteren Ausarbeitung würde ich das Gesammelte dann verbessern und Ausgelassenes nachtragen, wenn ich gegen Ende dieser Sammelarbeit merken würde, dass ich meiner Hoffnung nicht ganz davongelaufen war. Die Größe und dazu die Schwierigkeit des Werkes hinderten mich nämlich gleichzeitig, dass ich vor seinem Abschluss an nichts anderes denken konnte, bevor ich nicht den Erfolg meines ersten Versuches in Händen hätte.

Dabei folgte ich dem Vorbild von Dibutas[22], von dem Plinius berichtet. Er stellte seine Ziegelreliefs, deren Gestalten er zunächst einem starken Regen aussetzte, erst fertig, nachdem er deren Vorbilder als Flachreliefs entworfen hatte.

So sehr ich mich aber auch beim Zusammenstellen des ›Waldes‹ der vorrangigen Rechtsgegenstände beeilte, mir standen doch zwei ernst zu nehmende Dinge so im Wege, dass ich auch das nicht erreichen konnte, worum ich mich seit meinem ersten Versuch bemühte. Erstens: Das widrige Schicksal gestand mir nie so viel Muße zu, wie solch ein Bemühen erfordert. Und dann: In dieser von anderen noch nicht erforschten Sache hatte ich keine Führer, durch deren Vorübungen ich unterstützt worden wäre. Es gibt zwar mehrere, die das Gleiche schon vor mir und ohne Zweifel nach besten Kräften, wie man sagt, versucht haben; hervorragende Gelehrte und erfahrene Rechtswissenschaftler, sodass man allein schon deshalb nachvollziehen kann, dass jene, die Ordnung und Deutlichkeit beim Unterrichten schätzten, immer verlangten, im Studium des Rechts sei, wie in allen anderen Fächern, eine Enzyklopädie vonnöten, die den Lernenden gleichsam die ersten Spuren zeigen würde, um so ins Innerste der jeweiligen Wissenschaft zu gelangen.

[B3] Damit versteht man dann auch, dass alle, die von diesem Bemühen um Kenntnis und Erkenntnis nicht getragen und beseelt sind und beim Lehren und Lernen nur das oberflächlich Sichtbare des Rechts suchen, mehr auf eine Streitkunst über das Recht bedacht sind und diese weitergeben wollen, als auf die Fähigkeit, in zweckmäßiger Weise zu einer zuverlässigen Kenntnis des Rechts zu

---

22 Der Name Dibutas ist verschrieben; gemeint ist der Künstler Butades aus Sikyon; Plinius der Ältere 35,44,153.

gelangen und dieses dadurch weiter zu erforschen, indem man (bei strittigen Fragen im Interesse einer Klärung) die eigene Sehweise beiträgt (*ars eius investigandi in respondendo de eo*). Unter jenen, die schon Überblicke erarbeitet haben, zeichnen sich nach aller Meinung Azo[23] und Hostiensis[24] aus. Ich bekenne gern und mit großer Dankbarkeit, dass ich in ihren Kommentaren nicht wenig Hilfe gefunden habe. Da den Genannten jedoch nicht daran gelegen war, die Gegenstände des Rechts im Rahmen des ganzen *Corpus* nach ihrer Bedeutung zu unterscheiden und zu gliedern, sondern sie sich nur darauf verlegten, die Inhalte der einzelnen Titel in der im *Codex*[25] und den *Decretales*[26] vorliegenden Abfolge in belehrender Darstellung zu entfalten, können sie den Eindruck erwecken, mehr (griechisch) *Epitomáe*, (d.h. kurze Ausschnitte), als eine Rechtsmethode vermitteln zu wollen. Und daher wird niemand, hoffe ich, es mir als Fehler anrechnen, dass ich mit den *Summae*, (d.h. Gesamtdarstellungen), dieser hervorragenden Gelehrten nicht zufrieden gewesen bin, sondern nun nach ihnen und auf eine gewisse andere Weise versucht habe, die *Summa rerum iuris* in ihrem ganzen Ausmaß zu erfassen und wiederzugeben. Wenn nämlich jemand den Eindruck hat und mir vorwirft, ich sei vorschnell vorgegangen, wird die kluge Überlegung ihn eines Besseren belehren; anders gesagt: Dass ich von einem anderen Grundsatz als die Genannten ausging, habe ich kurz zuvor gezeigt, und die Sache selbst wird es absichern. Jetzt zweifle ich nämlich viel weniger als früher daran, dass ich bei den tüchtigen und gelehrten Herren dem Vorwurf der übereilten Arbeitsweise doch noch entgehen kann, wenn ich einen Mäzen träfe, der mir so viel Muße zur Verfügung stellen würde, dass ich alles, was ich in der erwähnten Planung schon gesammelt habe, mit abgesicherterem Urteil und größerer Sorgfalt ergänzen und verbessern könnte. Ohne eine großzügige Muße kann ich aber im Hinblick auf einen Abschluss des begonnenen Werkes nichts versprechen, auch wenn Cicero, und das nicht nur an einer Stelle, ein planmäßiges Vorgehen, um das weit ausgedehnte und verstreute Recht in bestimmte Gattungen zu gliedern und damit zu einer Wissenschaft zu machen, als eigentlich auf der Hand liegend und leicht vorkam; (vgl. Fn. 15).

Müsste ich mich mit den Gelehrten darüber besprechen, werde ich vielleicht zugeben, dass die Themen des Rechts, wenn ihre Kraft und ihre Gültigkeit allein aufgrund der natürlichen Vernunft (*naturalis ratio*; s. u.) beurteilt würden, leicht

---

23 Azo Porcius (vor 1150–1220). Jurist und Glossator in Bologna. Werke und Literatur in: Wikipedia.

24 Hostiensis, Henricus de Segusio (Susa bei Turin) (vor 1200–1272) wurde von Papst Urban IV. 1263 zum Kardinalbischof von Ostia bei Rom ernannt. Werke und Literatur in: Wikipedia.

25 Vgl. Fn. 18, 27. »Die Inhalte der einzelnen Titel« beziehen sich auf sog. Titelsummen; vgl. Zapp, Hartmut: Summa. C. Kanonisches Recht, in: Lexikon des Mittelalters; Sp. 310.

26 Wie Fn. 24.

in bestimmte Gattungen zusammenzufassen sind, wie Antonius erzählt, dass Crassus es zu tun versprochen habe.[27] Die Gelehrten sind mit den Gedanken vertraut, dass zu jeder Wissenschaft ja nicht häufig vorkommende und auch nur wenige Gegenstände gehören, die sich – abgesehen von den Umständen, die der jeweilige Fall mit sich bringt, bei Fragen, die im Hinblick auf die praktische Anwendung ebendieser Wissenschaften anfallen – auf die gemeinsamen Hauptpunkte (*summae*) der Einzelfälle und Gattungen zurückführen lassen. Würde man den Gelehrten aber ernsthaft zu bedenken geben, allein aufgrund der *naturalis ratio rerum iuris*, (d. h. nach Lagus' Worten in der *Traditio Methodica* der *sincerior ratio*, der aurichtigen Vernunft), nur aufgrund des gesunden Menschenverstandes (*sanorum hominum ratio*[28]), der dank des dem Menschen gegebenen Bildes von Gottes Gerechtigkeit zwischen »Gut und Böse« zu unterscheiden vermöge, auch wenn man glaubt, diese Vernunft verdanke allein dem ihr Sein, weil es gerade in der Rechtswissenschaft etwas der Zeit nicht Unterworfenes und Allgemeingültiges (Göttliches) gebe, (das die Gesetzgebung und die Rechtsprechung dominieren müsse): Würde man also zu bedenken geben, es sei einfach nicht möglich, für alle Themen des Rechts übergeordnete und verbindliche Normen (*formae*) aufzustellen, vielmehr würden diese doch wie irgendwelche anderen Bestimmungen oder Einzelanweisungen nach den Gegebenheiten im alltäglichen Geschehen mal verengt, mal gelockert (d. h. *Digesta* 50, 17, 1 *ex iure, quod est, regula fiat*: aus dem bestehenden Recht soll der Grundsatz kommen; bzw. das Recht sei an die Umstände anzupassen): Dann, glaube ich, werden jene Gelehrten anders urteilen, vor allem, wenn sie die ungeordnete Masse an Gesetzen und Verordnungen im Römischen Recht abwägen, welches wir heute als unser gemeinsames Recht zugrunde legen, weil es unter allen derzeitigen Rechten verdient, als das beste zu gelten (vgl. die den *Digesta* vorangestellte *Constitutio ›Deo auctore‹* sowie die *Constitutio ›Tanta‹*, welche u. a. die dem Juristen Tribonian übertragene Aufgabe beschreibt, die Werke der alten Zeit, ›fast ganz verworren und aufgelöst‹, zu sammeln und mit einer gewissen Beschränkung (*moderamen*) veröffentlichen zu lassen).

Und im Übrigen kann ich (Lagus) gar nicht glauben, dass zu Zeiten Ciceros das Recht schon in so viele Nachträge (*appendices*) zu den Gesetzen und Verordnungen aufgesplittert war, wie das jetzt der Fall ist. Deshalb preist er die

---

27 Cicero, Antonius, Crassus, XII-Tafel-Gesetz. Lucius Licinius Crassus (140–91), Redner und Politiker. In Cicero (De oratore) sind Marcus Antonius und Crassus die Träger des Dialoges; I § 162–200 betr. die Bedeutung der juristischen Studien. – Das XII-Tafel-Gesetz (451–450) wurde im 2. Jh. n. Chr. von Gaius unter dem Titel Ad legem XII tabularum libri VI kommentiert.

28 Das Umfeld dieses Gedankenganges ist das Thema im Kapitel »Wie aus der Natur das Recht entsteht« in Lagus' Traditio Methodica, p. 2 verso. – Vgl. Digesta 1,1,4; 1,1,9–11; Institutiones 1,1,4;1–4.

öffentliche Bekanntmachung der XII Tafeln auch so sehr, dass diese allein bei
ihm den Eindruck erweckt, die Bibliotheken aller Philosophen zu umfassen,
sofern jemand die Quellen und die Hauptgrundsätze des Rechts ins Auge fasst.
Dieses Lob Ciceros belegt zur Genüge, dass das auf den XII Tafeln stehende Recht
vollständig (*Digesta* 1,2,1), kurz und übersichtlich in bestimmte Abschnitte
eingeteilt war. Dass Cicero jedoch von Rechtskundigen seiner Zeit mit ihrem
Bestreben, das Recht zu vermitteln, angefeindet wurde, ist damit zu erklären,
weil diese ohne Rechtsgrundlagen (*principia*) (aber aufgrund ihres Fallwissens),
nur vermittelten, welcher (im Gewohnheitsrecht gründende) Bescheid bei einer
jeden Anfrage zu geben bzw. wie zu »antworten« sei (s. u.). So wird sich keiner
der Gelehrten sehr wundern, wenn es Cicero oder Crassus leicht erschien, das *Ius
Civile Romanum* unter bestimmten Gesichtspunkten zu ordnen, weil ihnen ja in
den XII Tafeln ein ausgearbeitetes Muster vorlag. Auch wird keiner von denen,
(die mich kritisieren), sagen können, ich würde die Schwierigkeit, die Arbeit an
diesem *Compendium* des Rechts erfolgreich zu bewältigen, letztlich ohne Grund
vorschützen, (um Verzögerungen zu erklären oder ein Versagen zu vertuschen),
wenn es mir, mit Verlaub, gestattet sein wird, deutlich zu machen, in welcher
Unordnung die Römischen Rechte uns jetzt vorliegen. Nicht zu bestreiten ist
zunächst, dass die *Pandectae* bzw. *Digesta* aus den Kommentaren der alten
Rechtslehrer zusammengestellt wurden, mit denen diese *Iureconsulti* versucht
haben, die Senatsbeschlüsse oder die Verordnungen bzw. Verbote der Prätoren
zu beleuchten, und mit deren Entscheidungen, mit denen sie in den an sie
herangetragenen Fällen »antworteten« (s. o.), oder grundsätzlich in Fragen der
Rechtssammlung, sie sich in wissenschaftlichen Erörterungen (*disputationes*)
auseinandersetzten, sodass diese *Corpora* gleichsam aus vielen Exzerpten bestehen, die aus den in ihrem alten Zustand erhaltenen Kommentaren der
Rechtslehrer entnommen sind. Der *Codex Iustinianus* ist dann aus den Kaiser-
gesetzen und den Bescheiden der Kaiser zusammengestellt, mit denen auch
diese, waren sie angefragt, jenen, die in Rechtsfragen unsicher waren, »antworteten«. All dem wurden schließlich die *Novellae Imperatoris Iustiniani* hin-
zugefügt, in denen vieles aus dem Vorherigen ganz aufgehoben oder unter einer
neuen *ratio aequitatis*, (d. h. Berücksichtigung der Billigkeit; *Digesta* 4,1,7,1),
korrigiert und gemäßigt wurde.[29] All dem folgte als Abschluss nach der Annahme der Christlichen Religion im Römischen Reich das *Ius Canonicum*, mit
dem der größte Teil der bürgerlichen Rechte an der Norm des göttlichen Rechts
bzw. dem Begriff der Sünde gemessen wurde. Später zeigte Hostiensis (Fn. 23),
dass die Befugnis, die bürgerlichen Gesetze zu korrigieren, der Kirche nur in den
Fällen zugestanden wurde, in denen die betreffenden Gesetze als im Wider-

---

29 Ratio aequitatis und ius aequum. Kaser (Fn. 7) S. 37; S. 60–63 § 197 die Ethisierung des
    Rechts.

spruch zur Christlichen Religion stehend erkannt würden; dass dieses Zugeständnis die Gelegenheit geboten habe, das *Ius Canonicum* zu begründen, ist
damit ersichtlich, mögen die Kirchenfürsten dann später auch dermaßen über
die Grenzen dieser Befugnis hinausgegangen sein – so Panormitanus in einer
Aus-dem-Stegreif-Antwort (*Ex-tempore*) über den Eid –, dass die Rechte im *Ius
Canonicum* gemäßigt erscheinen, besonders in den *Litterae Decretales*[30], dem
Liber Sextus und den *Clementinae*, die auf dem Alten und dem Neuen Testament
beruhen.[31]

Ein jeder wird somit leicht zu dem Urteil kommen, dass die Schwierigkeit
groß und fast unüberwindbar ist, das Recht in gewisse Kapitel zusammenzufassen, bei der so großen Unordnung der Sammlungen und der Mannigfaltigkeit
des Römischen Rechts; und niemand wird mich tadeln, wenn ich um viel Muße
ersuche, um meinem Vorhaben wirklich gerecht zu werden. Wenn jemandem
nämlich das, was ich aufgezeigt habe, als nicht ausreichend erscheinen wird, um
diese Schwierigkeit als glaubwürdigen Grund vorzubringen, mag er selbst den
Versuch wagen und sehen, was er zustande bringt. Ohne Zweifel wird er spüren,
dass er bei der Sammlung der meisten Rechtsvorschriften nicht weniger
schwitzen muss, als wenn er die Orakel auf den Blättern der Sibylle[32] sammeln
müsste.

[C] Solange mir also wie bisher die Annehmlichkeit der Muße versagt bleiben
wird, um das begonnene Werk zu vollenden, möchte ich alle Aufrichtigen und
Gelehrten gebeten wissen, dass sie, was sie auch immer in der unter meinem
Namen herausgegebenen *Farrago* irgendwo an Fehlern und Versehen finden,
nicht mir, sondern der Unverschämtheit des Buchdruckers anlasten, und auch
nicht gestatten, dass er die Schuld an dem, was er sich erlaubte, auf das Exemplar
abschiebt, von dem er sagt, er sei auf dieses nicht durchgehend revidierte Exemplar eben hereingefallen. Damit häuft er seine Schuld vielmehr an, weil er
Fehlerhaftes wissend und wollend herausgegeben hat, schlimmer, als dass er sich
auf irgendeine Weise zu Recht dafür noch entschuldigen könnte! Und wenn er
nicht selbst eingestanden hätte, das sei wegen des ihm vorliegenden fehlerhaften
Exemplars geschehen: Die Ausgabe selbst würde ihn überführen! Denn abgesehen von grammatisch falschen Wortverbindungen (*soloecismi*) und anderen
sprachlichen Versehen, von denen die vorliegende *Farrago* auf allen Seiten nur so
wimmelt, befinden sich überall viele Auslassungen, auch viel von anderswoher

---

30 Stichworte: »Dekretalen«, Codex Iuris Canonici / 1917, Codex Iuris Canonici / 1983, Codex
Theodosianus, in: Der Neue Pauly; Liber Sextus, Decretales Gregorii IX., Clementinae,
»Dekretalen«, in: Lexikon des Mittelalters.
31 Otto, Eckart: Recht im antiken Israel, in: (Manthe, Ulrich Hg.): Die Rechtskulturen der
Antike; München 2003, S. 169 betr. die Ableitung des Rechts aus dem Gotteswillen.
32 Sibyllen: Antike inspirierte Seherinnen, die ihre Prophezeiungen u. a. auf Pflanzenblättern
festhielten.

Beigemischtes, sodass deutlich genug ist, dass er ein aus vielen Fragmenten zusammengenähtes Exemplar vor sich hatte.

Das konnte nur geschehen, da ja das, was ich zum eingangs genannten Nutzen der Studenten gesammelt habe, zuvor von mir in ihrem Kreis (*coetus*) diktiert wurde, wo nicht alle in gleicher Weise die Inhalte und die sprachlichen Formulierungen aufnehmen. Und das aus dem Grunde, weil jeder dem Diktat nach seinem Auffassungsvermögen folgt und seine persönlichen Notizen auch etwa darauf beschränkt. Und wie groß die Nachlässigkeit der Jugend beim Besuch der Vorlesungen ist und bei der fraglichen Sorgfalt, das Aufgenommene vollständig und fehlerfrei zu besitzen: Das weiß jeder Professor, zu welchem Fachbereich er auch gehört. Also wird sich ein jeder leicht vorstellen können, was für ein Exemplar dieser Buchdrucker wohl besessen haben könnte. Und dennoch kann ich nicht glauben, dass er allein aufgrund der Fehlerhaftigkeit seiner Vorlage so viele Versehen gleichzeitig in der Ausgabe der *Farrago* zulassen konnte. Einige dieser Fehler sind nämlich so kindisch, dass, wäre er aus Gewinnsucht nicht ganz verblendet gewesen (und übereilt vorgegangen), es unmöglich gewesen wäre, diese Fehler beim Setzen nicht gleich zu entdecken und mit eigener Anstrengung, auch ohne die Hilfe eines Korrektors, zu entfernen, damit die Ausgabe nicht so entstellt dastehen würde, dass jemand, der diese *Farrago* eigentlich korrigieren möchte, den ganzen Kommentar ›neu zu weben‹ gezwungen würde.

Obwohl beim ersten Hinschauen mein Herz gar nicht davor zurückschauderte, spontan einige Stellen zu verbessern, weil ich sie in der Ausgabe der *Farrago* als wegen Auslassungen oder Zusätzen oder wegen eines falsch verstandenen Ausdruckes als völlig entstellt erkannt hatte, bin ich doch bei fortschreitender Lektüre auf viele solche Fehler gestoßen, die mir entgegenliefen, und ganz abgeschreckt worden von dem Gedanken an eine Gesamtverbesserung. Ich hielt es daher für besser, (um bei dem Bild zu bleiben), zurückzulaufen als schlecht zu laufen. Denn es besteht für mich keine Hoffnung, mit einer Korrekturarbeit Fortschritte zu machen, und zwar mit der Mühe bzw. dem geringen Zeitaufwand, den ich dafür noch erübrigen kann – neben meiner derzeitigen Inanspruchnahme. Deshalb: Was also auch immer von Egenolff als das Meine herausgegeben wurde, lasse ich als (griechisch) *anékdota*, d.h. »von mir nicht Herausgegebenes« und Unkorrigiertes, auf sich beruhen, und was gar nicht von mir stammt, möchte ich als *agnita*, d.h. »von mir nicht Anerkanntes« bzw. »gar nicht als das Meine Wiedererkanntes«, zurückgewiesen wissen.

Wenn nun aber jemand diese meine Schwierigkeit bei einer Durchsicht des Werkes, eben wegen der Mängel der ersten Ausgabe, tadeln und sogar die Ansicht vertreten wird, es könne den Rechtsstudenten doch noch irgendeinen Gewinn bringen, wenn zu dem, was ich in dieser ersten Ausgabe als meine Entwürfe bezeichnen kann, jene Sorgfalt des Ergänzens und Verbesserns käme, welche die Verpflichtung gegenüber dem Geschriebenen von mir verlangen würde: Dann möge er wissen, dass mein Wunsch schon längst in diese Knechtschaft der Notwendigkeit verwandelt worden ist, dass ich oft gegen meinen Willen gezwungen werde, Ratschlägen zu folgen, denen ich gar nicht folgen möchte und auch nicht sollte, sondern dem, womit die jeweilige Lage mich versieht und mir zu folgen auferlegt. Und wenn ich dem, ohne vorschnell oder leichtfertig zu sein, folge, glaube ich frei von Schuld zu sein, obwohl ich sehr wohl weiß, dass diese meine Verpflichtung gegenüber meinen Studien von mir eigentlich etwas anderes verlangt. Frühe Philosophen haben richtig und in weiser Sicht festgehalten, ein Weiser habe nur auf seine etwaige Schuld aufmerksam zu machen. Und ich glaube auch nicht ohne Grund, dass ich einer Schuld fernstehe; denn, falls nötig, könnte ich deutlich belegen, dass ich meine Kommentare weder bei meinem Weggang aus Wittenberg freiwillig unvollendet zurückgelassen habe noch jetzt die Aufgabe, sie zu vollenden, verweigere, etwa nur, weil die Arbeit mich verdrießen würde, sondern weil die Schwierigkeit der Sache an sich und die Vielfalt meiner Beschäftigungen schon allein diesen Versuch hinausschieben.

Sollte es nun Käufer der vorliegenden *Farrago* geben, die vielleicht das Gefühl haben werden, vom Buchdrucker um mehr als die Hälfte des Preises[33] betrogen zu sein, weil das verkaufte Buch gar nicht dem vorangestellten Titel entspreche (vgl. *Digesta* 49, 14,3,5 angemessene bzw. gerechte Preise sind aufgrund einer gegenwärtigen Einschätzung vorzunehmen): Wenn diese Käufer also das ungute Gefühl des ihnen zugefügten Schadens nicht ›verschlucken‹ können, steht ihnen die Möglichkeit einer Rücknahmeklage (*actio redhibitoria*) gegen Egenolff offen. Obwohl es bislang nicht üblich war, dass Bücher von den Händlern zurückgenommen werden, wenn der Käufer erst nach der Aushändigung gemerkt hat, dass sie fehlerhaft sind, so besteht gleichwohl kein Hindernis – zumal es diese Klage ja gibt, damit in Zukunft kein Käufer durch böswillige Täuschung des Verkäufers betrogen wird, z. B. wegen einer verborgenen Viehseuche oder eines unsichtbaren Mangels der Ware –, auch den Käufern von Büchern zu erlauben, vor Gericht zu gehen. Etwa, weil die Schlechtigkeit der Buchdrucker nicht als eine Krankheit bezeichnet werden könne? Doch Fehler in den Büchern können als Vergehen gelten, und ohne Zweifel ist es ein sehr großer Betrug, wenn ein Buch von demjenigen herausgegeben wird, der dessen redlichen Werdegang ignoriert, dem sogar die Herausgabe vom Autor untersagt wurde, da er selbst noch vieles darin vermisste und sein Werk als unvollendet betrachtete. In dem Gesetz über die Gültigkeit von Testamenten verlangt Kaiser Iustinian, dass die Absicht eines Testators ersichtlich sein muss, um denjenigen kaiserlichen Beamten (*notarius*)

---

33 Lagus: Traditio Methodica, S. 105 verso, letzter Satz: Wer sich betrogen fühlt in einem Ausmaß, das die Hälfte des Kaufpreises übersteigt, kann den Verkäufer anklagen und auf Aufhebung des Verkaufes dringen; vgl. Codex Iustinianus 4,44. – Gilomen, Hans-Jörg: Wucher, in: Lexikon des Mittelalters.

des zu strafenden Vergehens der Fälschung (*falsum*) für schuldig zu erklären, der das Testament zwar nach einer Bestimmung des Testators aufsetzt, in dem ob der fehlenden Namensunterschrift des Testators und der Zeugen jedoch nicht gültig belegt ist,[34] welche Personen der Testator vorzugsweise als seine Erben sehen wollte. Was also über jenen verfügt werden soll, der gegen den erklärten Willen des noch lebenden Autors dessen Buch herausgibt, erörtere ich jetzt nicht, sondern überlasse die Ahndung (*censura*) dem für dieses Vergehen zuständigen Richter. Es wäre jedenfalls zu wünschen, dass, wenn die Herrschenden – nach einer sorgfältigen Abwägung der Schwierigkeit, über ein Verschulden zu urteilen, die nicht gerade jener Schwierigkeit ähnelt, mit der bei Viehseuchen und mangelhaften Waren Gericht gehalten wird – zwar nicht bereit wären, Klagen wie die genannte gegen die Buchdrucker zuzulassen, welche der Sache nach schlechte Bücher veröffentlichen oder aus ihrer Nachlässigkeit heraus fehlerhafte, dann aber doch wenigstens mit anderen Zwängen des Rechts die Zügellosigkeit der Buchdrucker in ihre Schranken weisen würden. Denn diese unsere Zeit hat viele Beispiele großer Unverschämtheit der Buchdrucker gesehen, welche entstellte Bücher herausgaben. Dass sie jedoch so schnell bereit sind, irgendetwas zu veröffentlichen, offenbart, dass sie wirklich an das glauben, was für sie, die schnell reich werden wollen, die Stelle der bürgerlichen Weisheit[35] vertritt (griechisch): der schlechte Zustand bzw. die Mühe müsse kurz sein, die Tugend bzw. das Gedeihen jedoch gewichtig. Und diese Richtschnur scheinen sie so ganz abgerollt bzw. ausgelegt vor sich zu sehen, dass sie die Ruchlosigkeit für den kürzeren Weg halten, nicht nur um sie zu lernen, sondern um durch deren Anwendung einen reichen Gewinn zu machen. Sie meinen, die Tugend werde kaum mit viel Schweiß erworben; auch sei sie vielen Gefahren ausgesetzt, sodass niemand auf der Welt sie ohne großes Unheil und Missgeschick erreichen könne.

[C3] Im Übrigen: Um nicht bei irgendjemandem den Eindruck zu erwecken, alle Buchdrucker gleichermaßen anklagen zu wollen, möchte ich, dass nur dies vorläufig über sie verbucht wird: Dass sie ›Angefeuchtetes‹ für ganz Bewiesenes, Nichtiges für Wertvolles, Verfälschtes für Wahres, Fehlerhaftes für Verbessertes, mit der Zutat von etwas Farbe, wissentlich feilbieten und anpreisen: Und zwar nicht, weil sich ihnen ob der Schwäche des Menschen, in die Zukunft zu blicken, einfach nur mal so ein Fehler bei der Herausgabe der Bücher einschleicht.

Vor allem diesen Frankfurter Buchdrucker möchte ich mit dem Schandfleck der Ruchlosigkeit vor allen überführt wissen: Nachdem er einmal und wiederholt mit der Herausgabe fehlerhafter Kommentare anderer einen Gewinn auf

---

34 Kaser (Fn. 6) S. 479, 481. Das von Lagus angesprochene Gesetz steht im Codex Iustinianus
    6,23,29.
35 Hesiod (um 700 v. Chr.): Werke und Tage, v. 289: Vor die Tugend / den Erfolg haben die Götter
    den Schweiß gesetzt. – Vgl. Gieseke (Fn. 2) S. 37: »Schandbüchlein«, d. h. Bücher mit vom
    Drucker zu verantwortenden entstellenden Textveränderungen.

sich zukommen sah, ist er nun gar nicht mehr aufzuhalten, dass es aussieht, als sei er bereit, in Zukunft alle Rechte zu verletzen, sobald nur ein wenig Hoffnung besteht, einen Gewinn zu erzielen. Denn der Erfolg hat ihn so des Verstandes beraubt, dass er über die Tugend nicht anders urteilt als die Furie in einer Tragödie, wo sie sagt, ein erfolgreiches und vom Glück begünstigtes Verbrechen werde Tugend genannt.[36]

Um dieser ruchlosen Frechheit nun entgegenzueilen, scheint es des Schutzes des Rechts zu bedürfen, womit den Buchdruckern die Hoffnung genommen würde, den Gewinn zu behalten, den sie aus einer unredlichen Herausgabe von Büchern erlangten. Es ist ja nicht neu, dass ein Erfolg bei einer üblen Machenschaft den Frevel ehrenwert macht, jedenfalls bei bösen Menschen. Daher ist nicht zu hoffen, dass die Ruchlosen allein durch das Verbot, fehlerhafte Bücher zu veröffentlichen, zu rechtschaffeneren Menschen[37] umgeformt werden könnten, wenn ihnen nicht durch irgendeine öffentliche Verfügung die Hoffnung, den erlangten Gewinn zu behalten, abgeschnitten wird. Doch die Maßgabe, um gegen die Dreistigkeit der Buchdrucker vorzugehen, liegt in der Fürsorge bzw. Vorsorge des Magistrats. Aus keinem anderen Grund habe ich diese Ahndung in meiner Schrift beiläufig erwähnt, als um zu zeigen, dass ich im Sinne des allgemeinen Wohles wünsche, dass die unendliche Zügellosigkeit der Buchdrucker in ihre Schranken gewiesen wird, damit die Buchdrucker es nicht länger wagen, nach ihrem Gutdünken alles ohne Unterschied herauszugeben.

Dir, mein Oporinus, wollte ich diese meine gedruckte Erklärung vor anderen »mitteilen«, um deine Aufrichtigkeit bei einer von den Autoren nicht genehmigten Herausgabe von Büchern zu rühmen; und um dich zum Zeugen meines Wunsches zu machen, meinen Kommentar nicht zu veröffentlichen. Denn ich bekenne, dass niemand gewissenhafter und häufiger von mir verlangt hat, ich möchte mich der Herausgabe dessen widmen, was ich schon zum oben angesprochenen Nutzen der Studenten gesammelt hätte. Und ich verhehle auch nicht, dass ich wegen deines editorischen Fleißes und deiner Zuverlässigkeit und Treue bei der Herausgabe von Büchern geneigter war, dir die Möglichkeit der Veröffentlichung zu geben als irgendeinem anderen. Und doch weißt du, dass ich deinen Wünschen immer Widerstand geleistet habe und auch dabei geblieben bin, weil ich überhaupt niemandem erlauben wollte, diese »Methodenlehre« herauszugeben, bevor ich sie nicht selbst zu meiner eigenen Zufriedenheit verbessert und ergänzt hätte. So lobe ich deine Besonnenheit, dass du, an meinen Willen und meine Absicht gemahnt, auf eine mein Gewissen bedrückende

---

36 Die Megaere, Furie, ist u. a. Bild des personifizierten Neides; Ovid: Metamorphosen 7, 19.
37 Garofalo, Luigi: Strafrecht. B., in: Der Neue Pauly 15/3; Sp. 313 betr. Digesta 48, 19, 20 die Besserung der Menschen (emendatio hominum).

Ausgabe verzichtet hast: Deine Aufrichtigkeit zu rühmen, die Unverschämtheit des Egenolff allen verhasst zu machen, soweit ich kann, werde ich nicht ablassen.

(Im September 1544 antwortete Egenolff auf Lagus' *Protestatio* mit einer *Defensio*. Lagus' Manuskripte oder »Zettelkästen« sind ebenso wenig erhalten wie die wohl fragwürdige Vorlesungsmitschrift, die Egenolff angeblich 1539 von einem ehemaligen Wittenberger Studenten erwarb. Lagus' Methodenlehre wurde mehrfach neu verlegt).[38]

---

38 Zu Egenolff (Lebensdaten und Werkregister S. 47–97!) in dessen Würdigung (Hg. Kultur-
   vereinigung Hadamar; Limburg 2002).

Norbert P. Flechsig

Ediktalische Privilegienerteilung zu Beginn des 16. Jahrhunderts[1]

Die Verlautbarung Kaiser Karl V. vom 14. September 1535 zum Schutze der Autorenrechte des kaiserlichen Sekretärs Jakob Spiegel[2] (siehe Abbildung 1)

Die Titelzeile dieses Beitrags als staatliche Verordnung und »richtiges, kaiserliches Gesetz« zu lesen und zu verstehen, provoziert. Das als Privileg konzipierte und *prima vista* auch als solches ausgewiesene Dokument des kaiserlichen Sekretärs Obernburger vom 14. September 1535 unterscheidet sich mit seinem Anspruch *ac publico Edicto cautum esse volumus* von den bislang geübten Druckerfreiheiten und misst demselben einen bislang nicht bekannten, kaiserlich-strengen Statuts bei. Auch bei der Auslegung und damit dem Verständnis eines Privilegs sind Auslegungsregeln zu beachten.[3] Es fragt sich deshalb, ob das Wort *edictum*, welches seit dem späten römischen Reich oftmals, wenn auch nicht sehr oft, in der materiellen Bedeutung von *lex generalis* verwendet wurde,[4] und diese Ediktform als Fassung eines Kaisergesetzes verstanden werden können. Dabei ist interessant, die Person des Jakob Spiegel zu beleuchten, der als

---

1 Dieser Beitrag wurde erstveröffentlicht in der Festschrift für Martin Vogel »Kreativität und Charakter« (Verlag Dr. Kovac, Hamburg 2017, ISBN 978-3-8300-9409-8) mit dem Titel »Ac publico Edicto cautum esse volumus«. Eine Anpassung erfolgte im Lichte dessen Diskussion auf der Tagung des Arbeitskreises Geschichte und Zukunft des Urheberrechts, Leibniz Universität Hannover, 7. bis 9. September 2017.

2 Dieses Privileg ist entnommen dem Werk von Jakob Spiegel: Lexicon Iuris Civilis, gedruckt und herausgegeben von Johann Schott, Straßburg 1538 (Erstausgabe), S. 8. Vgl. nachstehend in der Abschrift unter 4. und in der verständlichen, neudeutschen Übersetzung unter 5.

3 Für das kanonische Recht siehe Richard Potz: Zur kanonistischen Privilegientheorie, in: Döhlemeyer/Mohnhaupt, Das Privileg im europäischen Vergleich, Studien zur europäischen Rechtsgeschichte, Bd. 1, 1997, S. 13 [54].

4 Paul Krüger: Geschichte der Quellen des römischen Rechts, Duncker & Humblot, Leipzig 1888, § 37, S. 293 [297].

c A R O L V S Quintus,diuina fauente clementia Romanorum Imperator, Auguftus,
ac Germaniæ, Hifpaniarum,utriufcp Siciliæ, Hierufalem &c,Rex, Archidux Auftriæ,
Dux Burgundiç, Brabantiç.&c. Comes Habfpurgi,Flandriæ, Tyrolis.&c.Notum faci
mus tenore præfentium. Quü honorabilis doctus nofter & Imperij facri fidelis dilectus
Iacobus Spiegel Seleftadien.I.V.Doctor, diui Cçfaris Maximiliani Aui & prædeceffo-
ris noftri prçclariffimæ memoriç,ac nofter & fereniffimi Principis Domini Ferdinadi Ro
manorum, Hungariç & Boemiç Regis,etc,fratris noftri charifsimi,Confiliarius & Secre
tarius,a primis annis ufcp ad ingrauefcentem çtatç fuam,eidem diuo Maximiliano Au-
gufto, nobis, & præfato fereniffimo fratri noftro,diuerfis,arduis,& grauibus,atcp adeo
ijs in rebus quæ & taciturnitatem & fidem longemaximam requirunt, fideliter & accu-
rate inferuierit,operamcp fuam in noftrum, facri Imperij , & clariff.Domus noftræ Auftriæ commodum & utilitatem , fumma cum laude impenderit: demum uero quum &
ætate & ualetudine minus firma effe cœpiffet,impetrata honefta Miffione, ad uitä tranquilliorem fefe conferre decreuerit:ubi & fibi & literis,quod reliquum effet uitæ liberius
tranfigere poffer:atcp ut hanc quocp partem temporis Reipub.impenderet,omnē curam
atcp ftudium fuum, bonis Authoribus , tum a fitu & mendis uendicandis & repurgan-
dis, tum doctis fcholijs illuftrandis , in communem ftudioforum utilitatem conuertere
non defiftat.Nos itacp honeftiffimum hoc illius inftitutum pro uirili iuuare & promoue
re cupientes,eidem Confiliario & Secretario noftro Iacobo Spiegelio hoc priuilegium
clementer indulfimus & conceffimus, tenorecp præfentium cöcedimus & indulgemus,
ac publico Edicto cautum effe uolumus : Vt quæcuncp bonorum Authorum uolumina,cuiufcuncp daffis inter probatas artes fuerint,quæ ille,aut ab fe correcta, aut fcholijs
illuftrata , & uel hactenus nufcp edita , feu impreffa , uel antea æditis , uel alibi excufis,
emendatiora in publicam ftudioforum utilitatem, alicui Typographo fibi grato, intra
proximum decennium, a data præfentium continue numerandum,excudenda dederit:
ne quis alius,præter eundum Typographum (quifquis ille fuerit)huiufmodi uolumina,
feu Exemplaria,intra quatuor annos,ab eorundem æditione,imitari, eifdemue, aut alte
rius generis characteribus procudere,aut alibi excufa,intra fines Rom.Imperij adportare,uel aliunde importata uendere, diftribuere, aut ut ifta ab alijs fiant author effe,operam
ue,confiliumue fuum, palam uel occulte adhibere,aut præftare aufit : fub mulcta decem
Marcharum auri puri,fifco noftro Imperiali,fraudis uindici , & præfato Spiegelio Con
filiario noftro, ex æquo pendendarum:necnon amiffionis Exemplarium,quæ Typogra
phus ille, qui prædicta uolumina , uoluntate Spiegelij impefferit , ubicuncp locorum
nactos,per fe,fuofue,uel adiuuante Magiftratu loci,uel non iuuante,accipere, ac in po-
teftatem fuam redigere poffit. Mandamus proinde omnibus & fingulis Typographis,
Bibliopolis,& alijs quibufcuncp noftri & Imperij fubditis, cuiufcuncp ftatus, ordinis &
conditionis,ut hoc noftrum Priuilegium & Edictum inuiolabiliter obferue nt , & adimpleant,& feruandum curent,necp quiccp in contrarium facere,feu attentare præfumant:
quin potius præfatum noftrum Confiliarium Iacobum Spiegelium , uel impefforem
ab ipfo depuratum,aut ab illis,uel altero eozp mandatum habentes,pro præfentis Edicti
noftri confequendo effectu,omni fauore & auxilio profequantur : quatenus pœnas an-
tedictas malint euitare.Harum teftimonio literarum manu noftra fubfcriptarum, & ap-
penfo figillo noftro munitarum. Datum in ciuitate noftra Panormo,die decimaquarta
Menfis Septembris . Anno Milleſimo Quingentefimo tricefimoquinto , Imperij noftri
decimoquinto,& Regnorum noftrorum uigefimo,

CAROLVS

V.Held.

Ad mandatum Cæf.& Catho
Maieftatis proprium.

Obernburger,

Abbildung 1: Kaiserliches Privileg von 1535 für Jakob Spiegel (aus: Jakob Spiegel: Lexicon Iuris
Civilis, gedruckt und herausgegeben von Johann Schott, Straßburg 1538 – Erstausgabe –, S. 8;
vgl. http://reader.digitale-sammlungen.de/en/fs1/object/display/bsb10147193_00015.html)

Rechtsgelehrter und Vertrauter des Kaisers die besondere Bedeutung einer solchen Verlautbarung wohl mit gesteuert haben dürfte.

1. Vitae cursus Jacobi Spiegelii

»Jacobus ist zu Schletstadt im Elsas aus Beati Rhenani Schwester erboren und durch sein Vettern in guten künsten wohl aufferzogen worden«[5] als Sohn eines Handwerkers.[6] Er war Neffe des Humanisten und Historikers Jacob Wimpfeling,[7] dem Bruder seiner Mutter Magdalena.[8] Nach dem Besuch der Lateinschule in seiner Geburtsstadt »studierte« Spiegel in Speyer und ab dem Jahre 1496 in Heidelberg, wo er an der dortigen philosophischen Fakultät im Jahre 1500 zum *Baccalaureus* promoviert wurde und im Anschluss daran seit dem Jahre 1504 neben nachfolgenden Studien in Tübingen[9] – wo er im Jahre 1513 zum Legum Licentiatus erneut promoviert wurde – und Freiburg[10] zunächst im Alter von 21

---

5   Heinrich Pantaleon: Teutscher Nation Heldenbuch, der dritte und letzte Teil. Basileae 1570, S. 115: Jacob Spiegel ein Jurist, Satz 1. – Beatus Rhenanus hieß richtig Beat Bild (22. August 1485 in Schlettstadt – 20. Juli 1547 in Straßburg) und war ein deutscher Humanist, der von dem deutschen Philologen Theodor Birt gegen Ende des 19. Jahrhunderts den Namen Beatus Rhenanus als Pseudonym erhielt.

6   Zu Spiegels Lebensweg siehe ferner Gustav Knod: Jacob Spiegel aus Schlettstadt. Ein Beitrag zur Geschichte des deutschen Humanismus. 2 Teile in 1. Ed., Straßburg 1884–1886; ders. Spiegel, Jakob, in: Allgemeine Deutsche Biographie, herausgegeben von der Historischen Kommission bei der Bayerischen Akademie der Wissenschaften, Bd. 35 (1893), S. 156–158; ferner Thomas Burger: Jakob Spiegel: Ein humanistischer Jurist des 16. Jahrhunderts, Freiburg (Diss.) 1973, S. 12 ff.

7   Jakob Wimpfeling, auch Wimpheling, Wympfeling (27. Juli 1450 in Schlettstadt – 17. November 1528 ebd.) war ein katholischer Priester und Dichter. Er gilt mit seiner Schrift »Germania« aus dem Jahr 1501 als Begründer der nationalen deutschen Geschichtsschreibung.

8   Jacob Wimpfeling nennt in seiner »Expurgatio contra detractatores« (1506) den Jacob Spiegel einen »nepotem ex sorore« (Enkel der Schwester); siehe Michael Denis: Wiens Buchdruckergeschichte bis MDLX, Wien 1782, S. 111 (zu Nr. 118).

9   Am 7. August 1511 wurde er als »caesareae maiestatis« in die Matrikel der Tübinger Universität eingetragen, siehe Burger (Fn. 6), S. 15.

10 Spiegel berichtet hierüber in der Praefatio zu seinem Lexicon Iuris Civilis [1538]: »quum igitur me peteret de his edoceri, quem sciebat olim in Academiis Germaniae celebrioribus Tubingae et Friburgi, Legibus operam navasse, Viennae Austriae etiam publice professum: coepi in gratiam amantissimi fratris, cui nihil denegare poteram, aliquot vocabula Iurlsconsultorum ex autoribus notae melioris colligere, brevibusque annotatiunculis, quantum per ocium licuit, exponere.«: »Als er also mich um Rat fragte, da er wusste, dass ich einst an den berühmten Akademien Tübingen und Freiburg mich mit den Gesetzen befasst hatte und dass ich auch im österreichischen Wien Vorlesungen gehalten hatte, da begann ich meinem geliebten Bruder zuliebe, dem ich nichts abschlagen konnte, einige Äußerungen von angesehenen Rechtsgelehrten zu sammeln und mit kurzen Anmerkungen – soweit ich Zeit dazu hatte – darzustellen.« (Übersetzung Burger, Fn. 6).

Jahren als *candidatus aulae* in der kaiserlichen Kanzlei tätig war. Unmittelbar
nach diesem Eintritt begleitete er sogleich Kaiser Maximilian I. und dessen Sohn
Philipp auf einem seiner Kriegszüge und zum anschließenden Reichstag nach
Köln.

Die Regierungszeit Maximilian I. von 1493 bis 1519[11] ist für den Buchdruck
und den Schutz gegen Nachdruck durch kaiserliche Privilegien von allergrößter
Bedeutung.[12] Vadianus[13] bezeichnete Spiegel in seiner im August 1515 an Kaiser
Maximilian gerichteten Fürstenrede[14] als *Vir cum ob singularem doctrinam tum
summam humanitatem mihi conjunctissimus.* Und auch ganz allgemein wurde
Kaiser Maximilian als humanistisch-geprägter *»Beschützer des Buchwesens, der
mitsamt seinem ganzen Hofe die Bücher über alles schätzte und liebte«*[15], gesehen,
weshalb es nicht verwundert, wenn von diesem Kaiser in der Zeit der Inkunabeln
die Förderung des Drucks von Büchern besonders ausging, *»um Wissen-
schaftserkenntnisse zu verbreiten und den Bildungsstand der Bevölkerung zu
erhöhen«.*[16]

In seiner Autobiographie, aufgeschrieben von Marx Treitzsaurwein: *Der Weiß*

---

11 Maximilian I. wurde 1486 zum König des Heiligen Römischen Reiches gewählt und folgte
seinem Vater Friedrich III. nach dessen Tod 1493 als Regent nach. Er ließ sich 1508 in Trient
zum »Erwählten Römischen Kaiser« ausrufen. Papst Julius II. gab seinen Segen aus der Ferne
dazu.

12 Siehe insbesondere Thomas Gergen: Kaiserliche Privilegien gegen den Nachdruck unter
Maximilian I. (1493–1519): Frühneuzeitliches Urheberrecht, humanistische Bildungspolitik,
habsburgische memoria-Kultur? In UFITA 2012/II, 425; ders. Kaiserliche Privilegien gegen
den Nachdruck unter Maximilian I.: zeitgenössischer Mediengebrauch zur Stärkung des
Humanismus oder zur Schaffung einer kaiserlichen memoria? in: »Vor Halbtausend Jahren
…« Festschrift zur Erinnerung an den Besuch des Kaisers Maximilian I. in St. Wendel. Hrsg.:
Kreisstadt St. Wendel / Stiftung Dr. Walter Bruch, St. Wendel 2012, S. 31–40.

13 Zu Vadianus, Joachim von Watt (1484–1551), siehe Renate Frohne: Das Welt- und Menschenbild des St.Galler Humanisten Joachim von Watt / Vadianus, Bd. 8 der Schriftenreihe
Die Antike und ihr Weiterleben, Remscheid 2010.

14 »Divo Maximiliano Ces. Augusto, principi magnanimo et invicto. Oratio, nomine Gymnasii
Viennensis per Ioachimum Vadianum Helvetium, oratorern et poetam ab eodem laureatum,
XI. Kalen. Augusti Anno M.D.XV. in celebri summae nobilitatis praesentia, exhibita«, ab-
gedruckt in der Sammlung der Universitätsreden von 1515: Orationes Viennae Austrie ad
Divum Maximilianum Caes. Aug. aliosque illustrissimos principes habitae in celeberrimo
trium regum ad Caes. conventu. Anno M.D.XV., Wien, Januar 1516. – Hinweise auch in:
Joseph Ritter von Aschbach: Geschichte der Wiener Universität, Wien 1877, Zweites Buch:
Leben und Schriften der Wiener Humanisten im Zeitalter Kaiser Maximilians I.: Spiegelius -
Jacob Spiegel aus Schlettstadt im Elsass, S. 358, Fußnote 2; Denis (Fn. 8), S. 136; Werner Näf:
Vadian und seine Stadt St. Gallen, Bd. 1, St. Gallen 1944, S. 145 [302, 305].

15 Karl Schottenloher: Die Druckprivilegien des 16. Jahrhunderts, in: Gutenberg-Jahrbuch
1933, S. 89.

16 Gergen (Fn. 12), a.a.O., der darauf hinweist, dass Maximilian hierbei nicht allein die Förderung des Humanismus im Sinn hatte. Vielmehr wollte er damit auch einen sich um seine
Person rankenden Medienkult schaffen und zugleich eine kaiserliche memoria, eine sogenannte »gedechtnus«-Kultur für die Nachwelt errichten.

Kunig[17], *die – zunächst nicht gedruckt und nachdem die Druckstöcke lange in Vergessenheit gerieten – erst 1775 erschien,* bekennt sich Maximilian I. ausdrücklich zu den Errungenschaften der *Schwarzkunst,* wenn sein Sekretär die bildliche Wiedergabe seiner Leydenschaft wie folgt zusammenfasst: »*Die begird des jungen w(eiß) k(unig) zu lernen die swarz kunst und zauberey und dargegen hernach das gotlich widerspil*«[18] (siehe Abbildung 2).

Abbildung 2: Holzschnitt von Hans Burgmair (1473–1531) zur Bücherliebe Maximilian I (aus: Marx Treitzsaurwein: Der Weiß Kunig. Kurzböck, Wien 1775, S. 58 r.; http://digital.wlb-stutt gart.de/purl/bsz35103336X)

Dies geschah aber keinesfalls immer uneigennützig. Maximilian wollte damit auch einen sich um seine Person rankenden Medienkult schaffen und zugleich eine kaiserliche *memoria,* eine sogenannte *gedechtnus*-Kultur[19] zum Ruhm des

---

17 Marx Treitzsaurwein: Der Weiß Kunig, Eine Erzehlung von den Thaten Kaiser Maximilian des Ersten, Württembergische Landesbibliothek Stuttgart, Persistente URL http://digital. wlb-stuttgart.de/purl/bsz35103336X.

18 Treitzsaurwein (Fn. 17), S. 58 r.

19 Zum Gedechtnus-Konzept Kaiser Maximilians siehe hierzu Klaus Graf: Mittelalter-Rezep-

Hauses Habsburg errichten. Sein diesbezügliches Motto formulierte er auto-
biografisch wie folgt: » *Wer ime (= sich) im leben kain gedechtnus macht, der hat
nach seinem tod kain gedechtnus, und demselben menschen wird mit dem glo-
ckendon vergessen.*«[20] Zeitgenössische Humanisten halfen hierbei: So verfasste
beispielsweise Ricardus Bartolinus[21] aus Perugia, der sich als Freund Pico della
Mirandolas (1463–1494) und als Professor in Wien (seit 1495) in der zeitgenössischen Bildungsbewegung eine geachtete Stellung erworben hatte, im Jahre
1516 das Heldengedicht »*Austrias*«.[22] Zu dieser Kriegsbeschreibung kommen-
tierte Jakob Spiegel im Auftrag des Kaisers umfangreich und gab das mit
Scholien versehene, bedeutende Nationalepos zum Ruhme Maximilians und des
gesamten Kaiserhauses jedoch erst im Jahre 1531 in Verbindung mit dem von
Gunther von Pairis (1150–1220) verfassten »Ligurinus«[23] bei Johann Schott in
Straßburg heraus.[24]

Spiegel, der beim unerwarteten Tod des Kaisers Maximilian am 12. Januar
1519 persönlich zugegen war, verlor demzufolge als treuer Sekretär des Kaisers
seine Stellung am Hofe und musste sich für die nächsten Jahre in seine elsässi-
sche Heimatstadt Schlettstadt zurückziehen, nachdem der Versuch, am kur-
fürstlichen Hof in Mainz des Albrecht von Brandenburg[25] wieder tätig sein zu

---

tion, höfische Erinnerungskultur und retrospektive Tendenzen, http://www.aedph-old.uni-
bayreuth.de/2001/0431.html abgerufen am 28.12.2016; Jan-Dirk Müller: Gedechtnus, Literatur und Hofgesellschaft um Maximilian I., München, Fink, 1982, S. 80 ff.

20 Marx Treitzsaurwein (Fn. 17), S. 60 v.; im Jahre 1775 auch herausgegeben aus dem Manus-
cripte der kaiserl. Königl. Hofbibliothek, Wien 1775, S. 69; ferner veröffentlicht in: Jahrbuch
der Kunsthistorischen Sammlungen des Allerhöchsten Kaiserhauses (ab 1919 Jahrbuch der
Kunsthistorischen Sammlungen in Wien), Band 6. Wien 1888, Zweiter Theil, S. 66.

21 Riccardo Bartolini (1475–1529), Domherr und Professor für Rhetorik, gilt als Meister der
poetae docti der italienischen Spätrenaissance. Mit der antiken Literatur vertraut, wetteiferte
er mit antiken Vorbildern. Als Diplomat gehörte er zwischen 1514 und 1519 zum engeren
Humanistenzirkel am Hofe Maximilians und schrieb das hier angeführte, einzige Helden-
epos für einen Herrscher nördlich der Alpen.

22 Ricardi Bartholini Perusini: Ad Divum Maximilianum Caesaren Augustum de bello Norico
Austriados libri duedecim.

23 Ein in Hexametern geschriebenes Epos mit einer panegyrischen Schilderung der Kämpfe
Friedrich Barbarossas gegen die oberitalienischen Städte. Für dieses Werk soll Guntheri von
Friedrich I. zum poeta laureatus gekrönt worden sein.

24 Guntheri, Poetae clarissimi, Ligurinus seu Opus De Rebus gestis Imp. Caesaris Fridericii,
absolutum. Richchardi Bartholini, Perusini, Cum Scholiis Iacobi Spiegelii, Selest.
V. C. M.D.XXXI. – Zum hierfür gewährten Privileg durch Kaiser V. vom 25. August 1530,
ebenfalls gesiegelt von Johannes Obernburger, siehe ebenda S. 362 r und 362 v. – Zu Gunther
von Pairis und dem Ligurinus liber vgl. die Stichworte im Lexikon des Mittelalters. Metzler,
Stuttgart/Weimar 1999.

25 Albrecht von Brandenburg (1490–1545), entgegen dem kirchlichen Gebot mehrfacher Di-
özesanfürst: Erzbischof von Magdeburg, Administrator des Bistums Halberstadt sowie
Kurfürst von Mainz (seit 1514) und Erzkanzler des Heiligen Römischen Reiches und später
Kardinal (seit 1518) der Römischen Kirche, förderte den Ablasshandel und war einer der
wichtigsten und populärsten Gegenspieler Martin Luthers.

können, fehlgeschlagen war. Erst im März 1520 gelang es ihm, am Hofe Kaiser Karl V. wieder eine Anstellung zu finden.

Während der Auszeit in seiner Heimatstadt hatte sich um seinen Onkel Jakob Wimpfeling eine literarische Gesellschaft gefunden, die Spiegel mit offenen Armen aufnahm.[26] In dieser *societas literaria Selestadiensis* begegnete Spiegel auch dem Basler Buchdrucker Hieronimus Froben,[27] und man kann davon ausgehen, dass Spiegel hierbei auch die ersten Erfahrungen mit Druckern und Verlegern sammelte. Lazarus Schürer, Neffe des Straßburger Frühdruckers Matthias Schürer, hatte zu dieser Zeit im Jahre 1519 die Druckerei seines Onkels nach Schlettstadt verlegt. Hier ließ Jakob Spiegel im Jahre 1520 seinen Kommentar zum *Hymnus des Prudentius* im Sommer 1520 drucken.[28] Von seinem Onkel Jakob Wimpfeling erschien im selben Verlag im selben Jahr das Werk *Divo Maximiliano lubente Pragmaticae sanctionis Medulla excerpta*, wozu Jakob Spiegel das Vorwort schrieb.[29]

Besagter Lazarus Schürer bezeichnet in den *Epigrammata* des Johannes Sapidus, welche am 1. März 1520 in Schlettstadt erschienen, den Jacob Spiegel als den »*illustrissimi Caroli Romanorum et Hispaniarum regis secretarii, nuper ex Augusta Vindelicorum ad patriam reversi*«.[30]

Die kaiserliche Sekretärstätigkeit Spiegels soll im Zusammenhang mit dem Sturz des Kanzlers Ortenburg (Salamanca) nach dem Speyerer Reichstag 1526 geendet haben.[31] Wann genau Spiegel den Hof Ferdinands verlassen hat und warum, ist allerdings bestritten. Nach Gustav Knod[32] ergebe sich sein frühes

---

26 Burger (Fn. 6), S. 17.
27 Dem Kläger des nachmaligen zweiten Druckerstreits vor dem RKG in Sachen Hieronimus Froben (Frobenius) und Niclaus Episcop (d. Ä. Episcopius/Bischof), Buchdrucker und -führer zu Basel, gegen Eucharius Hischhorn (Cervicornus) und Gotthard Hüttorp zu Köln, Ratsherr und Verleger zu Köln, aus dem Jahre 1535; siehe RKG-Inventarnummer 26/0580.
28 In Aureli Prudentii Clementis Caesaraugustani. V. C. De miraculis Christi Hymnum ad omnes horas, Iacobi Spiegel Selestadiensis interpretatio. Cum gratia & privilegio. Selestadi in aedibus Lazari Schurerii MDXX. – Der Inhalt ist ein Loblied auf die Wunder Jesu Christi. Das der Ausgabe (a.a.O., S. 2) vorangestellte Privileg für den Mathematiker Johannes Stabius vom 1. Januar 1512 durch Kaiser Maximilian I. hatte sich Spiegel ausweislich des dem Privileg angehängten Hinweises übertragen lassen. Spiegel wusste somit um die Möglichkeit der Abtretbarkeit von Privilegien, als er seine Rechte mit notariellem Vertrag vom 12. Juli 1531 an den Straßburger Drucker und Verleger Johann Schott übertrug, siehe Quadrangel 7 des Verfahrens vor dem RKG in Sachen Schott gegen Egenolff, Signatur der Akte im Wetzlarer Generalrepertorium aller Reichskammergerichtsakten S 7647. Ferner Norbert P. Flechsig: Schottus adversus Egenolphum, Verlag Kommunikation & Recht, Wien und München 2017.
29 Kolophon: Mense Maio, Selestadii M.D.XX.
30 Lazarus Schurerius, Selestadiensis lectori in: Johannes Sapidus: Epigrammata – Selestadii bonas literas ac linguam utramque docentis, Lazarus Schurer, Schlettstadt 1520, S. 57 (Zeile 15; vorletzte Seite).
31 Vom 25. 6. 1526 bis 28. 8. 1526.
32 Gustav Knod: Jacob Spiegel aus Schlettstadt (Fn. 6), Teil 2, S. 20; der Brief ist wiedergegeben in Teil 1, S. 56f.

Ausscheiden bereits im Jahre 1526 aus einem Brief Spiegels an Johann Faber.[33] Hiergegen spricht, dass Ferdinand I. noch am 3. April 1529 ein Mandat für Spiegel erließ, darin dieser lediglich seines täglichen Dienstes bei Hofe enthoben wurde, um gleichwohl im Namen des Königs tätig zu sein:[34] Ausweislich der Ständetabelle der Habsburgischen und reichsständischen Präsenz auf den Reichstagen 1521–1555[35] war Dr. Jakob Spiegel von Ferdinand I. auf dem Reichstag zu Speyer von 1529[36] abgeordneter Rat und Gesandter. Josef von Aschbach[37] gibt hierfür deshalb das Jahr 1532 und Roderich Stintzing[38] ersichtlich unzutreffend das Jahr 1536 an. Für ein Ausscheiden Jakob Spiegels nach 1530 wohl aus gesundheitlichen Gründen spricht zum einen das hier untersuchte Privileg aus dem Jahre 1535, worin ausdrücklich hervorgehoben wird, dass »*sein beschwerlich werdendes Alter und seine Gesundheit weniger belastbar zu werden begann und er [nach seiner ehrenvollen Entlassung] sich einem ruhigeren Leben zuzuwenden beschloss*«.[39] Zum anderen durfte er sich zweifelsfrei auch weiterhin kaiserlicher Gunst erfreuen: So wurde Spiegel noch im Jahre 1530 erklärtermaßen als kaiserlichem Sekretär das Privileg für den Druck des Gunther Ligurinus gewährt.[40] Der verlegerische Übertragungsvertrag zugunsten des Straßburger Druckers Johann Schott[41] aus dem Jahre 1531 nennt Spiegel lediglich Magister.[42]

Das Spiegel'sche Privileg aus dem Jahre 1535 und der Spiegel im Jahre 1536 zuerkannte Titel eines »kaiserlichen Pfalzgrafen«, seine Anwesenheit – ohne Gesandter zu sein – an König Ferdinands Hof in Augsburg im Jahre 1536 ebenso

---

33 Siehe Burger (Fn. 6), S. 12 zu Fn. 58.
34 Deutsche Reichstagsakten, Jüngere Reihe, Ed. 7,1, Stuttgart 1935, S. 645, 646.
35 Rosemarie Aulinger und Silvia Schweinzer-Burian: Habsburgische und reichsständische Präsenz auf den Reichstagen 1521–1555.
36 Vom 15.3.1529 bis 22.4.1529.
37 Aschbach (Fn. 14) nennt das Jahr 1532 (a.a.O., S. 359).
38 Roderich Stintzing: Geschichte der deutschen Rechtswissenschaft. Erste Abteilung (Geschichte der Wissenschaften in Deutschland, Ed. 18), München 1880, S. 580, nennt das Jahr 1536.
39 Privileg vom 14. September 1535, Zeile 13: »aetate & valetudine minus firma esse coepisset, (impetrata honesta Missione), ad vitam tranquilliorem sese conferre decreverit.«
40 Siehe hierzu das Spiegel'sche Privileg für die Herausgabe des Guntherius Ligurinus (Fn. 24) vom 25. August 1530 (fol. 1r), in welchem er wie folgt bezeichnet ist: »Jure consultus noster ac serenissimi fratris nostri clarissimi Dom[ini] Ferdinandi Regis Hungariae et Bohemiae etc. consiliarius et Secretarius«.
41 Der Straßburger Drucker Johann Schott hatte mit diesem Vertrag sämtliche Nutzungsrechte an Spiegels editorischem Werk erworben und machte die zugrunde liegenden, mitübertragenen Privilegien u.a. zum Gegenstand eines Druckerstreites gegen seinen Frankfurter Kollegen Christian Egenolph im Jahre 1533 vor dem Reichskammergericht. Siehe hierzu Flechsig, Schottus adversus Egenolphum (Fn. 28, VI. 3.).
42 Siehe Vertrag vom 12. Juli 1531 (abgedruckt bei Flechsig, Fn. 29, VI. 3. d): »Coram nobis. iudice curiae Argentinen[sis] constitutus egregius vir magister Iacobus Spiegel utriusq[ue] iuris doctor nominatus in instrumento«.

wie seine Teilnahme auf dem Reichstage von Hagenau im Jahre 1540, 1542 in Speyer und 1545 in Worms bestätigen seine fortwährend guten Beziehungen zum Hofe des Kaisers. Unbestritten ist auch, dass Spiegel zu seinem Abschied und zu seinen Ehren eine kleine Pension bewilligt wurde.[43]

Spiegels Todesjahr ist jedoch unbekannt.[44] Seinen Lebenslauf hatte Spiegel poetisch in dem Gedicht mit dem Titel »*Posteritati*« im Jahre 1538 im Alter von 56 Jahren niedergelegt.[45] Mit Pantaleon gilt: »*Spiegelius ist durch sein hohen verstand und vielfaltige bücher bey allen gelehrten bekandt unnd in hoher achtung gewesen.*«[46]

2.   Das Autorenprivileg für Jakob Spiegel einerseits und Druckprivilegien für lizenzierte Drucker und Verleger andererseits

Der von Kaiser Karl V. am 14. September 1535 verliehene individuelle, konkrete Nachdruckschutz der sodann vom Drucker vervielfältigten Werke wurde dahingehend gefasst, dass jeder Drucker, der von Spiegel (siehe Abbildung 3) ein entsprechendes Verlagsrecht zur Vervielfältigung und Verbreitung eingeräumt erhielt, für vier Jahre ab Erscheinen gegen umfassenden Nachdruck (»*Kopien mit denselben oder mit anderen Zeichen*«) sowie gegen die Verbreitung derartiger Nachdrucke geschützt wurde. Der Schutz umfasste auch die Abwehr der Einfuhr solcher Werke, wie er gegen Täterschaft und Beihilfe hierzu gerichtet war.[47]

Insoweit für den Verletzungsfall Strafen angedroht wurden, hielten sich diese im Rahmen der in Privilegien in dieser Zeit ausgesprochenen Folgen: Zehn Mark reinen (gediegenen) Goldes waren einerseits hälftig dem Staat,[48] andererseits dem Autor als Strafe und Schadenersatz zu leisten. Der Drucker wird als zum Schadenersatz Anspruchsberechtigter nicht erwähnt[49], und es bleibt nach diesseitigem Dafürhalten offen, ob die Ansprüche auf Vernichtung und Über-

---

43 Knod (Fn. 6).
44 Knod (Fn. 6).
45 von Aschbach (Fn. 12), S. 361: »Jacobus Spiegel Selestadiensis dicavit aetatis suae anno LVI salutis«; auch abgedruckt bei Denis (Fn. 8), S. 326.
46 Pantaleon (Fn. 5), S. 115.
47 Zeile 25–30: »Ne quis alius, praeter eundem Typographum (quisquis ille fuerit) huiusmodi volumina, seu Exemplaria, intra quatuor annos, ab eorundem aeditione [editione], imitari, aut alterius generis characteribus procudere, aut alibi excusa, intra fines Rom[ani] Imperii adportare, vel aliunde importata vendere, distribuere, aut ut ista ab aliis fiant author esse, operamve, consiliumve suum, palam vel occulte adhibere, aut praestare ausit ...«
48 Zeile 31: »kaiserlichen Fiskal, dem Ahnder des Betruges« – »fisco nostro Imperiali, fraudis vindici«.
49 Zeile 30: »Sub mulcta decem Marcharum auri puri, fisco nostro Imperiali, fraudis vindici, & praefato Spiegelio Consiliario nostro, ex aequo pendendarum:«

lassung der Raubkopien auch von dem lizenzierten Drucker erhoben werden konnten.[50]

Hierzu fallen folgende Umstände auf:

Zum einen behielt sich der Kaiser vor, dass dem Staat über den Strafverfolger, den Fiskal, der den Betrug und den angerichteten Schaden zu verfolgen hatte, die Hälfte der Geldbuße zufallen sollte. Diese Strafe zehn Mark reinen Goldes, war also insoweit nicht als materieller Schadenersatz und als reine Geldstrafe ausgestaltet – unbeschadet des Ziels, aufseiten Spiegels einen diesem zugefügten Vermögensschaden damit pauschal zu ersetzen.

Zum anderen war jedenfalls Spiegel im Hinblick auf die Rechtsverfolgung nicht auf sich allein gestellt. Die Strafvorschriften sahen hierzu ausdrücklich vor, dass sich Spiegel Dritter und insbesondere der Mithilfe des örtlichen kaiserlichen Magistrats bedienen konnte und durfte, um die Sicherstellung der fraglichen Raubdrucke und ihre Überlassung sowie gegebenenfalls deren Vernichtung zu bewirken. Bedeutsam erscheinen diese Bestimmungen deshalb, weil sie die besondere, herausgehobene Bedeutung des vorliegenden Privilegs als einer kaiserlichen Verordnung stützen, worauf nachstehend gesondert eingegangen werden soll.

An dem Jakob Spiegel für sein *Lexikon Iuris Civilis* gewährten Privileg fällt zunächst auf, dass es »*alle Werke guter Autoren, zu welcher Kost unter den anerkannten Künsten sie auch gehören mögen*« umfasste, die von Spiegel entweder bearbeitet, ergänzt, korrigiert oder erläutert (»*mit Scholien bereichert*«) wurden und zukünftig entsprechend textsprachlich von diesem Autor verfasst werden sollten. Es wird mithin nicht Bezug genommen auf bestimmte Werke bestimmter Autoren, sondern umfasst das Leistungspotenzial des Benannten, unbeschadet der Frage, ob dieser bereits bestimmte Textausgaben geschaffen hatte oder aber in Zukunft erst noch generieren würde. Der diesbezügliche Schutz entstand unmittelbar für Spiegel selbst mit der Maßgabe, dass er einen Drucker als Lizenznehmer (»*mit ihm in gutem Einvernehmen [gratus] stehenden Drucker*«) binnen zehn Jahren vom Ausstellungsdatum dieses Privilegs an gerechnet mit dem Druck betraut. Spiegel hatte also einen 10-jährigen umfassenden Autorenschutz erwirkt.[51]

---

50 Zeile 32: »necnon [sc. multa] amissionis Exemplarium, quae Typographus ille, qui praedicta volumina, voluntate Spiegelii impresserit, ubicumque locorum, nactos, per se, suosve, (vel adiuvante Magistratu loci, vel non iuvante), accipere, ac in potestatem suam redigere possit.«

51 Privileg vom 14. September 1535, Zeile 21–25: »Ut quaecumque bonorum Authorum volumina, cuiuscumque classis inter probatas artes fuerint, quae ille, aut ab se correcta, aut scholiis illustrata, & vel hactenus nusquam edita, seu impressa, vel antea aeditis [editis], vel alibi excusis, emendatoria in publicam studiosorum utilitatem alicui Typographo sibi grato, intra proximum decennium, a data praesentium continue numerandum, excudenda dederit:«

INSIG. IAC. SPIEGEL
SELESTADIEN.

Abbildung 3: Insignium von Jakob Spiegel (aus: Jakob Spiegel: Iuris Civilis, gedruckt und herausgegeben von Johann Schott, Straßburg 1538 – Erstausgabe –, S. 451; http://reader.digitale-sammlungen.de/en/fs1/object/display/bsb10147193_00459.html)

3.   Ac publico Edicto cautum esse volumus

Das dem Jakob Spiegel gewährte Dokument vom 14. September 1535 formuliert die kaiserliche Forderung, das höchst ehrenvolle Bemühen des Jakob Spiegel, dem Staat als Autor zu dienen, mit aller Kraft zu unterstützen und zu fördern: Gerade das Streben Spiegels, die Integrität sprachwerklicher Leistungen zu bewahren, diese zu erläutern und dadurch insbesondere zum allgemeinen Nutzen der Studierenden zu wirken,[52] ist ein unbedingtes Anliegen des Kaisers, welches jedem durch das fragliche *ac publico Edicto*, einer für alle unmittelbar verbindlichen, an die Öffentlichkeit gerichteten Kundmachung in der fraglichen

---

52 Zeile 16: »den guten Autoren durch die Sicherung und Reinigung von Moder und Fehlern und die Beigabe von gelehrten erläuternden Scholien zum allgemeinen Nutzen der Studierenden einzusetzen«.

Urkunde unumstößlich kundgetan werden sollte: *cautum esse volumus.*[53] Der fragliche Schutz wurde in einer öffentlichen Bekanntmachung gesetzlich verordnet und abgesichert.

Sodann wird hervorgehoben *ut hoc nostrum Privilegium et Edictum inviolabiliter observent, et adimpleant, & servandum curent:* dass jedermann dieses kaiserliche Priveleg und diese öffentliche Bekanntmachung nicht verletzen dürfe, sondern zu beachten und zu erfüllen habe.[54] Das unbedingte Befolgungsgebot wird sodann nochmals deutlich dort verstärkt, wo jedermann aufgerufen wird, Jacob Spiegel und die von ihm beauftragten Drucker bei der Befolgung und Durchsetzung eben dieser ediktalischen Verordnung zu unterstützen: *pro praesentis Edicti nostri consequendo effectu, omni favore & auxilio prosequantur.*[55]

Der mehrfach verwendete, römisch-rechtliche Pluralbegriff[56] »Edikt« hat seit seiner erstmaligen Verwendung einen fortwährenden Bedeutungswandel erfahren und eignet aus heutiger Sicht eine durchaus negative Konnotation.[57] In historischer Sicht ist unter Edikt eine kaiserliche Verordnung zu verstehen, die allgemeine Rechtsbestimmungen als Gesetz enthält, welches der Kaiser kraft seiner ihm zustehenden Magistratur und insbesondere der prätorischen Amtsgewalt erlässt und verkündet.[58] Schon die *Institutiones* des Gaius, ein juristisches Anfängerlehrbuch aus der Mitte des 2. Jahrhunderts nach Christus – welche im 6. Jahrhundert als Vorlage für die *Institutiones Iustiniani,* der systematisierten Rechtssammlung Kaisers Justinian I. und damit des *Corpus iuris civilis* gehörten –, formulierten zum Verständnis eines Edikts: »*Quodcumque ergo imperator per epistulam constituit vel cognoscens decrevit vel praedicto praecepit, legem esse constat: haec sunt, quae constitutiones appellantur.*«[59] Spätere Kaiser gebrauchten den Ausdruck »*Edictalis Lex*«.[60]

---

53 Zeile 21: »verlangen WIR gesetzliche Absicherung«, siehe hierzu unten zur Übersetzung Fn. 72.

54 Zeile 37.

55 Zeile 40.

56 Heinz Mohnhaupt: Die Unendlichkeit des Privilegienbegriffs, Zur Einführung in das Tagungsthema, in: Dölemeyer, Barbara und Mohnhaupt, Heinz (Hrsg.): Das Privileg im europäischen Vergleich, Studien zur europäischen Rechtsgeschichte, Band 1, 1997, S. 1; ders.: Erteilung und Widerruf von Privilegien nach der gemeinrechtlichen Lehre vom 16. bis 19. Jahrhundert, in: ebd, S. 93.

57 Mohnhaupt (Fn. 56), S. 5.

58 H. G. Heumann, Handlexikon zu den Quellen des Römischen Rechts, 1891, S. 161 r. Sp.

59 Christian Ulrich Hans Freyherr von Brockdorf: Die Institutionen – Commentare des Gaius, Aus dem Lateinischen übersetzt, mit Anmerkungen begleitet, Band 1, Schleswig 1824, S. 18 zu § 5: »Eine Verordnung des Fürsten ist das, was der Kaiser durch ein Decret, durch ein Edict oder durch Briefe festgesetzt hat. Auch ist nie daran gezweifelt worden, dass solche Gesetzesstelle haben, da selbst der Kaiser seine Macht durch das Gesetz empfängt.« – Siehe auch Digesten Dig. Liber I, 4.1.1. »De constitutionibus principum. Quodcumque igitur imperator

Leitet sich das Nomen Privileg per se von *privus* – für sich bestehend, eigentümlich, einzeln oder gesondert – und *lex* – Gesetz oder Rechtsvorschrift – ab, so gewinnt das vorstehende *privilegium impressorium* insoweit eine besondere und gesteigerte Qualität, als hierin der Kaiser dieses Individualvorrecht zum *Edictum*, also zur Verordnung erhebt, die in öffentlich-rechtlicher Trägerschaft des Reiches (also des Staates im Allgemeinen) einen für jedermann, allgemein geltenden Rechtsgrundsatz formulieren will, wenn die Einhaltung der hierin enthaltenen Gebote unverrückbar und von jedermann unbedingt einzuhalten verlangt wird[61] – anderenfalls die angedrohten Strafen drohen.

Wurden im Römischen Recht mit dem Begriff Privileg ursprünglich ganz allgemein herausgehobene, bevorzugte Entscheidungen als Ausnahmegesetz oder Vorrecht für eine individuelle Person bezeichnet, die als Regelausnahme zu verstehen waren, so kam dem sehr wohl Gesetzescharakter bei. Hinsichtlich der hier relevanten Druckprivilegien ist entscheidend, dass dem Empfänger eines solchen Vorrechtes vom Kaiser ein Gnadenerweis gewährt wurde, was auch in dem hier vorliegenden Privileg so expressis verbis formuliert ist.[62] In diesem Sinne bezeichnete das Wort *privilegium* in Justinians Corpus iuris civilis auch allgemein das *ius singulare*, nämlich das Recht eines Einzelnen.

Noch bis ins 19. Jahrhundert wurde von fast allen deutschen Naturrechtsautoren das Recht, Privilegien zu erteilen, als Teil der gesetzgebenden Gewalt, der *potestas legislatoria*[63], angesehen. Dieses höchste Majestätsrecht wurde mithin ganz allgemein als die gesetzgeberische Befugnis anerkannt, generell oder für einzelne Fälle Gesetze zu erlassen, eingeschlossen, diese zu verändern oder auch wieder aufzuheben. Damit wurde das Recht, Privilegien zu erteilen mit der gesetzgebenden Gewalt gleichgesetzt.[64]

Mit Friedrich Karl von Savigny muss man deshalb feststellen: »*Die Vernachlässigung dieser verschiedenen, aber verwandten Bedeutungen hat nicht*

---

per epistulam et subscriptionem statuit vel cognoscens decrevit vel de plano interlocutus est vel edicto praecepit, legem esse constat. haec sunt quas volgo constitutiones appellamus.«

60 Aemilius Ludwig Richter: Lehrbuch des katholischen und evangelischen Kirchenrechts, Leipzig 1841, S. 40; ausführlich N. Van der Wal: Edictum und lex edictalis. Form und Inhalt der Kaisergesetze im spätrömischen Reich, RIDA 1981, S. 277, 300, weist darauf hin, dass von den Arten der Konstitutionen, die die klassischen Juristen als Rechtsquellen erwähnen – edicta, decreta, mandata und rescripta – nur die Edikte als wirkliche Gesetze im heutigen Sinne betrachtet werden können.

61 Zeile 21: »cautum esse volumus«.

62 Zeile 20: »concedimus & indulgemus« – »wir geben nach, gestehen zu, bzw. begnadigen, räumen ein, erlauben, gestatten & geben nach«.

63 Mohnhaupt: Erteilung und Widerruf von Privilegien (Fn. 56), S. 105.

64 Diethelm Klippel: Das Privileg im deutschen Naturrecht des 18. und 19. Jahrhunderts, in: Dölemeyer, Barbara und Mohnhaupt, Heinz (Hrsg.): Das Privileg im europäischen Vergleich, Studien zur europäischen Rechtsgeschichte, Bd. 1, 1997, S. 329 [334f.].

selten bedeutende Irrthümer veranlaßt.«[65] Unterschieden sich aber die individuellen Ausnahmen vom allgemeinen Recht, weil sie nicht nur staatliche Gewährung zum Ausdruck bringen konnten, sondern sich auch auf privatrechtlichem Vertrag gründeten, dann kommt der einseitigen, kaiserlichen Erklärung in einem *Edictum* ein besonderes und herausgehobenes Verständnis zu, das sich deshalb an *jus singulare* annähert. Denn über den Freibrief, die Freiheit und das Vorrecht geht der Kaiser vorliegend hinaus und übernimmt mit der Erklärung eines allgemeinen, an die Öffentlichkeit gerichteten Gebots den Autorenschutz durch kaiserliche Rechtsverordnung oder Gesetz, »in der Ediktform verfasst«.

Auch wenn die Privilegienerteilung im Mittelalter als Ausdruck des Gnaden- und Hulderweises des Kaisers aus dessen *gratia principis* abgeleitet wird,[66] in dessen Mittelpunkt die persönliche Bindung des Bevorzugten zum Privilegienerteiler im Mittelpunkt steht,[67] geht der dem Jakob Spiegel erteilte Schutzbrief über bloßes personalisiertes Individualrecht hinaus. Dieses Verständnis wird auch dadurch gestärkt, dass die vorliegende Urkunde ersichtlich nicht als bloße Konfirmation, als bestätigende Erklärung eines Sonderrechts zwischen Gleichrangigen, als *simplex approbatio* gestaltet ist:[68] Das Dokument wendet sich ausweislich seiner mehrfachen Hervorhebungen und Betonungen des *praesentis Edicti* an die Öffentlichkeit mit einem für jedermann verbindlichem Ordnungsrahmen.

Der Umbruch in der Wissensgesellschaft, der zu Beginn der frühen Neuzeit durch den Buchdruck bewirkt und maßgeblich zur Reformation beigetragen hat, lässt sich ohne die Geschichte des Nachdruckes und die Betrachtung des Kampfes gegen den unerlaubten Nachdruck nicht beschreiben.[69] Grundsätzlich ist mit Ludwig Gieseke[70] davon auszugehen, dass an der Wende vom 15. zum

---

65 Friedrich Karl von Savigny: System des heutigen römischen Rechts. Bd 1. Berlin 1840, S. 60f. Zur Diskussion um den Begriff des Edikts im Römischen Recht auch van der Wal (Fn. 60), S. 300ff.

66 Siehe Heinz Mohnhaupt: Confirmatio privilegiorum, in: Dölemeyer, Barbara und Mohnhaupt, Heinz (Hrsg.): Das Privileg im europäischen Vergleich, Studien zur europäischen Rechtsgeschichte, Bd. 2, 1999, S. 48 [52].

67 Siehe hierzu auch Thomas Gergen: Kaiserliche Privilegien gegen den Nachdruck unter Maximilian I., in: UFITA 2012/II, S. 425–443.

68 Zur hoheitlichen Bestätigung von Rechten siehe Mohnhaupt (Fn. 56), S. 48, mit Hinweis auf Philippus Decius: Decretales Commentaria, Lugduni 1581, S. 331 (De confirmatione).

69 Hierzu Thomas Gergen: Druck und Nachdruck von Büchern und Zeitungen im gegenreformatorischen Köln. Ein Beitrag zum Umbruch der Wissensgesellschaft in der Frühen Neuzeit, in UFITA 2013/I, S. 87. Ferner Elmar Wadle: Urheberrecht zwischen Gestern und Morgen – Anmerkungen eines Rechtshistorikers, Universität des Saarlandes. Universitätsreden 69. Saarbrücken: Universitätsverlag 2007, S. 11–30, jetzt auch in: ders., Beiträge zur Geschichte des Urheberrechts. Etappen auf einem langen Weg (Schriften zum Bürgerlichen Recht, Bd. 425), Berlin 2012, S. 11–27.

70 Ludwig Gieseke: Vom Privileg zum Urheberrecht. Die Entwicklung des Urheberrechts in Deutschland bis 1845, Baden-Baden 1995, S. 66.

16. Jahrhundert der in dem Privileg zum Ausdruck kommende Lohn- und Er-
trägnisschutzgedanke nicht die Bedeutung eines allgemein gültigen Rechts-
grundsatzes gehabt haben dürfte. Im vorliegenden Fall drängt sich aber der
Eindruck auf, dass der dem Jakob Spiegel gewährte Nachdruckschutz auch dem
behördlichen, kaiserlichen Schutz und seiner Durchsetzung diente und deshalb
in der Form eines allgemeinen, nach heutigem Verständnis öffentlich-rechtlichen Sonderrechts ausgedrückt wurde: Es wurde ein Vorrecht gewährt, welches
durch kaiserliche Verlautbarung einen öffentlich-rechtlichen Charakter erhielt,
weil es einer Verordnung und staatlichen Anweisung, einem staatlichen Befehl
gleichkommen sollte, erstarkt zu einem staatlichen Achtungsanspruch mit allen
sich hieraus ergebenden Konsequenzen: Die Nichtbefolgung und also die Verletzung staatlicher (hier kaiserlicher) Normen verletzt auch Staat (und Kaiser)
und muss deshalb auch mit staatlicher Verfolgung wie staatlicher (Geld-)Strafe
rechnen. Man könnte für den Fall einer diesbezüglichen Privilegienverletzung
von einem Offizialdelikt sprechen, weil bei einem Verstoß gegen ein solches
staatliches Gebot auch eine staatliche Reaktion gefordert ist, anderenfalls der
Staat infrage gestellt wäre, würde er nicht auf die Durchsetzung seiner Normen
achten und darauf beharren.

Die sich möglicherweise gleichwohl stellende Frage, ob es ein öffentlich-
rechtliches Privileg zugunsten Einzelner überhaupt geben konnte oder geben
kann, oder ob es sich dem Grunde nach hierbei nicht doch (immer) um eine
gesetzliche, weil staatliche Schutzmaßnahme und damit um eine gesetzliche
Sonderverordnung, eine *lex edictalis* im wahrsten Sinne des Wortes handelte,
soll an dieser Stelle dahingestellt bleiben. Das dem Jakob Spiegel gewährte Privileg zeigt, dass hierin der Fall eines gedanklichen Vorläufers des in späterer Zeit
bewirkten, allgemeinen staatlich-gesetzlichen Schutzes mit individuellem Charakter gelegen ist. Ein vom geltenden gemeinen Recht abweichendes Sonder-
recht,[71] das nach hiesiger Auffassung ersichtlich nicht möglich gewesen wäre,
wenn die Beziehungen des Jakob Spiegel als geheimer kaiserlicher Sekretär von
Maximilian I. und Kaiser Karl V. nicht von dieser besonderen und herausge-
hobenen Art gewesen wären, wie sie in seiner Vita niedergelegt sind.

4.   Abschrift des Privilegium Impressorium ac publico Edicto cautum esse
      volumus[72]

Datum in civitate nostra Panormo, die decimaquarta Mensis Septembris. Anno
Millesimo Quingentesimo tricesimoquinto.[73]

---

71 Gieseke (Fn.70), S. 66.
72 Dieses Privileg ist entnommen dem Werk von Jakob Spiegel: Lexicon Iuris Cicilis, gedruckt

1   Carolus quintus divina favente clementia Romanorum Imperator, Augustus,

2   ac Germaniae, Hispaniarum, utriusque Siciliae, Hierusalem & c[etera] Rex, Arch-
     idux Austriae,

3   Dux Burgundi[a]e, Brabanti[a]e & c[etera] Comes Habspurgi, Flandriae, Tyrolis.
     & c[etera]. Notum faci-

4   mus tenore praesentium. Quum [Cum] honorabilis doctus noster & Imperii sacri
     dilectus

5   Iacobus Spiegel Selestadien[sis] i.u. [iuris utriusque] Doctor, divi C[a]esaris Maxi-
     miliani Avi & praedecesso-

6   ris nostri pr[a]eclarissimae memori[a]e, ac noster & serenissimi Principis Domini
     Fernandi [sic!] Ro[-]

7   manorum, Hungari[a]e & Boemi[a]e Regis etc. fratris nostri charissimi, Consiliarius
     & Secre[-]

8   tarius, a primis annis usque ad ingravescentem [a]etatem suam, eidem divo Maxi-
     miliano Au-

9   gusto, nobis, & praefato serenissimo fratri nostro, diversis, arduis & gravibus, atque
     adeo

10   iis in rebus quae & taciturnitatem & fidem longe maximam requirunt, fideliter &
     accu[-]

11   rate inservierit, operamque suam in nostrum, sacri Imperii & clariss[imae] Domus
     nostrae Au-

12   striae commodum & utilitatem, summa cum laude impenderit: demum vero quum
     [cum] &

13   aetate & valetudine minus firma esse coepisset, (impetrata honesta Missione), ad
     vitam tran-

14   quilliorem sese conferre decreverit: ubi & sibi & literis, quod reliquum esset vitae
     liberius

15   transigere posset: atque ut hanc quoque partem temporis Reipub[licae] impederet,
     omnem curam

16   atque studium suum, bonis Authoribus, tum a situ & mendis vendicandis & re-
     purgan-

17   dis, tum doctis scholis illustrandis, in communem studiosorum utilitatem, con-
     vertere

18   non desistat. Nos itaque honestissimum hoc illius institutum pro virili iuvare et
     promove[-]

19   re cupientes, eidem Consiliario & Secretario nostro Jacobo Spiegelio hoc privilegi-
     um

20   clementer indulsimus et concessimus, tenoreque praesentium concedimus & in-
     dulgemus,

21   ac publico Edicto cautum ess[74] volumus: Ut quaecumque bonorum Authorum vo-
     lumi-

---

und herausgegeben von Johann Schott, Straßburg 1538 (Erstausgabe), S. 8. Eine deutsche
Übersetzung folgt unter 5.
73 Siehe Zeile 43 bis 45.
74 Infinitiv Partizip Perfekt Passiv von cavere – sich hüten: im Sinne von gesetzlich verordnet

22   na, cuiscumque classis inter probatas artes fuerint, quae ille, aut ab se correcta, aut scholiis

23   illustrata, & vel hactenus nusquam edita, seu impressa, vel antea aeditis [editis], vel alibi excusis

24   emendatiora in publicam studiosorum utilitatem, alicui Typographo sibi grato, intra

25   proximum decennium, a data praesentium continue numerandum, excudenda dederit:

26   Ne quis alius, praeter eundem Typographum (quisquis ille fuerit) huiusmodi volumina,

27   seu Exemplaria, intra quatuor annos, ab eorundem aeditione [editione], imitari, eisdemue aut alte-

28   rius generis characteribus procudere, aut alibi excusa, intra fines Rom[ani] Imperii adporta-

29   re, vel aliunde importata vendere, distribuere, aut ut ista ab aliis fiant author esse, operam-

30   ve, consiliumve suum, palam vel occulte adhibere, aut praestare ausit: Sub mulcta decem

31   Marcharum auri puri, fisco nostro Imperiali, fraudis vindici, & praefato Spiegelio Con-

32   siliario nostro, ex aequo pendendarum: necnon [sc. Sub mulcta] amissionis Exemplarium, quae Typogra-

33   phus ille, qui praedicta volumina, voluntate Spiegelii impresserit, ubicumque locorum,

34   nactos, per se, suosve, (vel adiuvante Magistratu loci, vel non iuvante), accipere, ac in po-

35   testatem suam redigere possit. Mandamus proinde omnibus & singularibus Typographis,

36   Bibliopolis, & aliis quibuscumque nostri & Imperii subditis, cuiuscumque status, ordinis &

37   conditionis, ut hoc nostrum Privilegium et Edictum inviolabiliter observent & adim-

38   pleant, & servandum curent, neque quicquam in contrarium facere, seu attentare praesumant:

39   quin potius praefatum nostrum Consiliarium Jacobum Spiegelium, vel impressorem

40   ab ipso deputatum, aut ab illis, vel altero eorum mandatum habentes, pro praesentis Edicti

41   nostri consequendo effectu, omni favore & auxilio prosequantur: quatenus poenas an-

42   tedictas malint evitare. Harum testimonio literarum manu nostra subscriptarum, & ap-

---

werden, abgesichert oder sichergestellt werden, Rechtsbeistand geleistet zu bekommen oder Sicherheit verschafft [in iure] zu haben; siehe hierzu auch Karl-Ernst Georges: Ausführliches lateinisch-deutsches Handwörterbuch, Bd. 2 (C–D), Neusatz der 8. Auflage 1913, S. 74 zu II.: Vorsichtsmaßregeln treffen, und gegen Schaden und Gefahr sicherzustellen.

43   pensc sigillo nostro munitarum. Datum in civitate nostra Panormo[75], die decima-
      quarta

44   Mensis Septembris. Anno Millesimo Quingentesimo tricesimoquinto, Imperii nostri

45   decimoquinto, & Regnorum nostrorum vigesimo.

46   Carolus

47   V. Held

48   Ad mandatum Caes[arum] & Cath[olicae]

49   Maiestatis proprium.
      Obernburger[76]

5.   Die kaiserlichen Verordnung zum Schutze der Autorenrechte des Jakob Spiegel vom 14. September 1535 in verständlicher, ins Neudeutsche übertragener Sprache[77]

1   Karl V., mit göttlicher Gnade gewählter Römischer Kaiser, immer Augustus (der
      Erhabene), zudem König Germaniens, Spaniens, beider Sizilien und Jerusalems,
      König von Ungarn, Dalmatien und von Kroatien, Erzherzog von Österreich,
      Herzog von Burgund und Graf von Habsburg, Flandern und Tirol usw.

3–4   Wir machen mit diesem Urkundeninhalt wie folgt bekannt:[78]

4–12 Da unser gelehrter und hochgeschätzter Berater und Sekretär Jakob Spiegel, von
      früher Jugend bis zu seinem beschwerlicher werdenden Alter, Maximilian wie
      auch uns in verschiedenen, schwierigen und anstrengenden Belangen, und sogar
      jenen, die größte Verschwiegenheit und Zuverlässigkeit erfordern, treu und
      aufmerksam zu Diensten stand und seine ganze Tätigkeit unserem Interesse und

75 Römischer Name für das heutige Palermo, sizilianisch Paliemmu. In der Antike war Palermo
    während des Ersten Punischen Krieges von 264 bis 241 v.Chr. ein wichtiges Bollwerk der
    Karthager, bis es 254 v.Chr. von den Römern durch eine Seeblockade erobert wurde und den
    Namen Panormus erhielt. Unter Augustus siedelten sich ehemalige römische Legionäre an
    und Panormus entwickelte sich zu einer der bedeutendsten Städte der Provinz Sicilia.
76 Johannes Obernburger, geboren um 1486 in Obernburg am Main, war leitender Geheimer
    Kanzleisekretär Kaiser Karl V., Kantor am St. Stephans Stift zu Mainz, kaiserlicher Kaplan
    und Probst am kaiserlichen Krönungsstift St. Bartholomäus in Frankfurt. Er starb am
    23. Juni 1552 als Amtsvorstand der kaiserlich mainzischen Registratur in Villach, als Gou-
    verneur von Kärnten (der er am Ende seines Lebens war), durch einen Sturz aus dem Fenster;
    siehe Johann Carl von Richard (gen. Baur von Eyseneck): Wetteravia. Zeitschrift für teutsche
    Geschichte und Rechts-Alterthümer, Bd. I, 1. Heft, Frankfurt am Main 1828, S. 81. – Sein
    Neffe Peter Obernburger (1530–1588) stand ebenfalls im Dienste des Kaisers Maximilian II.
77 An dieser Stelle danke ich sehr herzlich Renate Frohne, Trogen/CH, für ihre außergewöhnlich
    hilfreiche und tatkräftige Förderung sowie Begleitung der Übersetzung. Zum Zwecke der
    leichteren Vergleichbarkeit mit dem lateinischen Originaltext wird nachstehend regelmäßig
    der Urkundentext wiedergegeben.
78 Zeile 3–4: »Notum facimus tenore praesentium«.

Nutzen des Heiligen Römischen Reiches wie unserer Heimat Österreich widmete;[79]

13-18   und schließlich, da sein Alter und seine Gesundheit weniger belastbar zu werden
begannen, und er nach seiner ehrenvollen Entlassung sich einem ruhigeren
Leben zuzuwenden beschloss – um den Lebensabend freier für sich selbst und die
Wissenschaften verbringen zu können – und nicht ablässt, auch in dieser Zeit
dem Staat zu dienen und sein ganzes Bemühen den guten Autoren durch die
Bewahrung [ihrer Werke] und die Reinigung von Moder und Fehlern sowie die
Beigabe von gelehrten erläuternden Scholien zum allgemeinen Nutzen der Stu-
dierenden einzusetzen:

18-21   Haben Wir nun den Wunsch, dieses sein höchst ehrenvolles Bemühen nach
Maßgabe unserer Kräfte zu unterstützen und zu fördern, und haben unserem Rat
und Sekretär Jacob Spiegel dieses Privileg in sanftmütiger Weise (gnädig) gewährt und zugestanden und werden dies auch zukünftig gewähren; WIR verlangen, dass es in einer öffentlichen Bekanntmachung gesetzlich verordnet und
abgesichert ist:[80]

21-25   Alle Bände guter Autoren, zu welchem Rang unter den anerkannten Künsten sie
auch gehören mögen, welche Spiegel entweder korrigiert oder mit Scholien bereichert – auch bislang noch nirgends ediert oder gedruckt, oder [doch] schon
ediert bzw. andernorts gedruckt – verbessert zum allgemeinen Wohl der Studierenden, irgendeinem mit ihm in gutem Einvernehmen [gratus] stehenden
Drucker, in den folgenden zehn Jahren, vom Ausstellungsdatum dieses Privilegs
ohne Unterbrechung zu zählen, zum Druck übergibt:

26-30   Darf kein anderer, (wer der auch immer sein mag), abgesehen von eben diesem
Drucker [Jakob Spiegel] also Bücher dieser Art bzw. Muster [oder Abschriften],
innerhalb von vier Jahren nach ihrem Erscheinen kopieren, mit denselben oder
mit anderen Zeichen formen [gestalten], oder andernorts gedruckte [Bücher] in
das Gebiet des Römischen Reiches einführen oder von anderswoher eingeführte
verkaufen, verteilen oder veranlassen, dass solch ein Vergehen durch andere
geschieht, oder mit Rat und Tat, heimlich oder öffentlich dazu beizutragen oder
auszuführen wagen.

30-32   Die Strafe beträgt zehn Mark reinen [gediegenen] Goldes, die zu gleichen Teilen
unserem kaiserlichen Fiskal, dem Ahnder des Betruges [angerichteten Scha-
dens], und dem genannten Spiegel, unserem Berater, zu bezahlen [abzuwiegen]
sind.

32-35   [Des weiteren sieht die Strafe] den Verlust der Exemplare vor, welche jener
Drucker auf Wunsch Spiegels gedruckt hat, wo auch immer er sie zufällig auf-

---

79 Die Formulierung zielt auf den Lebensweg Spiegels ab, siehe oben, Ende des 1. Kapitels.
80 Zum Verständnis der Übersetzung siehe oben Fn. 76.

getrieben hat, durch sich oder ihm Nahestehende, mit oder ohne Mithilfe des örtlichen Magistrats; [diese Nachdrucke] kann er an sich nehmen und darüber verfügen.

35–38   Wir weisen ferner alle und jeden einzelnen Drucker an, die Buchhändler und andere, die unsere und des Reiches Untertanen sind, ungeachtet ihres Standes, ihres Ranges und ihrer Verhältnisse, dass sie dieses unser Privileg und diese öffentliche Bekanntmachung nicht verletzen, sondern beachten und erfüllen und für deren Erfüllung sorgen, dass niemand sich erdreistet, dem zuwiderzuhandeln oder das [auch nur] zu versuchen:

39–42   Vielmehr sollen sie [alle] unseren genannten Berater Jakob Spiegel oder einen von ihm beauftragten Drucker – wenn sie von jenen oder einem von ihnen einen Auftrag haben – zur Befolgung und Durchsetzung der vorliegenden Verordnung, [damit die nicht in Vergessenheit gerät], das Geleit geben [alles unternehmen].

43–44   Zur Bezeugung dienen unsere eigenhändige Unterschrift und die Sicherung durch unser angefügtes Siegel.

45   Gegeben [erlassen, verkündet] in unserer Stadt Palermo am 14. September 1535, im fünfzehnten Jahr unserer kaiserlichen Regierung und im zwanzigsten Jahr unserer Königsherrschaft.

        Carolus
        V. Held
        Ad mandatum Caes[arum] & Cath[olicae]
        Maiestatis proprium.
        Obernburger[81]

---

81 Zu Obernburger siehe oben Fn. 78.

Stephan Meder

Gottfried Wilhelm Leibniz an den Reichsvizekanzler: Eine Briefstelle vom 19. Dezember 1669 über das »Urheberrecht«[*]

I. Einleitung

Mit seinen Forschungen in den Gebieten von Philosophie, Mathematik, Theologie oder Geschichte gehört Gottfried Wilhelm Leibniz (1646–1716) zu den wichtigsten Persönlichkeiten des europäischen Geisteslebens an der Wende zum 18. Jahrhundert. Bei der Aufzählung seiner Arbeitsgebiete werden die Verdienste in den Rechtswissenschaften oft nur am Rande erwähnt. Wenig bekannt sind insbesondere seine Überlegungen zum Schutz immaterieller Güter und seine Erfahrungen mit einem Themenkreis, den wir heute als »Urheberrecht« zu bezeichnen pflegen. Diese Erfahrungen resultieren in erster Linie aus dem Kampf mit einer Gruppe von Verlegern, die gegen seinen Willen zentrale Teile eines völkerrechtlichen Werks nachdruckten, das Leibniz 1693 unter dem Titel *Codex Juris Gentium Diplomaticus* hat erscheinen lassen.

Ich möchte heute aber nicht den unerlaubten Nachdruck des *Codex Juris Gentium Diplomaticus*, sondern eine Zeitschrift in den Mittelpunkt rücken, die Leibniz 25 Jahre vorher, nämlich 1668, als er gerade einmal 22 Jahre alt war, unter dem Titel *Nucleus librarius semestralis* ins Leben rufen wollte.[1] Dieses Projekt nahm er zum Anlass, sich in einem Brief näher zur Begründung und Legitimation der heute sogenannten Immaterialgüterrechte zu äußern. Im Folgenden sollen die Argumente, die er zugunsten eines Schutzes solcher Güter vorbringt, im breiteren Zusammenhang mit seiner Rechtsphilosophie beleuchtet werden.

---

[*] Der Vortragsstil wurde beibehalten und der Text um Nachweise ergänzt.

1 Zur Schädigung des *Codex Juris Gentium Diplomaticus* durch den Nachdruck niederländischer Verleger siehe Meder, Leibniz und das Urheberrecht. Legitimation des Schutzes immaterieller Güter auf Grundlage des Naturrechts, in: UFITA 2016, S. 7–34, 17–28 (mit weiteren Nachweisen). Dort auch zu den Planungen eines *Nucleus librarius semestralis* und Leibniz' Gesuchen um ein Druckprivileg, S. 9–17; siehe ferner Annegret Stein-Karnbach, G. W. Leibniz und der Buchhandel (1983) = Sonderdruck aus dem Archiv für Geschichte des Buchwesens 23 (1982), Sp. 1189–1418, 1217–1228.

Zuvor sei aber kurz an den Kontext erinnert, in welchem Leibniz sein Projekt entwickelt hat.

II.   Das Projekt eines Nucleus librarius semestralis

Mit dem *Nucleus librarius semestralis* wollte Leibniz eine Zeitschrift herausbringen, die über die neuesten Veröffentlichungen im Gebiet der Wissenschaften berichtet. Das Periodikum sollte den »Kern«, eine Art Zusammenfassung oder »*abstract*«, zentraler Gedanken wissenschaftlicher Neuerscheinungen enthalten und über die jeweiligen Autoren informieren. Es war eine halbjährliche Erscheinungsweise geplant, um Kunden, Händlern, Verlegern, Autoren und Gelehrten eine Orientierung in dem wachsenden Angebot neuer Publikationen zu bieten. Im Oktober des Jahres 1668 klagt Leibniz in einer Eingabe an den Kaiser des Heiligen Römischen Reichs, Leopold I. (1640–1705), über eine Flut von Neuerscheinungen, die dazu führe,

> »daß man schon albereit nicht mehr weis, was man in solcher menge brauchen, und wo man ein iedes suchen solle«.[2]

Das Projekt sollte also mit einer Übersicht über das durch viele entbehrliche Titel belastete Bücherangebot dem wissenschaftlichen Fortschritt dienen. Insbesondere waren es die Verleger, die Leibniz verdächtigte, aus Gewinnstreben die Käufer durch irreführende Titel zu täuschen.[3] Um sein gegen den kommerziellen Charakter des Buchhandels gerichtetes Vorhaben realisieren zu können, bedurfte es aber eines kaiserlichen Privilegs oder einer »*special* versicherung«, wie Leibniz dieses auch nannte.[4] Ein solches Privileg könne das wissenschaftliche

---

2   Eingabe an Kaiser Leopold I. vom 22. Oktober 1668, in: Akademie-Ausgabe (im Folgenden AA) I 1, S. 3–5, 3.

3   Zu den zeitgenössischen Missständen des Bücherwesens siehe Rudolf Blum, Vor- und Frühgeschichte der nationalen Allgemeinbibliographie, in: Börsenblatt für den Deutschen Buchhandel, Frankfurter Ausgabe, Nr. 76a (1959), S. 1161–1231, 1192–1193.

4   Brief an den Reichsvizekanzler vom 19. Dezember (?) 1669, AA I 1, S. 36–42, 37 (Hervorhebung im Original). Der Reichsvizekanzler war faktisch der Leiter der Reichshofkanzlei, welcher der Erzbischof von Mainz nominell vorstand. Das wäre damals der Mainzer Erzbischof und Kurfürst Johann Philipp von Schönborn (1605–1673) gewesen, dem sich Leibniz 1667 mit seiner *Nova methodus* (Fn. 9) empfohlen hatte, vgl. Meder, Leibniz als Rechtsreformer in Mainz: Verbesserung der Gesetzgebung und neuer Souveränitätsbegriff, in: Irene Dingl, Wenchao Li, Michael Kempe (Hg.), Leibniz in Mainz – europäische Dimensionen der Mainzer Wirkungsperiode (im Erscheinen). Der Reichsvizekanzler gehörte der 1669 gegründeten »geheimen Konferenz« an, wodurch seine politische Rolle bei den Geschäften des Reichs erheblich gestärkt wurde. Da Leibniz seinen Adressaten mit Namen nicht genannt hat, kann sein Brief entweder an Wilderich Freiherr von Walderdorff (1617–1680), Reichsvizekanzler von 1660–1669, oder an Leopold Wilhelm von Königsegg-Rothenfels (1630–1694), Reichsvizekanzler von 1669–1694, gerichtet worden sein. Mit Blick auf das wahrscheinliche Datum des

Leben in Deutschland ungemein fördern, indem es einen lebhaften Austausch unter den Gelehrten bewirke. So heißt es im Schreiben an den Kaiser:

»Wer aber die mittel und gelegenheit nicht hat die Bücher zu kauffen, oder wegen distanz zu bekommen und zu sehen, der kan dennoch durch diesen auszug materi gnugsam haben selbige zu verstehen und davon zu discurriren.«[5]

Als Vorbilder nennt Leibniz wissenschaftliche Bibliografien, die seit 1665 in Frankreich, England und Italien herauskamen. In Deutschland gab es damals noch keine solche wissenschaftliche Bücherzeitschrift. Hierzulande begnügte man sich mit einer lateinischen Übersetzung des seit Ende 1665 in Paris erscheinenden *Journal des Sçavans*, das ab 1667 unter dem Titel *Ephemerides Eruditorum* in Leipzig publiziert wurde.

Der Kaiser soll die Vorschläge von Leibniz sehr gelobt haben. Gleichwohl ist sein Gesuch mit der Begründung abgelehnt worden, es könne niemandem verboten werden, derartige Werke herauszugeben. Einem zweiten Gesuch vom 18. November 1669 war ebenfalls kein Erfolg beschieden.[6]

III. *Aequitas* als Grundlage der Legitimation des Schutzes immaterieller Güter

Den Brief an den Reichsvizekanzler, um den es im Folgenden geht und in dem die Frage nach einer Legitimation des Schutzes immaterieller Güter aufgeworfen wird, hat Leibniz Ende des Jahres 1669, also kurz nach seinem zweiten Gesuch an den Kaiser verfasst. Die Grundlage bildet dabei das Prinzip der Billigkeit, was bereits ohne eine genauere Lektüre des Textes sofort ins Auge sticht:

»(1) Billig ist, was nuzen ohne schaden bringt, (2) billig daß wer die last hat, auch den nuzen habe, (3) billig daß ein Verdienender mit solcher gnade belohnet werde, dadurch keinem andern seyn *jus quaesitum* enzogen wird, (4) billig daß ein verdienender in dem *genere* belohnet werde darinn ers verdienet, und dadurch ers mehr und mehr meritiren kan. (5) Welche Regeln denn gewislich dergestalt natürlichen rechtens und der vernunfft gemäß seyn, daß nicht nöthig *Leges* oder *Doctores* dazu anführen. (6) Die *application* belangend so ist ja clar daß dieses werck, wie vorlängst ausgeführet und also *per consequens* auch das, wie iezo ausgeführet dazu unentbehrliche, zum wenigsten aber sehr förderliche *privilegium*, zu nicht geringen allgemeinen nuzen gereiche [...] (7)

Schreibens ist zu vermuten, dass Königsegg-Rothenfels der Empfänger sein sollte. Allerdings hat Leibniz dazu bemerkt: »ist nicht abgegangen« (a.a.O., Anm. S. 36).

5 Leibniz, Eingabe an Kaiser Leopold I. (Fn. 2), S. 4.
6 Eingabe an Kaiser Leopold I. vom 18. November 1669, in: AA I 1, S. 21–23 (Eingabe) und S. 23–26 (Beilage). Es ist vermutet worden, dass neben sachlichen Gründen auch persönliche Animositäten und Intrigen am Wiener Hof bei der Ablehnung eine Rolle gespielt haben, vgl. Stein-Karnbach, Leibniz und der Buchhandel (Fn. 1), Sp. 1224.

Schade aber so einigen Menschen so wohl mit dem werck selbst als *privilegio* zugefüget werde, wird sich nicht finden. Das werck thut nichts, als daß es aus den *autoribus* den kern repraesentirt, dem käuffer anleitung giebt, was er im buch suchen solle, und solches mehr bekand und *recommendirt* machet, gar nicht aber deßen vertrieb hindert, weil alle *censurae* gänzlich vermieden werden sollen. (8) Ferner ist billig daß wer das ordentliche *onus* und *obligationem* allein auf sich hat, auch das ordentliche *commodum* und *potestatem* allein habe. *Quia quem sequntur onera, eum sequi debent commoda* […] (9) Ist also billig, daß wer mit *invention* oder übernehmung eines neuen wercks sich bemühet umb das gemeine beste vedient zu machen, in eben diesem werck, und dergestalt belohnet werde, daß er ins künfftige desto mehr darinn sich verdienet machen könne (10), welches denn geschieht, wofern ihm ein *Privilegium* gegeben wird in diesem neuen werck desto ungehinderter fortzufahren, wie denn auf diesen grund durchgehends die meisten und Vernunfftmäßigsten *privilegia* in der welt beruhen.«[7]

Leibniz misst der Billigkeit bei der Begründung des Urheberrechts also eine herausgehobene Bedeutung bei. Das ist keineswegs ein Zufall. Denn in seiner Rechtsphilosophie kommen der Billigkeit ganz besondere Funktionen zu. Und wenn ich im Folgenden dazu einige Worte verlieren möchte, muss ich seine berühmte Stufenlehre des Naturrechts zum Ausgangspunkt nehmen, in der er – in Anlehnung an die von ihm verehrte römische Jurisprudenz – zwischen den formalen und den materialen Elementen des Rechts unterscheidet.[8] Das Formalrecht nennt er das Recht im eigentlichen Sinne und bezeichnet es als strenges Recht, als *ius strictum*. Aufgabe des strengen Rechts ist es, fundamentale Rechtspositionen wie Eigentum, körperliche Unversehrtheit oder Freiheit zu sichern. Das strenge Recht dient damit eher privaten Interessen, die Leibniz bisweilen auch unter den Stichworten des Eigennutzes und der *utilitas propria* erörtert. Dagegen soll das materiale Recht, wozu vor allem auch die Billigkeit gehört, mehr den öffentlichen Interessen bzw. dem Gemeinwohl dienen.

Strenges Recht und Billigkeit stimmen, so Leibniz, oftmals überein. Denn es ist nicht nur ein Gebot des strengen Rechts, sondern auch ein Gebot der Billigkeit, dass wir z.B. das Eigentum oder die körperliche Unversehrtheit anderer

---

7 Brief an den Reichsvizekanzler vom 19. Dezember (?) 1669 (Fn. 4), S. 40–41 (Hervorhebungen im Original. Der Übersichtlichkeit halber wurde die Textstelle in zehn Ziffern gegliedert, die im Original nicht enthalten sind; siehe dazu unten IV). Leibniz will diese Überlegungen nicht auf Autorenprivilegien beschränkt wissen und betont die gemeinsame Interessenlage mit Künstlern, Unternehmern oder Erfindern.

8 Zur Dreistufenlehre (bzw. Naturrechtstrilogie) siehe den Überblick bei Meder, Letztes Universalgenie oder erster globaler Denker? Leibniz' Idee einer Rechtsreform, in: JZ 2016, S. 1073–1081, 1075–1077. In den Rechtsregeln der Digesten erblickte Leibniz eine verborgene Rationalität, die mit den Normen des Naturrechts auf wundersame Weise übereinstimme, Brief an Thomas Hobbes vom 13./23. Juli 1670, in: AA II 1, S. 56–59, 57; Brief an den Naturrechtslehrer Heinrich Ernst Kestner vom 1. Juli 1716, wenige Monate vor seinem Tod, in: Louis Dutens, *Leibnitii opera omnia nunc primum collecta*, Bd. IV 3 (1768), Nr. 15 (S. 267–269, 267f.).

respektieren. Doch können Billigkeit und strenges Recht auch in Konflikt geraten. Das ist vor allem dann der Fall, wenn die Ausnutzung einer formalen Rechtsposition zu Rechtsverletzungen – wenn die Verfolgung des höchsten Rechts, nämlich des Gesetzesrechts, zur höchsten Rechtsverletzung führt (*summum jus summa injuria*). Zwischen Gesetz und Recht muss daher eine deutliche Grenzlinie gezogen werden.[9] Denn nur das Gesetz, nicht aber das Recht kann ungerecht sein.[10] Sollten strenges Recht und Billigkeit in Konflikt geraten, darf die *aequitas* das *ius strictum* in begründeten Fällen derogieren, um die Gebote der Fremdnützigkeit und des solidarischen Handelns zu wahren.[11] Die Lösung sieht Leibniz bei einem solchen Konflikt in der Formel, dass alles, was für den einzelnen Menschen nützlich ist, auch für die Allgemeinheit nützlich sein muss, und umgekehrt: dass alles, was für die Allgemeinheit nützlich ist, auch für den Einzelnen nützlich sein muss. Diese Formel bringt zugleich jene Gerechtigkeitsidee zum Ausdruck, worauf die Billigkeit letztlich fußt.[12]

Leibniz' Konzeption der Billigkeit ist komplex; hier muss der Hinweis genügen, dass er damit von der gesamten »modernen« Staatstheorie, also der eines Bodin, Hobbes, Pufendorf, Thomasius, Rousseau oder Kant, fundamental abweicht.[13] Er opponiert vor allem gegen den Voluntarismus von Hobbes, der das Recht auf den Willen des Souveräns, das staatliche Gesetz und damit auf seine Formalstruktur zu reduzieren sucht. Doch verschwindet die Billigkeit bereits bei Bodin hinter dem Befehl des Souveräns: »Ein gesetzliches Verbot ist stärker als selbst offenbare Forderungen der Billigkeit.«[14] Auch Kant hat die Billigkeit als ein »Recht ohne Zwang« ausgesondert, weil »ein Richter nach unbestimmten Bedingungen nicht sprechen kann«.[15] Dagegen meint Leibniz: Wer, z.B. wie Hobbes, das Recht auf seine Formalstruktur reduziere und die Billigkeit außer Be-

---

9 Leibniz, Gedanken über den Begriff der Gerechtigkeit (1703), hg. v. Wenchao Li (2014), S. 29–30; *Nova methodus discendae docendaeque Jurisprudentiae* (1667), in: AA VI 1 S. 269–364; hier zit. nach Hubertus Busche (Hg.), Frühe Schriften zum Naturrecht (a.a.O.), S. 25–87 (dt. Übersetzung in Auszügen), § 70 (S. 71–75).

10 Gedanken über den Begriff der Gerechtigkeit (Fn. 9), S. 29.

11 Z.B. *Nova methodus* (Fn. 9), §§ 74, 75 (S. 81–83).

12 *Elementa Juris Naturalis* (1669/71), in: AA VI 1, Nr. 12, 1–6 (S. 431–485), Nr. 3, S. 456; dt. Entwürfe zu den Elementen des Naturrechts, in: Hubertus Busche, (Hg.), Gottfried Wilhelm Leibniz. Frühe Schriften zum Naturrecht (2003), S. 89–319; *Praefatio* zum *Codex Juris Gentium Diplomaticus* (1693), in: Malte-Ludolf Babin, Gerd van der Heuvel (Hg.), Gottfried Wilhelm Leibniz. Schriften und Briefe zur Geschichte (2004), S. 143–211, 171; *Nova methodus* (Fn. 9), § 75 (S. 83).

13 Dazu näher Meder, Doppelte Körper im Recht. Traditionen des Pluralismus zwischen staatlicher Einheit und transnationaler Vielheit (2015), S. 127–128.

14 Bodin, Sechs Bücher über den Staat, hg. v. Peter Cornelius Mayer-Tasch (1981), I 8 (S. 231).

15 Kant, Metaphysik der Sitten (1797), in: Werksausgabe, Bd. VIII, 10. Auflage (1993), S. 341–342 (Einleitung § E).

tracht lasse, nehme in Kauf, dass das höchste Recht zur höchsten Rechtsverletzung führt, *summum ius summa injuria*.[16]

Dass dieser Sichtweise die Zukunft gehören sollte, lässt sich leicht beweisen.
Entgegen den Annahmen von Hobbes oder Kant gehören materiale Elemente
heute zu den Selbstverständlichkeiten unserer Rechtskultur. Als Beispiele seien
nur die in § 242 BGB postulierte Vertragsgerechtigkeit oder die vielen Gene-
ralklauseln, offenen Tatbestände und unbestimmten Rechtsbegriffe genannt, die
das heutige Privatrecht und nicht zuletzt auch das moderne Urheberrecht prä-
gen.

IV.   Brief an den Reichsvizekanzler vom 19. Dezember (?) 1669

Als Leibniz sein Schreiben an den Reichsvizekanzler verfasste, arbeitete er in
Mainz an nichts Geringerem als am Entwurf einer ersten modernen Kodifikation, dem sogenannten »*Corpus Iuris Reconcinnatum*«. Dieses Vorhaben gab ihm
Anlass, sich näher mit der Billigkeit zu befassen: Das Problem der Billigkeit sah
er vor allem in ihrer Unbestimmtheit und ihrem Mangel an Maßstäben. So suchte
er um 1669 unterschiedliche Erscheinungsformen der Billigkeit zu identifizieren, sie zu typisieren und in konkrete Anwendungsregeln zu gießen. Dabei war er
sich aber immer auch bewusst, dass die Billigkeit nur in begrenztem Maße
positivierbar ist, weil das Gewicht ihrer Forderungen oft von der jeweiligen
Situation und den Umständen des Einzelfalls abhängt.[17] Deshalb muss, wer
Forderungen der Billigkeit gegen das Gesetz zulassen möchte, dem Richter mehr
Entscheidungsfreiheit einräumen, als dies der staatsrechtliche Positivismus
eines Bodin, Hobbes, Pufendorf, Thomasius, Rousseau oder Kant vermag.
Warum diese Autoren die Billigkeit aus der Rechtsordnung verbannten, hat
vornehmlich verfassungsrechtliche Gründe. Ihr Souveränitätskonzept nötigte
sie, die Gestaltungsmacht der Jurisprudenz gleichsam auf »null« zu reduzieren.
Die Aktualität der Rechtsphilosophie von Leibniz liegt daher auch darin, dass er
mit seiner zweigliedrigen Rechtsquellenlehre, in welcher neben dem strengen
Recht auch die Billigkeit einen Platz findet, der Jurisprudenz eine solche Gestaltungsmacht zugestehen kann.[18]

---

16 Leibniz, Gedanken über den Begriff der Gerechtigkeit (Fn. 9), S. 46.
17 Z.B. *Elementa Juris Naturalis*, Nr. 3 (Fn. 12), S. 455 (das Billige könne als Norm nur »*diffi-
    cillimè generaliter*« bestimmt werden).
18 Zum vergleichsweise großen Spielraum, den Leibniz dem Richter einräumt, vgl. Hans-Peter
    Schneider, Justitia universalis. Quellenstudien zur Geschichte des »Christlichen Natur-
    rechts« bei Gottfried Wilhelm Leibniz (1967), S. 97; Klaus Luig, Leibniz als Dogmatiker des
    Privatrechts, in: Okko Behrends (Hg.), Römisches Recht in der europäischen Tradition
    (1985), S. 213–256, 237, 256.

Werfen wir nun einen Blick auf den Brief selbst, den ich mit den in Klammern gesetzten Ziffern in zehn Abschnitte gegliedert habe.[19] Hinter dem ersten Halbsatz »nutzen ohne schaden« (Ziffer 1) verbirgt sich die sogenannte »*innoxia utilitas*«, das Prinzip des »unschädlichen Nutzens«, das Leibniz in anderen juristischen Schriften als Kriterium der Billigkeit näher ausdifferenziert hat.[20] Die komplexe Figur der *innoxia utilitas* war in der Epoche von Aufklärung und Vernunftrecht ein viel diskutierter Gegenstand. Auch Grotius, Pufendorf oder Thomasius haben sie erörtert.[21]

Doch ist Leibniz wohl der einzige Autor, der die Idee eines »Nutzens ohne Schaden« auch im »Urheberrecht« heranzieht. So begründet er die rechtliche Schutzwürdigkeit seines *Nucleus librarius semestralis* in Ziffer 7 mit dem Argument, dass ein Werk, welches den Kunden nützlich ist und weder Autoren noch Verlegern schadet, sowohl mit dem Prinzip der Billigkeit als auch ihrem Streben nach einer Vereinigung von Eigennutz und Fremdnützigkeit in Einklang steht. Der Gedanke, dass, solange mein Verhalten unschädlich ist, ich auch dem Gemeinwohl nicht zuwiderhandele, kommt mutatis mutandis darüber hinaus in Ziffer 3 zum Ausdruck, wo gesagt wird, dass durch individuelle Ansprüche anderer ihre Rechte nicht entzogen werden dürfen.[22]

Ziffer 2 fußt auf der Idee der Reziprozität, in welcher Leibniz ein weiteres Kriterium der Billigkeit erblickt. In anderen Schriften hat er sie vornehmlich im

---

19 Siehe die Wiedergabe der relevanten Stelle aus dem Brief an den Reichsvizekanzler vom 19. Dezember (?) 1669 oben bei Note 7.

20 Zu den Hauptstellen gehören: *Elementa Juris Naturalis*, Nr. 12/2 (Fn. 12), S. 447f.; *De utilitate innoxia* (August 1696?), in: Gaston Grua (Hg.), G. W. Leibniz. Textes inédits d'après les manuscrits de la bibliothèque provinciale de Hanovre (1948), X, S. 870–878; *De postulationibus* (1678–1679), in: Grua II, a.a.O., IX, S. 750–760, 754; *De systemate iuris romani* (1680–1682?), in: Grua II, a.a.O., IX, S. 763–767, 765.

21 Klaus Luig, Die »innoxia utilitas« oder das »Recht des unschädlichen Nutzens« als Rechtsprinzip im Zeitalter des Absolutismus, in: Helmut Neuhaus, Barbara Stollberg-Rilinger (Hg.), Menschen und Strukturen in der Geschichte Alteuropas (2002), S. 251–266; Matthias Armgardt, The Role of *aequitas* in Leibniz' Legal Philosophy – a Formal Reconstruction, in: Wenchao Li u. a. (Hg.), »Für unser Glück oder das Glück anderer«. Vorträge des X. Internationalen Leibniz-Kongresses, Bd. VI (2017), S. 305–314, 308–311.

22 Leibniz zufolge gewährt die Billigkeit (*aequitas*) nur ein Recht »im weiten Sinne des Wortes«. Sie erstreckt sich auf Einbußen oder Verdienste, die für die Betroffenen nicht immer einklagbar, juristisch nicht immer erzwingbar sind. Der Kläger ist in solchen Fällen auf einen »Höheren« (*superior*) angewiesen (vgl. *Nova methodus*, Fn. 9, § 74, S. 81). Es wurde oft darüber gerätselt, wer dieser »Höhere« eigentlich sei. Zutreffend meint Busche, es müsse sich um einen »von staatlicher Seite Befugten« handeln, Anm. 133 zur *Nova methodus*, Fn. 9, S. 430; eingehend Meder, The Role of »*ius strictum*« in the Legal Philosophy of Leibniz, in: »Für unser Glück oder das Glück anderer« (Fn. 21), Bd. VI (2017), S. 581–616, 598–601. Seine Ausführungen im Brief an den Reichsvizekanzler zeigen nun, dass Leibniz wohl auch an den Kaiser selbst gedacht haben wird. Im Gebiet des »Urheberrechts« sind Rechtsuchende also genötigt, sich an die höchste Macht im Staat zu wenden, wenn sie ihre Forderungen der Billigkeit über die Erteilung eines Privilegs zu realisieren suchen.

Zusammenhang mit der sogenannten »Goldenen Regel« erörtert.[23] Der Gedanke der Reziprozität findet auch in den Ziffern 4, 8 und 9 einen Niederschlag, wo er, insbesondere in Ziffern 4 und 9 mit dem Anreizgedanken kombiniert wird: Je mehr Schutz der Urheber erlangt, desto mehr wird er sich künftig mit seinem Schaffen »verdienet machen können«. Dass ein solcher Anreiz das Gemeinwohl fördert, steht für Leibniz außer Zweifel. Er hat immer wieder eine engere Verbindung von Theorie und Praxis (*theoria cum praxi*) gefordert.[24] Vor diesem Hintergrund erscheint es folgerichtig, wenn er die Ausstrahlung des rechtlichen Schutzes schöpferischer Tätigkeit auf das Gemeinwohl in Ziffer 6 unter dem Stichwort der »*application*« erörtert. Am ausführlichsten findet das Thema »Anreiz« in Ziffer 9 Erwähnung. Im Übrigen bildet die Versagung des Druckprivilegs durch den Kaiser ein anschauliches Beispiel für die kulturelle Steuerungsfunktion der Immaterialgüterrechte. Leibniz sah sich gezwungen, das Projekt aufzugeben, und Deutschland musste weiterhin ohne eine wissenschaftliche Bibliografie auskommen, konnte also vorerst nicht zu den damals fortgeschritteneren Nationen Europas aufschließen.

Aus heutiger Sicht muss zudem interessieren, dass Leibniz in den Ziffern 8 und 9 die Meinung äußert, dem »Urheber« würde mit seiner Schöpfung (*invention*) eine rechtliche Verfügungsgewalt (*potestas*) über sein Werk unmittelbar zuwachsen. Darauf ist sogleich noch zurückzukommen. In den letzten beiden Halbsätzen (Ziffer 10) zieht Leibniz die Summe seiner vorangegangenen Überlegungen, die jetzt zur Legitimation der Privilegien herangezogen werden. Dabei ist zu beachten, dass er über die zu seiner Zeit vorhandenen Schutzmechanismen in mindestens zwei Punkten hinausgeht:[25]

---

23 Zur Goldenen Regel als Maxime, Prinzip oder allgemeinem Grundsatz der Reziprozität unter dem Gesichtspunkt der Billigkeit: z. B. *Nova methodus* (Fn. 9), § 74 (S. 81); *La place d'autruy* (1679?), in: AA IV 3, Nr. 137, S. 903–904; dt. Der Platz des anderen, in: Hans Heinz Holz (Hg.), Politische Schriften II (1967), S. 136–137; *Nouveaux essais sur l'entendement humain* (1703–1705), in: AA VI 6, S. 39–527 (IV Bücher); dt. Neue Abhandlungen über den menschlichen Verstand (1985), hg. v. Wolf von Engelhardt, Hans Heinz Holz: Gottfried Wilhelm Leibniz, Philosophische Schriften, Bd. III (erste und zweite Hälfte), I. Buch: Von den eingeborenen Ideen, S. 1–95, 57; Einige patriotische Gedanken (1697), in: W. Schmied-Kowarzik, G. W. Leibniz' Deutsche Schriften, Bd. 2 (1916), S. 4. Allgemein zur Bedeutung der Reziprozität im Recht siehe die Beiträge in dem Band von Manfred Rehbinder (Hg.), Vom homo oeconomicus zum homo reciprocans? Auf der Suche nach einem neuen Menschenbild als Erklärungsmuster für Recht, Wirtschaft und Kultur (2012).

24 Zu Leibniz' Theoria-cum-praxi-Postulat und dem damit einhergehenden Wissenschaftsbegriff vgl. Hubert Laitko, Theoria cum praxi – Anspruch und Wirklichkeit der Akademie (2001).

25 Zum Aufkommen und Inhalt der Druckprivilegien im 16. und 17. Jahrhundert siehe Fedor Seifert, Kleine Geschichte(n) des Urheberrechts. Entstehung und Grundgedanken des geistigen Eigentums (2015), S. 97–105; Ludwig Gieseke, Vom Privileg zum Urheberrecht. Die Entwicklung des Urheberrechts in Deutschland bis 1845 (1995), S. 39–92; Walter Bappert, Wege zum Urheberrecht (1962), S. 178–193.

1. Unter den Prämissen eines Privilegienwesens kann der Urheber an seiner Schöpfung nur insoweit wirtschaftlichen Nutzen ziehen, als ihm ein Gesetzgeber dies zubilligt. Leibniz ist indes der Meinung, dass die im Naturrecht enthaltenen Prinzipien der Billigkeit dem positiven Recht übergeordnet sind: Zwischen Gesetz und Recht muss, wie ausgeführt, streng unterschieden werden. Folglich ist das Urheberrecht auch dann anzuerkennen, wenn, wie es in Ziffer 5 heißt, die Gesetze oder Lehrmeinungen der Juristen keinen entsprechenden Schutz vorsehen. Denn die Befugnisse des »Urhebers« entspringen letztlich nicht dem positiven Recht, sondern der in Ziffern 8 und 9 erwähnten Verfügungsgewalt (*potestas*), die ihm mit seiner Schöpfung (*invention*) unmittelbar zuwächst.

2. Indem Leibniz mit der Billigkeit an das natürliche Recht und die Vernunft anknüpft, geht er aber noch in einem weiteren Punkt über die Beschränkungen des zeitgenössischen Privilegienwesens hinaus. Für ein Privileg bildet bekanntlich der »Druck« als solcher den Ausgangspunkt, während Leibniz im Geisteswerk, der Schöpfung oder, wie er sich ausdrückt, in der *invention* den maßgeblichen Gesichtspunkt sieht. Von hier aus ist es nur ein kleiner Schritt, neben Autoren auch bildenden Künstlern, Unternehmern oder Erfindern rechtlichen Schutz zu gewähren. Diese Konsequenz hat Leibniz tatsächlich gezogen.[26] Daher darf er über das Urheberrecht hinaus auch als ein Pionier der gewerblichen Schutzrechte und des Immaterialgüterrechts überhaupt angesehen werden.

V. Resümee

Die Bemühungen um ein Druckprivileg zeigen einmal mehr, dass die Verletzung von Rechtspositionen, die wir heute als »Urheberrecht« bezeichnen, eine lange Vorgeschichte hat. Dies gilt auch für dessen Funktionen, die gegenwärtig unter Stichworten wie »Persönlichkeit« und »Vermögen« des Schöpfers, »Anreiz« oder »Gemeinwohl« erörtert werden.[27] So soll die Zuweisung von Ausschließlichkeitsrechten sicherstellen, dass sich Investitionen in kreative oder wissenschaftliche Arbeit lohnen und hierdurch Anreize für die Erzeugung von Werken geschaffen werden. Die Argumente, die Leibniz zugunsten eines Schutzes vorbringt, kommen diesen Funktionsbestimmungen schon recht nahe.

Dass er sich dabei nicht auf das strenge Recht, sondern auf die Billigkeit beruft, ist durchaus bemerkenswert. Denn in der Epoche von Aufklärung und

---

26 Siehe nur die Ausführungen im Brief an den Reichsvizekanzler vom 19. Dezember (?) 1669 (Fn. 4), S. 41.

27 Zum Gegenstand und den Funktionen des Urheberrechts siehe Manfred Rehbinder, Alexander Peukert, Urheberrecht, 17. Auflage (2015), § 5 Rn. 71–81 (S. 26–28); Haimo Schack, Urheber- und Urhebervertragsrecht, 7. Auflage (2015), § 1, Rn. 2–8 (S. 2–5).

Vernunftrecht haben die meisten Autoren den Forderungen der Billigkeit gegen
das Gesetz eine klare Absage erteilt. Nach der Naturrechtslehre von Leibniz
kommt die Billigkeit dagegen dann zum Zuge, wenn das Gesetz entweder
schweigt (was damals oft der Fall war) oder die Anwendung strengen Rechts zu
ungerechten Ergebnissen führen würde.[28] Daran hat sich im Grunde bis heute
wenig geändert. Zwar muss die Billigkeit gegenwärtig oftmals hinter jüngeren
Bezeichnungen wie Natur der Sache, Verhältnismäßigkeit, Zumutbarkeit, ob-
jektive Auslegung oder Materialisierung zurücktreten. Doch täuschen solche
Begriffe leicht darüber hinweg, dass sie meist nur Aufgaben erfüllen, die in
früheren Zeiten Billigkeit oder *aequitas* übernommen haben.

Aus heutiger Sicht muss vor allem die Funktion interessieren, die Leibniz der
Billigkeit im Allgemeinen und speziell im Urheberrecht zuweist, nämlich die
Vermittlung von Eigen- und Gemeinwohl. Gerade die aktuellen Diskussionen
über die Reform des Urheberrechts und die Verankerung einer Wissenschafts-
schranke zeigen einmal mehr, dass es beim Schutz der Immaterialgüterrechte
immer wieder und im Kern darum geht, private und öffentliche Interessen in ein
optimales Verhältnis zu bringen.[29] Doch darf nicht vergessen werden, dass
Leibniz sein Konzept der Billigkeit unter ganz anderen historischen Voraussetzungen formuliert hat. Es steht im Zeichen der in der Epoche von Aufklärung
und Naturrecht verbreiteten Bemühungen um eine Optimierung gesellschaftli-
cher Wohlfahrt.[30] Unter den Prämissen des in der Billigkeit enthaltenen Postulats
einer Vereinigung von Eigen- und Gemeinwohl erscheint das von Leibniz in
seinem Schreiben an den Reichsvizekanzler geforderte »Urheberrecht« also im
Lichte des zeitgenössischen Optimierungsdenkens: Der rechtliche Schutz
schöpferischer Tätigkeit hätte dann die Funktion, als effiziente Investition in die
Wohlfahrt den sozialen Gewinn für das Gemeinwohl zu maximieren.

---

28 Zum Schweigen des Gesetzes siehe etwa die Ausführungen in der *Nova methodus* (Fn. 9), § 69
    (S. 71) oder im Brief an Hermann Conring vom 9./19. April 1670, in: Frühe Schriften zum
    Naturrecht (Fn. 11), S. 339–347, 341.
29 Daran würde es mangeln, wenn z. B. die Behauptung zuträfe, das geplante Urheberrechts-
    Wissenschaftsgesetz führe zu gravierenden Umsatzeinbußen der meist mittelständischen
    Wissenschaftsverlage und gefährde ihre Existenz. Ähnliche Probleme werden durch das
    geplante Kulturgutschutzgesetz aufgeworfen, sofern es dazu führte, dass viele wichtige Werke
    und Sammlungen das Land verlassen und umgekehrt ausländische Sammler davor zu-
    rückschrecken, Werke nach Deutschland zu bringen. Die Gemeinsamkeit der Beispiele liegt
    darin, dass sie eine Tendenz zur einseitigen Gewichtung vermeintlich fremdnütziger Inter-
    essen erkennen lassen, mit der Folge, dass diese Einseitigkeit auf das Gemeinwohl negativ
    zurückschlägt.
30 Vgl. Hubertus Busche, Leibniz' Lehre von den drei Stufen des Naturrechts, in: Li (Hg.), »Das
    Recht kann nicht ungerecht sein …«. Beiträge zu Leibniz' Philosophie der Gerechtigkeit
    (2015), S. 29–53, 52 f.

Klaus Neuenfeld

Verleger, Nachdrucker, Autoren und ihre Rechte in der Frühen Neuzeit

Die urheberrechtlichen Probleme des Buchhandels in der frühen Neuzeit mögen durch die modernen Gesetze obsolet geworden sein. Für die Geschichte des Urheberrechts bleiben sie ein spannendes Thema, wie allein das neuere Schrifttum deutlich macht, das sich teilweise des Themas annimmt, als befänden wir uns noch mitten im Privilegienzeitalter. Seit den Veröffentlichungen Hansjörg Pohlmanns aus den frühen sechziger Jahren des vorigen Jahrhunderts ist das Thema aktuell geblieben. Sein hochwohllöblicher Forscherdrang über Privilegientexte hatte die Diskussionen befeuert, vor allem durch seine – allerdings weitgehend abgelehnten – Schlussfolgerungen, dass man aus dem Umgang mit den Privilegien auf Ansätze des heutigen Urheberrechts schließen könne.[1]

Pohlmann, der Hunderte von Privilegien ausfindig gemacht hat und dafür mit Recht von den Fachleuten gelobt worden ist,[2] hat seine Funde als Beweis für ein entstandenes Urheberbewusstsein deklariert, sodass sich zunächst die Frage stellt, welche rechtliche Reichweite Privilegien gehabt, warum sie überhaupt bestanden haben. Da »Privilegien« zwischen 1500 und 1837 (ihrer Aufhebung durch das Preußische Urhebergesetz) erteilt worden sind, also rund 350 Jahre die einzige Schutzregel für geistige Produkte wie Bücher, Kompositionen u. a. dargestellt haben, ist ihre Geschichte gut erforscht,[3] aber hier aus Zeitgründen nur anzureißen. Bei der Beschreibung folge ich weitgehend Ludwig Gieseke, der bei der Behandlung des Privilegienwesens von niemandem erreicht worden sein dürfte.

---

1 Pohlmann, Die Frühgeschichte des musikalischen Urheberrechts (ca. 1400–1800), 1962 und vorher schon ders. Das neue Geschichtsbild der deutschen Urheberrechtsentwicklung, 1961.
2 Seifert, Kleine Geschichte des Urheberrechts, Berliner Bibliothek zum Urheberrecht, Bd. 9, München 2014, Seite 101; Vogel, vgl. Rn. 3, Seite 16; Gieseke, Vom Privileg zum Urheberrecht, 1995, S. 58.
3 Höffner, Geschichte und Wesen des Urheberrechts, Bd. 1, München 2010, Seite 226 ff; Gieseke, Vom Privileg zum Urheberrecht, Göttingen 1995, Seite 46 ff.; Bappert, Wege zum Urheberrecht, Frankfurt 1962, Seite 192 ff.; Vogel, Deutsche Urheber- und Verlagsrechtsgeschichte. Zwischen 1450 und 1850, Archiv für Geschichte des Buchwesens, Band XIX, Lieferung 1, Frankfurt 1978, S. 16 (22); Wadle, UFITA 106 (1987), S. 95.

Antike und Mittelalter kannten noch kein Nachdruckverbot, die nicht wenigen Texte der damaligen Jahrhunderte waren also jedem Zugriff ausgeliefert.[4]
Behauptungen, eines – vermeintlichen – Autors, ein bestimmtes Buch stamme
von ihm, wurden allerdings schon in der Antike missbilligt. Mit der Erfindung
des Buchdrucks (1450) wurde der Büchernachdruck auch ein quantitatives
Problem, das durch Privilegien für Verleger, Drucker und gelegentlich für Autoren gelöst werden sollte. In der bereits umschriebenen Privilegienzeit wurden
von gesetzgebenden Organen (Kaiser, Papst, Könige und Fürsten) auf Antrag –
und später nach Prüfung durch Zensurbehörden – Schutzurkunden erlassen, auf
die sich der jeweils Berechtigte berufen konnte.[5]

Die Urkunden entfalteten Wirksamkeit nur im Herrschaftsbereich des Pri-
vilegienerteilers und ihr Bekanntheitsgrad war angesichts der damals begrenzten Öffentlichkeit für die Wahrnehmung von Abwehrrechten eher privilegien-
unfreundlich.

Die Rechtsgeschichte berichtet zwar über manchen Privilegienstreit. Ein
schlüssiges System ist daraus nicht entstanden, eher die Erkenntnis, dass der
Buchnachdruck anders in den Griff zu bekommen sein müsse.[6]

Pohlmann hatte in den 1950er Jahren umfangreiche Nachforschungen in den
Archiven angestellt und damit Ergebnisse erzielt, die vor ihm niemand präsentiert hatte,[7] abgesehen von der imponierenden Übersicht über Privilegien des
16. Jahrhunderts aus der Feder von Ludwig Gieseke.[8]

»Die Aufdeckung umfangreichen Archivmaterials hat erst in jüngster Zeit ein neues
Bild der deutschen Urheberrechtsentwicklung vom 15. bis 18. Jahrhundert freigelegt,
das im Unterschied zur bisherigen Annahme der Rechtswissenschaft ein unerwartet
massiertes Durchsetzungsvermögen früher Autorengenerationen bei der Wahrnehmung ihrer Urheberinteressen offenbart.«[9]

Diesem Pauschalurteil unterwarf Pohlmann auch die »Musikwissenschaft« und
setzte sich damit auch vermehrt der Kritik des Fachschrifttums aus,[10] worauf
noch zurückzukommen ist.

Die erste Kritik muss an der Absicht ansetzen, aus den Privilegurkunden ein
schlüssiges Urheberkonzept abzuleiten, unter das alle Urheberrechtserwägun-
gen »passend« gemacht wurden, obgleich die Musik-Urkunden nicht nur sehr
viel später als die Buchprivilegien die Praxis erreichten und viel weniger das von

---

4 Rehbinder/Peukert, Urheberrecht, 17. Aufl. 2015, Rn. 23–25; Höffner, S. 19.
5 Höffner, S. 33.
6 Einleitung dazu Loewenheim/Vogel, Handbuch des Urheberrechts, 2. Aufl. 2010, § 2 Rn. 2–6.
7 Vgl. Rn. 1 sowie Archiv für Musikwissenschaft 1961, S. 155.
8 Gieseke, Vom Privileg zum Urheberrecht, S. 47–52.
9 So Pohlmann, Archiv für Musikwissenschaft, 1961, S. 155 und sinngemäß ebenso in seiner
   Dissertation.
10 Archiv für Musikwissenschaft, Rn. 9.

Pohlmann so häufig zitierte »Urheberbewusstsein« rechtfertigten. Gleichwohl findet sich im gesamten Text von Pohlmanns »Frühgeschichte« die Schlussfolgerung vom »Urheberbewusstsein«.[11] In der »Frühgeschichte« finden sich ferner derart viele Hinweise auf urheberrechtliche Zusammenhänge und Bezugspunkte, als hätte der Autor eine moderne Geschichte des Urheberrechts schreiben wollen: Das Urheberpersönlichkeitsrecht – zur Zeit der Privilegien völlig unbekannt – (3-mal erwähnt), die »Urheberbezeichnung« (5-mal), die Verletzung der Urheberehre 5-mal, das Honorar als Fall wirtschaftlicher Verwertung 16-mal (obwohl es auch heute keinen Bezug vom Honorar zum Urheberrecht gibt), das Veröffentlichungs- und Werknutzungsrecht 21-mal. Pohlmann zählt ferner unzählige Schutzrechterteilungen über Privilegien auf, er war gefangen von der Überzeugung, den Weg zu einem neuen Urheberrecht gefunden zu haben.

Das Schrifttum ist ihm auch kaum gefolgt. Bappert,[12] der wesentlich maßvoller an die Aussagekraft der Privilegienzeit heranging, machte deutlich, dass der Privilegienschutz vorrangig zugunsten dessen wirkte, der das Druckwerk herausbrachte. Wenn der Verleger nicht mit dem antragstellenden Autor identisch war, erging ein Privileg »zu seinen Händen«.[13] »So ist bezeichnend, dass Privilegien in den Fällen stets zu Händen des Verlagsunternehmers ergingen, in denen dieser nicht mit dem antragstellenden Autor identisch war.«[14]

Nimmt man die Überlegung hinzu, dass der Schutzgegenstand des Druckprivilegs nicht urheberrechtlich, sondern verlagsrechtlich begriffen wurde,[15] dass die Befristung der einzelnen Privilegien gewerberechtlich einzustufen ist,[16] dann fallen aus den von Pohlmann vermuteten Urheberrechten die meisten heraus und sein Urheberbild hat viele Flecken bekommen.

Nach Kohler[17] waren die Beziehungen des Druckprivilegs zum Urheberrechtsgedanken nur selten sekundärer Natur. Bappert[18] fügte hinzu: »Seinem Charakter nach war das Druckprivileg eine echte Schöpfung des Merkantilistischen, ein Instrument zum Schutze des Verlegers, nicht zum Schutze des Autors.« Fraglich war für Bappert auch, weshalb das Vervielfältigungs- und Verbreitungsrecht bereits ein aus urheberrechtlichen Befugnissen abgeleitetes Recht gewesen sein soll.[19]

---

11 Vgl. dazu S. 2 dieses Textes.
12 18-mal.
13 Wege zum Urheberrecht, S. 192.
14 Wege zum Urheberrecht, a.a.O.
15 Bappert, a.a.O.
16 Bappert, a.a.O., S. 201.
17 a. a. O, S. 206f.
18 Urheberrecht an Schriftwerken und Verlagsrecht, 1907, zitiert nach Bappert, a.a.O., S. 184.
19 Bappert, a.a.O., S. 185.

Martin Vogel[20] hat eingeräumt, dass die Archivfunde Pohlmanns »die Theorie
von der vorwiegend gewerblichen Ausrichtung der Privilegien nicht umstoßen,
jedoch eine Aufwertung der Rolle der Autoren im 16. Jahrhundert bewirken«.
Vogel betonte ferner, dass die inhaltliche Prüfung der Antragstexte fast nur
noch durch die Zensurbehörde erfolgte, die ja auch späterhin nicht über Urheberrecht zu befinden hatte, sondern die Privilegien »in die Nähe eines Polizei-
rechts«[21] gerückt hat. Die Leistungen der Ausfindigmachung einer großen Zahl
von Komponisten- und Autorenprivilegien rechtfertige es als »etwas voreilig«
jedoch nicht, über ein ausgeprägtes Selbstbewusstsein der sich in ihrer Arbeit
spiegelnden Künstlerpersönlichkeit hinauszugehen,[22] da die Zahl der von Pohlmann aufgedeckten Privilegien aus einem Untersuchungszeitraum von 200
Jahren sich »verhältnismäßig bescheiden« ausnehme. Zudem zeigten die Beispiele, dass das daraus sich ergebende materielle Interesse sich noch nicht mit
dem Urheberverwertungsrecht decke, sondern an den bei der Kompensation
entstandenen Unkosten ausgerichtet gewesen sei.[23]
Trotz aller Anzeichen eines kommerziellen Denkens bei den Autoren be-
rücksichtigte Pohlmann die regelmäßig beabsichtigte Drucklegung bei der
Privilegienvergabe und damit das gewerbliche Moment nicht hinreichend,
sondern versucht lediglich Elemente des derzeitigen Urheberrechts in den Urkunden wiederzufinden.[24]
Gieseke hat die kritischen Anmerkungen Bapperts weitgehend unterstützt.[25]
Mit seiner Vermutung, bis zum Ende des 17. Jahrhunderts seien zwei Drittel der
Privilegien an Drucker oder Verleger und nur ein Drittel an Autoren erteilt
worden, wurden auch die optimistischen Thesen Pohlmanns noch einmal rela-
tiviert, mit denen er das Ausmaß urheberrechtlicher Belege beurteilt hatte.
Verleger- oder Druckerprivilegien durfte er zur Stützung seines Urheberrecht-
bildes natürlich nicht heranziehen.

> »Die Druckprivilegien in den ersten Jahrzehnten des 16. Jahrhunderts hatten somit
> noch keinen (im heutigen Sinne) urheberrechtlichen Charakter, auch wenn sie im
> gewissen Umfang Funktionen wahrnahmen, die heute dem Urheberrecht zugeordnet
> sind.«[26]

Ein Argument, das bei den Erörterungen um die Schlussfolgerung »Privilegium
als Vorstufe des Urheberrechts« nicht fehlen sollte, wird mit der griffigen For-

---

20 Bappert, GRUR 1961, zitiert nach Bappert, a. a. O, S. 185.
21 Deutsche Urheber- und Verlagsrechtsgeschichte zwischen 1450 und 1850, S. 15.
22 A. a. O, S. 20.
23 vgl. A. a. O, S. 23.
24 A. a. O, S. 24.
25 A. a. O, S. 26/27.
26 Vom Privileg zum Urheberrecht. S. 68.

mulierung »kein Urheberrecht ohne Gesetzesrecht« umschrieben.[27] Soweit man diese Aussage ernst nimmt – und das sollte man unbedingt –, ist das Thema ebenfalls erledigt, denn das Preußische Urhebergesetz von 1837 war das erste im deutschen Sprachraum und bedeutete gleichzeitig das Ende des Privilegienzeitalters.[28]

Die Auffassung der Autoren, die sich sonst noch zu den Thesen Pohlmanns geäußert haben, deckten sich – mit zum Teil unterschiedlichen Begründungen – mit dem vorgetragenen Text.[29] Pohlmann war mit seinen Deutungen gescheitert. Das Ende der Privilegienzeit war durch das Preußische Urheberrechtsgesetz von 1837 eingetreten,[30] was von da an als Privilegien verboten in der Öffentlichkeit blieb, stellte nur noch ein Thema für Rechtshistoriker dar.

Das Gesetz hatte außer seiner Abkehr vom Privilegienwesen erstmals den Autor in den Mittelpunkt gestellt und dem Verleger sowie dem Drucker seine privilegierte Position genommen. Damit ging einher ein Siegeszug des Begriffes »geistiges Eigentum,«[31] um den die Wissenschaft jahrzehntelang gerungen hatte.[32]

Vor der *Erfindung der Privilegien* war der Nachdruck von Geisteswerken eine gängige Vorgehensweise, bis die Erfindung des Buchdrucks nicht nur die Zahl der Druckwerke, sondern auch der Nachdrucke drastisch erhöhte. Im Altertum und im Mittelalter, wo die wenigsten Menschen lesen und schreiben konnten und die lateinische Sprache eine weitere Verbreitung von Texten beschränkte, von solchen der Kirchen abgesehen, war der Nachdruck von Schriften kein besonderes Problem. Man schrieb Texte ab oder ließ sie durch Mönche und Sklaven abschreiben. Es existierten bereits »Abschreiber«, die gewissermaßen gewerblich Texte vervielfältigten. Dass dabei unabsichtlich oder beabsichtigt Textveränderungen vorkamen, vermieden manche Autoren durch eigene Korrekturen, deren Erwähnung den Absatz erhöhte. Generell blühte bis weit in die Mitte des 12. Jahrhunderts die mündliche Vermittlung von Texten, die weitgehend an Analphabeten gerichtet waren. Die Abschrift war bis dahin frei, ein Bedürfnis für Privilegien bestand noch nicht.

Im hohen und späten Mittelalter änderte sich allmählich die Situation, als vor allem der Klerus mit der Vervielfältigung von Texten begann, die allerdings noch meistens lateinisch geschrieben waren, was naturgemäß ihre Verbreitung ein-

---

27 Gieseke, Vom Privileg zum Urheberrecht, XIV, S. 59.
28 A. a. O, S. 71.
29 Näher dazu Seifert, S. 145.
30 Seifert, S. 142.
31 Wadle, Das preußische Urheberrechtsgesetz von 1837 im Spiegel seiner Vorgeschichte, in: Dittrich, Woher kommt das Urheberrecht und wohin geht es?, Wien 1988, S. 55ff.; Pahlow/Eisfeld, Grundlagen und Grundregeln des geistigen Eigentums.
32 Wadle, a.a.O., S. 65.

dämmte. Im Übrigen unterlagen vor allem die kirchlichen Texte einer strengen Zensur und die daraus folgenden Eingriffe sprachen auch gegen urheberrechtliche Überlegungen.

Allmählich bildete sich jedoch ein – noch überschaubarer – Autorenstand heraus, der seinen Namen geschützt und Plünderungen seiner Texte vermieden sehen wollte.[33] Einprägsam und für spätere Zeiten originell schrieb Albertus Magnus (1193–1280) in seinem »Prolog«:

> »Schreiben, was ein anderer gesagt hat, heißt, ihm den Ruhm der Urheberschaft rauben und sich aneignen. So machen es die meisten heutzutage. Sie haben nichts von sich und alles von anderen und wollen dafür angesehen werden, als schrieben sie etwas Neues, während sie in anderer Anordnung und mit anderen Worten als ihr Eigenes hinstellen, was von anderen herrührt.«

Zutreffender könnte das auch eine heutige Urheberrechtskammer kaum formulieren.

Die von Albertus Magnus angesprochene Textverballhornung hatte nicht nur viele Nachahmer, sondern fand auch prominente Zustimmung zu seinen Thesen, die hier dahinstehen muss.

Bekannter noch ist der Fluch, mit dem Eike von Repgow um 1230 die Nutzer seines »Sachsenspiegels« davor warnte, an seinem Werk Veränderungen vorzunehmen.

Mit Gutenbergs Erfindung des Buchdrucks, in seiner Bedeutung der Reformation sicher gleichwertig, breitete sich die Nachdrucksunsitte aus, erleichtert durch den Umstand, dass 1500 bereits 62 Druckorte im alten Reich existierten.

Die Zahl der Nachdrucke hielt sich grundsätzlich aber noch in Grenzen. Sie muss über die ersten Jahrzehnte den Absatz der Erstdrucke kaum gestört und rechtliche Erörterungen nicht ausgelöst haben. 1494 erschien in Basel Sebastian Brants »Narrenschiff«, ein Bestseller, fast gleichzeitig in Augsburg, Nürnberg und Reutlingen nachgedruckt, ohne dass dies jemanden gestört hätte, vom Autor selbst abgesehen. 1497 veröffentlichte der Straßburger Wundarzt Hieronymus Brunschwyg (1440–1513) mehrere sehr erfolgreiche medizinische Bücher, die sofort nachgedruckt wurden, was den Autor nur zu einem eher milden Widerspruch reizte.

Luthers Schriften fanden einen ungewöhnlichen Absatz und wurden meistens sofort nachgedruckt. Der Reformator, die öffentlichen Chancen des Buchdrucks schneller erkennend als mancher neuzeitliche Verleger, hatte ursprünglich keine Einwände gegen seine literarischen Erfolge, an denen er finanziell ohnehin nicht beteiligt war. Erst als er feststellte, dass mit seinen Schriften Schindluder getrieben wurde, formulierte er eine »zornige Ermahnung an die Drücker«. In

---

33 Auf die zahllosen Beispiele der Formulierungen gegen den Nachdruck sei hier nur verwiesen.

seiner Bibelausgabe von 1541 sprach er von einer »großen öffentlichen Räuberei, die Gott wohl auch strafen wird«. Er verdiente an seinen Werken kein Geld und war mit deren (korrektem) Nachdruck durchaus einverstanden, weil sie ihn europaweit bekannt machten.

Erasmus von Rotterdam und Albrecht Dürer machten aber langsam deutlich, dass der Nachdruck ein Problem zu werden begann, obgleich es für die beiden geistigen Größen kein finanzielles Problem gewesen zu sein scheint, durch Nachdruck geschädigt zu werden. Bei ihrer Nachsicht könnte auch eine Rolle gespielt haben, dass im 16. Jahrhundert ein Autorenhonorar überwiegend als sachfremd abgelehnt wurde, jedenfalls nicht üblich war. Diese längst nicht mehr gültige Auffassung mag ein Grund dafür gewesen sein, dass viele Autoren den Nachdruck ihrer Werke gelassen betrachtet haben.

Allmählich kam jedoch die Überlegung auf, den Nachdruck auszuschließen, ihn jedenfalls zu erschweren: Das Druckprivileg war geboren, das zugunsten eines Privilegierten ausgesprochene, regelmäßig befristete Verbot, eine bestimmte Druckschrift nachzudrucken, solche Nachdruckexemplare zu verkaufen oder sie von anderswoher einzuführen.

Die Druckprivilegien trugen 1481 und 1483 den Namen des Herzogs von Mailand, womit die mehr als dreihundertfünfzigjährige Privilegienzeit ihren Anfang nahm. In den ersten dreißig Jahren des 16. Jahrhunderts gab es keinesfalls vollzählige Übersichten, die bei Gieseke – unter Hinweis auf seine Belege – aufgeführt sind. Besonders erwähnenswert ist das kaiserliche Druckprivileg für Konrad Peutinger von 1511, weil es erstmals in deutscher Sprache den vollständigen Text erkennbar machte.

In der ersten Privilegienzeit war das erteilte Privilegium eine Auszeichnung des Buchinhalts. Mit der zahlenmäßigen Zunahme der beantragten Privilegien wurde der Beurteilungsrahmen großzügiger, eine umfassende Darstellung sämtlicher Privilegien ist jedoch nicht zustande gekommen. Die nicht wenigen Privilegierten, eine fehlende Dokumentation, die unterschiedlichen Druckorte und manche militärisch-politische Störfaktoren sowie Eingriffe der Zensur werden dafür verantwortlich gemacht werden müssen. Der 1986 verstorbene Pohlmann hat seine Absicht, diese Dokumentationen leisten zu wollen, nicht mehr realisieren können.

Manche Autoren hatten, nicht zuletzt durch Pohlmanns Veröffentlichungen, auch nach seinem Tod, Veranlassung gesehen, die von ihm behaupteten urheberrechtlichen Folgen der Privilegienzeit auf ihre Relevanz zu untersuchen. Dabei kam unter anderem heraus, dass die Autoren selbstverständlich von Anfang an wussten, dass die Entscheidung über eine Veröffentlichung ihnen allein zustand (sofern sie diese nicht an einen Verleger oder Drucker übertragen hatten). Mit einem Urheberrecht hatte dies wenig zu tun, allenfalls mit einem nie infrage gestellten Eigentumsrecht. Gegen Ende des 16. Jahrhunderts ergänzten örtliche Nachdruckregelungen die Privilegien, ohne dass damit eine nachhaltige Ordnung in den Buchmarkt gekommen wäre, die ohne ein gesetzliches Urheberrecht auch gar nicht möglich gewesen wäre. Auch die zwischenzeitlich entstandenen Generalprivilegien zum Schutz aller künftigen Druckvorhaben eines Druckers oder Verlegers waren nicht geeignet, den Buchhandel nachhaltig zu schützen.

In einigen Zentren des Buchdrucks entwickelten sich seit dem 17. Jahrhundert Vorstellungen von einem Verlagseigentum. Sie besagten im Wesentlichen, dass ein eigentumsähnliches Vervielfältigungs- und Verbreitungsrecht entstehe, ein Verlagseigentum, das so lange wirksam bleibe, wie der Nachfrage nach dem Werk durch erforderliche Neuauflagen entsprochen werde. Ob die Privilegien bereits ein vorhandenes Verlagseigentum geschützt haben, ist umstritten geblieben, ebenso wie die Frage, ob die Buchdruckerordnung ein solches Verlagseigentum begründet haben könnte.

Anfang des 18. Jahrhunderts kam die Idee vom geistigen Eigentum auf, die um 1790 Gestalt annahm, gestützt auf persönlichkeitsrechtliche Erwägungen, die schon vor den urheberrechtlichen gegolten hatten. Die Bestrebungen, aus dem geistigen Eigentum auch ein ausschließliches Verwertungsrecht des Autors abzuleiten, gewannen Gestalt durch Veröffentlichungen namhafter Gelehrter. Als Erster äußerte sich 1726 der Hallenser Professor Nicolaus Hieronymus Gundling (1681–1731), für den allerdings der Nachdruckschutz von Verlegern im Vordergrund stand. Ihm folgte 1733 der Magister Johann Abraham Birnbaum (1702–1748), auch noch aus der Sicht des Buchhandels, aber beiläufig schon zum Recht des Autors. 1738 legte Johann Rudolf Thurneysen (1716–1774) seine Basler Dissertation in lateinischer Sprache vor. Er sprach sich nachdrücklich gegen den Nachdruck aus, unterschied sich von seinen literarischen Vorgängern aber dadurch, dass er fünf Beispiele für erlaubten Nachdruck aufführte, deren Wiedergabe hier dahinstehen soll.

1773 eröffnete Albert Heinrich Reimarus (1729–1814) die Diskussion von Wettbewerbsmaßnahmen gegen überhöhte Bücherpreise bei gleichzeitiger Hinterfragung eines zeitlich unbegrenzten Eigentumsrechts der Verleger. 1773 veröffentlichte der Göttinger Professor Stephan Pütter (1725–1807) seine später berühmt gewordene Schrift »Der Büchernachdruck nach ächten Grundsätzen des Rechts geprüft«, wobei wiederum die Rechte der Verleger im Vordergrund standen, was aus allen seinen Schriften bekannt war. Beenden wir die geisteswissenschaftlich interessante Kurzgeschichte des Buchhandelsschutzes mit dem Hinweis auf den Wiener Kongress und auf die Einsicht, nach dem Scheitern aller Versuche, die Widerrechtlichkeit des Nachdrucks zu begründen, könne nur ein Gesetz Abhilfe schaffen.

Musikalische Nachdruckprobleme

Es gab schon in der frühen Privilegienzeit erste Nachdruckprobleme im musikalischen Bereich, die jedoch Einzelfälle blieben angesichts der drucktechnischen Schwierigkeiten bei musikalischen Werken. Petrucci wandte den nicht unüblichen mehrfachen Typendruck an, bei dem die Noten, die Linien und der Text nacheinander gedruckt wurden. Die hohe Qualität seiner Drucke hatte den Erfolg, dass er 1498 in Venedig das alleinige Privileg auf den Druck und den Verkauf von Mensuralmusik und Orgelmusik für die Zeit von 20 Jahren erhielt, gültig für die gesamte Republik. Da Petrucci bis zum Jahre 1520 seine Technik verfeinerte, konnte er sich als Hauptverdienst zurechnen, den Musikdruck im Handelsverkehr eingeführt zu haben. Er war ohne Frage der erste Musikverleger.

Die kompliziert bleibende Drucktechnik war jedoch auch verantwortlich dafür, dass der unverändert durch Privilegien gesperrte Nachdruck ein Einzelfall blieb und im Hinblick auf die Entwicklung des Urheberschutzes selten in die Erörterung geriet. Gleichzeitig war der Seltenheitscharakter der Musikprivilegien auch ein Argument gegen Pohlmanns Thesen von den Anfängen des Urheberrechts.

Hansjörg Pohlmann kann das Verdienst für sich in Anspruch nehmen, die musikalischen Privilegien in die urheberrechtliche Diskussion eingeführt zu haben, dabei allerdings zu Schlussfolgerungen zu gelangen, die vom Schrifttum weithin abgelehnt oder jedenfalls in Zweifel gezogen wurden.

Pohlmann hatte in erkennbar mühsamer Arbeit in zahlreichen Fällen »musikalische« Privilegien ausfindig gemacht, die ohne ihn weitgehend vergessen geblieben wären, sieht man einmal von Giesekes Suchergebnissen ab, der allerdings auch auf verschiedene Autoren zurückgegriffen hat.[34]

Pohlmann hatte sowohl in seiner Dissertation[35] wie im Archiv für Musikwissenschaft[36] aus den aufgeführten Privilegien urheberrechtliche Schlüsse gezogen, die naturgemäß auf dieselben Einwendungen stießen wie bei den Buchprivilegien. Pohlmann hat zwar einige Streitigkeiten von Komponisten ausgegraben, er wollte diese als Beweis für die Existenz eines Urheberrechtes werten, aber in keiner seiner Veröffentlichungen hat er den Versuch unternommen, sich mit der Frage zu befassen, aus welchen Gründen das geltende Urheberrecht auf die Musikprivilegien Anwendung finden könnte. Seine Ausführungen stammten schließlich aus einer Dissertation, also einer wissenschaftlichen Arbeit, die er damit selbst in Zweifel gezogen hat.

Geht man von dem bereits erwähnten (und zutreffenden) Grundsatz aus, dass

---

34 wie Rn. 26, S. 47–51.
35 Frühgeschichte des musikalischen Urheberrechts.
36 Hg. von Wilibald Gurlitt, 18. Jg. 1961, S. 155ff.

kein Urheberrecht ohne Gesetz gegeben sei, dann ist die Untersuchung schon wieder zu Ende, weil das Allgemeine Landrecht für die Preußischen Staaten von 1794, also noch nach dem Preußischen Gesetz, *erstmals* musikalische Kompositionen dem Privilegienrecht unterstellte. Vorher konnte begrifflich kein Urheberrecht entstehen. Pohlmann focht dies nicht an. Er berichtete ausführlich z. B. über Telemanns Prozesse gegen die Hamburger Ratsdrucker,[37] die 35 Jahre gedauert hatten und Rechtsstreite betrafen, die nach Telemanns Tod (1767 in Hamburg) Philipp Emanuel Bach fortführte.

Ständig spricht Pohlmann davon, dass ein Komponist »um sein Urheberrecht« kämpft und führt den »Nachweis« (der keiner sein kann), dass das »Urheberrecht der Komponisten als ein eigentümlich, ursprünglich erworbenes Ausschließlichkeitsrecht mit allen seinen Verwertungsbefugnissen trotz höfischer Anstellungsverträge und trotz zahlreicher Kompositionsverpflichtungen ganz allgemein anerkannt sei.«[38] So geht dies bei ihm unbeirrt weiter. Das Aufführungsrecht vor allem von Opern, im Verlauf des 17. Jahrhunderts entstanden, wurde ohne Umschweife den übrigen heutigen Verwertungsrechten des Urhebers zugeschlagen.[39]

Dass sich Pohlmann förmlich in seine Idee verrannt hatte, die verdienstvollerweise ausfindig gemachten kursächsischen Komponistenprivilegien als Beginn des Urheberrechts zu qualifizieren, zeigt auch seine kurze Streitschrift im Archiv für Musikwissenschaft.[40] Hier führt er Schutzschriften einer längst vergessenen Komponistengeneration an, ohne mitzuteilen, ob die Schutzschriften irgendwelche Auseinandersetzungen nach sich gezogen hätten. Der sachkundige Leser stellt sofort fest, dass die von Pohlmann erwähnten Schutzschriften im Prinzip die üblichen Privilegien waren. Pohlmann spricht von Rechtsdurchsetzungen, ohne Einzelheiten mitzuteilen, sodass unklar bleibt, wodurch sich »das musikalische Kulturschaffen in Deutschland« auf die urheberrechtliche Ebene gehoben haben könnte.

Dass das Nachdruckproblem bei Noten und daraus gebildeten Musikwerken nicht den gleichen quantitativen Stellenwert hatte wie bei Büchern, resultierte bereits daraus, dass die Zahl der Komponisten die der Buchautoren bei Weitem unterschritt. Hinzu kam, dass viele Komponisten von bezahlten Kompositionsaufträgen profitierten oder als Hofkomponisten angestellt waren. Wer deren Werke nachdruckte oder verfälschte, griff in die Rechtspositionen des Adels ein, der ja diese Werke schon honoriert hatte, wenn auch selten mit verschwenderischer Güte. Es gab jedoch noch weitere Gründe, warum Musik in der Nach-

---

37 Vgl. Frühgeschichte des musikalischen Urheberrechts, S. 238 ff.
38 Pohlmann, a. a. O, S. 245.
39 Pohlmann, a. a. O, S. 250 ff.
40 Vgl., a.a.O., Rn. 36.

druckdiskussion selten vorkam. Musik war eher in Abschriften als in Drucken verarbeitet und unter den gedruckten Musikwerken waren viele von zweifelhafter Schutzwürdigkeit.[41]

In der ohnehin erst im 18. Jahrhundert vorkommenden Streitfrage waren daher nur wenige, die das Nachdruckproblem dringlich machten – ein weiterer wesentlicher Einwand gegen Pohlmanns urheberrechtliche Erwägungen, dem außerdem noch entgegen gehalten werden muss, dass noch das ALR das Verlagsrecht, *nicht das Autorenrecht geregelt hat.*

---

41 Allgemein zum Thema vgl. Kawohl, Urheberrecht der Musik in Preußen (1820–1840), Quellen und Abhandlungen zur Geschichte des Musikverlagswesens, Tutzing 2002; Rehbinder/Peukert, Rn. 265 ff.; Schricker/Loewenheim, Urheberrecht, 4. Aufl. 2010, § 2 Rn. 120 ff.; Schulze, Musik und Recht, 1954.

Alexander Peukert

Drei Entstehungsbedingungen des Urheberrechts und seines Schutzgegenstands

Die Entstehung des modernen Urheberrechts steht in einem Kontext technologischer, sozioökonomischer, kulturell-epistemischer und politischer Entwicklungen.[1] Diese haben nicht nur auf die Herausbildung spezifisch juristischer Figuren wie dem frühneuzeitlichen Privileg oder dem späteren »geistigen Eigentum« eingewirkt, auf die sich die rechtshistorische Forschung konzentriert.[2] Auch das Rechts*subjekt* des Urheberrechts – der genial-kreative Urheber/ Schöpfer/Autor (§ 7 UrhG) – beruht anerkanntermaßen auf Vorstellungen, die erst in der Sattelzeit und sodann in der Romantik prägend wurden.[3] Im Gegensatz zur Historie der spezifisch juristischen Institute des Urheberrechts und der Idee des romantischen Autors hat die Geschichte des urheberrechtlichen Werkbegriffs – immerhin der Gegenstand der »Werkherrschaft« des Urhebers[4] – verhältnismäßig wenig Aufmerksamkeit erfahren. In der deutschsprachigen Literatur ist selbst für das 15. und 16. Jahrhundert unhinterfragt vom »Werk« als dem Gegenstand des Rechtsschutzes die Rede, obgleich parallel hierzu der Unterschied zwischen absolutistischen Nachdruckprivilegien und modernen Urheberrechtsgesetzen herausgearbeitet wird.[5]

---

1 Vgl. zur komplexen und multikausalen Ausgangslage *Goehr*, The Imaginary Museum of Musical Works, 1992, 107; *Pudelek*, Werk, in: Barck u. a., Ästhetische Grundbegriffe VI, 2010, 545; *Bracha*, Loyola of L. A. L. Rev. 38 (2004), 177, 241 (»A good contextual story would describe a complex web of causation in which all factors, including the legal-institutional ones, were both active and reactive.«); *ders.*, Owning Ideas, 2005, 522 (»Some of the shaping forces were technological, some were ideological, others were economic, others still political, and finally some of the forces are best understood as internal to legal discourse«); *Barron*, Social & Legal Studies 15 (2006), 25; *Plumpe*, Archiv für Begriffsgeschichte XXIII, 1979, 175; *Wadle*, in: ders., Geistiges Eigentum I, 1996, 119 ff.; *Klippel*, ZGE/IPJ 2015, 49, 55.
2 *Klippel*, ZGE/IPJ 2015, 49; *Wadle*, in: ders., Geistiges Eigentum I, 1996, 99 m. w. N.
3 *Rose*, Authors and Owners, 1993; *Woodmansee*, The Author, Art and the Market, 1994, 39; *Jaszi*, Duke L. J. 40 (1991), 455; *Ortland*, Genie, in: Barck u. a., Ästhetische Grundbegriffe II, 2001, 681.
4 *Hirsch*, UFITA 36 (1962), 19 ff.
5 Etwa *Schuster*, Das Urheberrecht der Tonkunst, 1891, 7; *Osterrieth*, UFITA 131 (1996) [1895], 171, 249; *Gieseke*, Vom Privileg zum Urheberrecht, 1995, 1.

Auf den ersten Blick liegt die Frage nach der Entstehung des Werkbegriffs und seinen Bedingungen auch eher fern. Denn Rechtsobjekte werden vom Recht vorgefunden. Sie sind eine gegebene, keine gewordene Wirklichkeit. Doch ist unter Historikern und anderen Sozialwissenschaftlern, die das Werk im Sinne einer persönlichen geistigen Schöpfung (§ 2 Abs. 2 UrhG) nicht als zeitlose Wirklichkeit voraussetzen, sondern als sozial Gewordenes auf einer Zeitachse betrachten und studieren, letztlich *unstreitig*, dass die Vorstellung eines von seinen Verkörperungen unabhängigen und daher abstrakt-immateriellen, eigentumsfähigen Werks erst seit dem Ende des 18. Jahrhunderts etabliert ist.[6] Zuvor dominierte eine handlungs- und artefaktbasierte Betrachtungsweise, bei der zwar allgemein von Büchern, Schriften, Maschinen usw. die Rede war, womit aber nicht ein abstraktes Objekt, sondern eine Vielzahl roher Artefakte gemeint war, die wir heute als sekundäre »Verkörperungen« des immateriellen Werkes begreifen.[7] Das juristische Pendant dieses früheren Wirklichkeitsverständnisses war das Privileg. Es wird von der inzwischen ganz herrschenden Meinung unter Rechtshistorikern als qualitativ anderes Rechtsinstitut eingeordnet als das »geistige Eigentum«.[8] Auch dieser Rechtsbegriff lässt sich nicht weiter als bis in

---

6 Zum musikalischen Werkbegriff grundlegend *Goehr*, The Imaginary Museum of Musical Works, 1992, 120. Ferner *Jaszi*, Duke L. J. 40 (1991), 455, 471–480; *Kawohl/Kretschmer*, Intellectual Property Quarterly 2 (2003), 209, 221; *Barron*, Social & Legal Studies 15 (2006), 101; *Bracha*, Yale L. J. 118 (2008), 186, 238; *Toynbee*, Music, Social & Legal Studies 15 (2006), 77, 82; *Rose*, Authors and Owners, 1993, 6; *Woodmannsee*, The Author, Art and the Market, 1994, 39; *Edelman*, in: Edelman/Heinich, L'art en conflicts, 2002, 102, 120–1; *Pila*, Modern L. Rev. 71 (2008), 535, 556 (»The history of the copyright system has been described as a history of the law's struggle to come to grips with the subject matter it protects.«); *Sherman/Bently*, The Making of Modern Intellectual Property Law, 1999, 47 m. w. N. aus der britischen Diskussion des 18. Jahrhunderts [»In its pre-modern form, the intangible (as distinct from the areas of law which granted property rights in mental labour) was thought of not as a thing but more as something which was done: or, as it was described at the time, a form of action or performance.«]; *Bosse*, Autorschaft als Werkherrschaft, 2014, 7; *Thierse*, Weimarer Beiträge 36, 1990, 240, 246; *Hesse*, Daedalus 131 (2002), 26; inzident auch E. *Ulmer*, Urheber- und Verlagsrecht, 1980, 11 (die Vergeistigung des Gegenstandsbegriffs habe »sich vollzogen, seitdem man zu unterscheiden gelernt hat zwischen den Werkstücken, die als Sachkörper Gegenstand des Eigentums sind, und dem Werk, das als unkörperliches Gut Gegenstand des Urheberrechts ist«); *Wadle*, in: ders., Beiträge zur Geschichte des Urheberrechts, 2012, 11, 18 (»Die Neubewertung der schöpferischen Kraft der Autoren basierte letztlich auf der Trennung von Werk und Werkstück und ermöglichte eine deutliche Scheidung der Interessen des Werkschöpfers einerseits und des Werkverwerters andererseits.«).

7 Zu dieser Begrifflichkeit und Ontologie näher *Peukert*, Kritik der Ontologie des Immaterialgüterrechts, 2018, 39 ff.

8 Vgl. *Wadle*, in: ders., Geistiges Eigentum I, 1996, 119 m. w. N.; *ders.*, in: ders., Beiträge zur Geschichte des Urheberrechts, 2012, 29, 33 (die Sattelzeit um 1800 als Zeit der Herausbildung des modernen Urheberrechts); *Klippel*, ZGE/IPJ 2015, 49, 55 m. w. N.; *May*, Prometheus 20 (2002), 159, 161; *Galvez-Behar*, La république des inventeurs, 2008, 21; *Renouard*, Traité des droits d'auteur, 1838, 5.

das späte 18. Jahrhundert zurückverfolgen.[9] Und in der Tat ist das eine nicht ohne das andere zu haben. Vor der Herausbildung des abstrakten (»geistigen«) Werk- und Erfindungsbegriffs war das »geistige« Eigentum schlicht und ergreifend undenkbar: ohne immaterielles Objekt kein geistiges Eigentum.[10]

Unternimmt man den Versuch, das Urheberrecht ausgehend von seiner – so die Hypothese – vorgestellten Wirklichkeit zu historisieren, stößt man wiederum auf Vorbedingungen, die das juristische Reden und Denken in Kategorien eines abstrakt-unkörperlichen Werks möglich machten. Aus den zahlreichen Umständen, die zur Herausbildung der exzentrischen, von einem britischen Richter noch im Jahre 1769 als »wild« qualifizierten[11] Idee unkörperlicher Objekte beitrugen, ragen drei als besonders bedeutsam heraus:[12]

I. Neue Technologien

Der maßgebliche Impuls, mit dem wir unsere Geschichte der Vorbedingungen des Urheberrechts und seines Rechtsobjekts beginnen lassen, ging vom technischen Fortschritt aus (der selbstverständlich seinerseits Entstehungsvoraussetzungen hatte, usw.). Auf einer recht allgemeinen Ebene ist weithin anerkannt, dass das Urheberrecht als Reaktion auf die Erfindung und Verbreitung von Reproduktionstechnologien begriffen werden kann.[13] Doch lässt sich dieser Befund präzisieren:

Die Rede von Memo- bzw. Gedächtnistechniken belegt, dass bereits das menschliche Erinnerungsvermögen sowie sein Training in diesen Zusammenhang gehören. Mit ihnen sind Menschen in der Lage, Mitteilungen zu reproduzieren, die auch allgemein bezeichnet werden, z. B. mit dem Namen eines oral tradierten Mythos. Da die Reproduktion aber im menschlichen Körper stattfindet, werden diese Techniken bis heute primär als menschliche Aktivität wahrgenommen. Schon dies hindert die Entstehung einer auf geistige Inhalte

---

9 Zur Geschichte des Begriffs »geistiges Eigentum« *Bosse*, Autorschaft als Werkherrschaft, 2014, 7; *Gieseke*, Vom Privileg zum Urheberrecht, 1995, 115; *Pahlow*, Geistiges Eigentum, in: HRG I, 2008, Sp. 2010. Die Begriffe Urheber- und Patentrecht stammen sogar erst aus dem 19. Jahrhundert; vgl. *Köbler*, FS Wadle, 2008, 499, 519, 523.

10 *Hesse*, Daedalus 131 (2002), 26 (»The prevailing theories of knowledge and of political legitimacy made such rights inconceivable.«).

11 *Millar v Taylor* (1769) 4 Burrow 2303, 2357 (Yates, J.); dazu *Sherman/Bently*, The Making of Modern Intellectual Property Law, 1999, 19.

12 Die folgenden Ausführungen beruhen auf Exzerpten aus *Peukert*, Kritik der Ontologie des Immaterialgüterrechts, 2018, 74.

13 Statt aller *Zech*, Information als Schutzgegenstand, 2012, 167; ferner *Sherman/Wiseman*, Copyright and the Challenge of the New, passim, 2012.

bezogenen Objektidee.[14] Parallel dazu fehlt aus juristischer Sicht ein Regulierungsbedürfnis, das wie das (geistige) Eigentum stets einen spezifischen Objektbezug aufweist.[15] Es genügt zu regeln, wer etwas wissen und mitteilen darf. Schon näher rückt die Idee des abstrakt-geistigen Objekts, wenn dieses »Etwas« in Schriftzeichen bzw. Schriften niedergelegt und diese – wie auch andere Artefakte – händisch kopiert werden können.[16] Denn dann gibt es nicht nur eine allgemeine Bezeichnung etwa für einen Mythos oder ein Werkzeug, sondern mehrere konkrete Objekte, die es zu benennen und dadurch zu ordnen gilt. Durch das Speichermedium Schrift steigen sowohl die Zahl origineller Erst-Artefakte als auch die Zahl ihrer Kopien stark an, weil nicht mehr alles vom begrenzten Erinnerungsvermögen einzelner Menschen abhängt. Es gibt dann nicht mehr nur einen Mythos, sondern viele Tragödien und hierauf aufbauend eine neue abstrakte Ebene, nämlich den idealen Typ einer Tragödie.[17] Dieser Typus nimmt in der Poetik des *Aristoteles* bereits die objekthafte Gestalt einer geschlossenen Einheit mit einem Anfang, einer Mitte und einem Ende ein.[18]

Zugleich fällt auf, dass antike und mittelalterliche Schriften in der Regel keinen vom Verfasser gewählten Titel trugen, der zum Signifikanten für ein abstraktes Objekt hätte avancieren können.[19] Ohnehin ist weder aus der Antike noch aus dem Mittelalter ein Urheber- oder Patentrecht im heutigen Sinne überliefert.[20] Das liegt, wie zu zeigen sein wird, nicht nur daran, dass es zu diesen

---

14 Zu oralen Gesellschaften *Ong*, Orality and Literacy, 2012, 32 (mit Hinweis darauf, dass das hebräische Wort »dabar« zugleich »Wort« als auch »Ereignis« bedeute), 42.

15 Dazu *Rognstad*, Tidsskrift for Rettsvitenskap 129 (2016), 518.

16 Zur Erfindung und Bedeutung von Schrift vgl. *Ong*, Orality and Literacy, 2012, 77 (die Erfindung der Schrift habe einen »kontext-freien«, »autonomen« Diskurs ermöglicht); zur Bedeutung der Entwicklung des phonetischen Alphabets a.a.O., 90 (»The alphabet ... has lost all connection with things as things. It represents sound itself as a thing, tranforming the evanescent world of sound to the quiescent, quasi-permanent world of space.«); *McLuhan*, Gutenberg Galaxy, 1962, 183; *Luhmann*, Gesellschaft der Gesellschaft, 1998, 249; *N. Hartmann*, Das Problem des geistigen Seins, 1949, 414; ferner *Zech*, Information als Schutzgegenstand, 2012, 169.

17 Zu unterschiedlichen Graden abstrakten Sprechens und Denkens in oralen Gesellschaften und Schriftkulturen *Ong*, Orality and Literacy, 2012, 49 m. w. N.

18 *Aristoteles*, Poetik, 2008, 12; *Thierse*, Weimarer Beiträge 36 (1990), 240, 245, 247; *Pudelek*, Werk, in: Barck u. a., Ästhetische Grundbegriffe VI, 2010, 530. Entsprechend zur Aufwertung des Notentextes vom reinen Hilfsmittel der Musik zum primären Repräsentanten des Opus *Pudelek*, Werk, in: Barck u. a., Ästhetische Grundbegriffe VI, 2010, 557. Noch eine Schicht tiefer reicht Ongs Behauptung, bereits die Ideenlehre Platons sei eine Folge der durch Schrift ermöglichten Abstraktionen und zugleich eine Abkehr von oralen, handlungsbasierten Denkweisen; vgl. *Ong*, Orality and Literacy, 2012, 79 m. w. N.

19 *Rothe*, Der literarische Titel, 1986, 34; *Ong*, Orality and Literacy, 2012, 123.

20 *Gieseke*, Vom Privileg zum Urheberrecht, 1995, 3 (die Bedeutung des Geisteswerkes sei im Prinzip erkannt gewesen, zur rechtlichen Anerkennung vom Manuskriptmaterial unabhängiger Rechtsobjekte aber sei es nicht gekommen).

Zeiten am Innovationsgedanken und an einer Marktwirtschaft fehlte.[21] Für die Ausbildung des Urheberrechts in seiner heutigen Form mangelte es bereits an Reproduktionstechnologien, die ein spezielles Regulierungsbedürfnis auslösten, auf das zu späteren Zeiten mit Privilegien und schließlich mit Immaterialgüterrechten reagiert wurde. Die Zahl derjenigen, die schreiben konnten, war verhältnismäßig klein.[22] Sowohl der Einsatz dieser Technik wie auch anderer Handwerkstechniken ließen sich wirksam durch die Regulierung des Zugangs zum Erwerb bzw. zur Ausübung dieser Fähigkeiten kontrollieren. Der anspruchsvollen Konzeption eines Eigentums an einem abstrakt-unkörperlichen Objekt bedurfte es hierfür nicht.

Diese Situation änderte sich erst an der Schwelle zur frühen Neuzeit, als Maschinen erfunden wurden, die menschliche Arbeitskraft in größerem Umfang ersetzten und die zugleich nachgebaut werden konnten. Nunmehr genügte es aus wirtschaftspolitischer Sicht nicht mehr, nur die besonders befähigten Handwerker zu kontrollieren. Zusätzlich bzw. präziser musste geregelt werden, wer z. B. die »Kunst« der Entwässerung von Bergwerken in Böhmen »machen«,[23] Windmühlen[24] errichten und nicht zuletzt Bücher drucken darf bzw. soll.[25] Beim Buchdruck, aber auch beim Kupferstich und vergleichbaren Technologien kam hinzu, dass ihr Sinn und Zweck gerade darin bestand, massenhaft Artefakte zu (re)produzieren. Dadurch potenzierte sich die Zahl der allgemeinen Artefaktbezeichnungen exponentiell. Neben den Werkzeugen und Maschinen, die ihrerseits – wenn auch mit einigem Aufwand – nachgebaut werden konnten, wurden nun in immer größerer Geschwindigkeit immer größere Zahlen unterschiedlicher Grafiken, Bücher und Schriften hergestellt. All diese wiederum reproduzierbaren Artefakte mussten voneinander unterschieden und hierzu mit speziellen Titeln versehen werden. Diese allgemeinen Bezeichnungen wiederum fanden in Privilegien Verwendung, die die Herstellung und weitere Nutzung der Reproduktionstechnologien sowie ihrer Erzeugnisse regulierten.

Wie groß der Einfluss dieser technologischen Entwicklungen und ihrer sprachlichen Verarbeitung auf die Herausbildung der Idee des abstrakten Werks ist, lässt sich am zeitlichen Zusammenhang zwischen der Erfindung einer Reproduktionstechnologie und der Anerkennung ihres Outputs als eines

---

21 Unten II und III.
22 *Houston*, Literacy, 2014, 1.
23 *Silberstein*, Erfindungsschutz und merkantilistische Gewerbeprivilegien, 1961, 43, 56.
24 Zu einem venezianischen Privileg zur Errichtung von Windmühlen aus dem Jahr 1332 *May*, Prometheus 20 (2002), 159, 174.
25 Zum Buchdruck *Eisenstein*, The Printing Revolution, 2. Aufl. 2012; *Ong*, Orality and Literacy, 2012, 116 (»Print suggests that words are things far more than writing ever did.«); *McLuhan*, Gutenberg Galaxy, 1962, 237. Zur Verbesserung der Papierherstellung im späten 18. Jahrhundert *Bosse*, Autorschaft als Werkherrschaft, 2014, 124.

eigentumsfähigen Immaterialguts ermessen. Druckschriften waren seit dem
15. Jahrhundert Gegenstand von Privilegien und stets der prominenteste und
häufig auch erste Anwendungsfall des frühen Urheberrechts. Noch heute stehen sie an der Spitze der in § 2 Abs. 1 UrhG aufgelisteten Werkkategorien. Die
in § 2 Abs. 1 Nr. 2 aufgeführten »Werke der Musik« haben diesen abstrakten
Status erst nach den Sprachwerken erlangt, weil Musik noch im 18. Jahrhundert primär als ephemeres Ereignis des Musizierens und Hörens aufgefasst
wurde. Diese Wahrnehmung änderte sich erst unter dem Eindruck des massenhaften Drucks von Notenblättern in der zweiten Hälfte des 18. Jahrhunderts.[26] Was wir heute unter den Begriff der bildenden Kunst subsumieren,
konnte zwar seit jeher händisch und seit dem 15. Jahrhundert auch drucktechnisch kopiert werden, was bereits in der Renaissance die Frage nach dem
Status des Originals und seines Erzeugers aufwarf.[27] Die massenhafte, origi-
nalgetreue Vervielfältigung von Gemälden und Plastiken aber ließ noch lange
auf sich warten, und noch heute unterscheidet die Kunsttheorie parallel zu
vorhandenen bzw. nicht vorhandenen Kopiertechniken zwischen autografi-
schen und allografischen Kunstwerken, also solchen, bei denen jede korrekte
Kopie (z. B. eines Fotos) oder aber nur ein ganz bestimmtes Artefakt (z. B. das
originale Ölgemälde) als Exemplar des Werkes *gilt*.[28] Der Umstand, dass bil-
dende Kunst im 18. Jahrhundert anders als die Rede eines Autors bzw. die
Ausdrucksform eines Gedankens noch nicht Gegenstand der maschinellen
Massenreproduktion war, dürfte auch *Kant* und *Fichte* dazu veranlasst haben,
diesen Sektor ausdrücklich von ihren Theorien zur Rechtfertigung von
Nachdruckverboten auszunehmen.[29] Der dominante, singuläre Status des
Originals stand der Anwendung des abstrakten Werkbegriffs auf den Bereich
der bildenden Kunst noch lange Zeit im Weg.[30]

Der Konnex zwischen der Erfindung von Technologien zur massenhaften
(Re)Produktion praktisch ununterscheidbarer Artefakte einerseits und der
Herausbildung auf diese Artefakte bezogener Kategorien abstrakter Immateri-

---

26 *Bach v Longman* (1777), in: Bently/Kretschmer, Primary Sources on Copyright; *Kawohl/
   Kretschmer*, Intellectual Property Quarterly 2 (2003), 209, 214; *Barron*, Social & Legal Studies
   15 (2006), 101, 119; *dies.*, Social & Legal Studies 15 (2006), 25, 39 unter Bezugnahme auf
   Herder, 1769; *Kawohl*, in: Sanio/Scheib, Form – Luxus, Kalkül und Abstinenz, 1999, 136 ff.;
   Schuster, Das Urheberrecht der Tonkunst, 1891, 16, 21 (»Mithin ermangelte es bei Musikalien
   fast immer des Objectes, welches eines Schutzes, nach damaliger Anschauung wenigstens,
   fähig gewesen wäre.«), 26.
27 Dazu *Thierse*, Weimarer Beiträge 36 (1990), 240, 247.
28 *Schmücker*, Was ist Kunst?, 2014, 186 m. w. N., 199.
29 *Kant*, Werke IV, 1922, 212, 220; *Fichte*, UFITA 106 (1987), 155, 164.
30 *Teilmann-Lock*, The Object of Copyright, 2015, 120 (erst im frühen 20. Jahrhundert habe sich
   die heute herrschende Vorstellung vom abstrakten Werk der bildenden Kunst im Urheberrecht durchgesetzt).

algüter andererseits lässt sich an vielen weiteren Beispielen zeigen, die bis in die Gegenwart reichen. Die seit dem späten 19. Jahrhundert bestehende Möglichkeit, Töne und Abbildungen der äußeren Wirklichkeit auf Ton- und Bildträgern zu fixieren und diese zu kopieren, hat eine ganze Reihe neuer Werkarten und »verwandter« Schutzgegenstände hervorgerufen, nämlich Lichtbild- und Filmwerke, Werke der Tanzkunst, Lichtbilder, Darbietungen ausübender Künstler, Tonträger, Sendesignale und Bildträger.[31] All diese Schutzgegenstände fanden erst Eingang in das Recht, nachdem Töne und Bilder zu reproduzierbaren Artefakten geworden waren.[32] Die Digitalisierung hat die Liste der verwandten Schutzrechte um zwei neue Einträge verlängert, nämlich um Datenbanken und jüngst Presseerzeugnisse, die durch gewerbliche Anbieter von Suchmaschinen und äquivalenten Anbietern öffentlich zugänglich gemacht werden.[33]

II.   Von der namenlosen Nachahmung zum genialen Werk

Die vorgenannten Beispiele belegen, welche begriffliche und regulatorische Dynamik vom technischen Fortschritt ausgeht. Mit IP-Rechten reagieren Gesetzgeber auf neue Reproduktionstechnologien und diesbezügliche Regulierungsbedürfnisse. Mit dieser Beobachtung wird allerdings keine monokausale Beziehung behauptet. Technologien zur massenhaften Hervorbringung äußerlich identischer bzw. weitestgehend ähnlicher Artefakte sind ein notwendiger, aber kein hinreichender Grund für die Entstehung der Idee des abstrakten Immaterialguts. Allein der Umstand, dass zwischen der Erfindung des Buchdrucks und dem französischen Revolutionsgesetz zum Urheberrecht mehr als dreihundert Jahre vergingen, zeigt, dass es weitere Ursachen für die exzentrische, lange Zeit undenkbare Vorstellung eines unkörperlichen Kunstwerks und anderer abstrakter Immaterialgüter geben muss.[34]

Eine weitere, nunmehr sozial-epistemische Voraussetzung für diesen Zug ist die Auffassung, dass Menschen überhaupt etwas Neues schaffen können, statt nur Gottes Plan auszuführen oder die Natur nachzuahmen. Denn erst auf der Grundlage dieser Vorstellung werden neue Artefakte als etwas Erstrebenswertes, als ein »Gut« wahrgenommen, das rechtlich durch Privilegien und schließlich

---

31 § 2 Abs. 1 Nr. 3, 5 und 6 sowie §§ 72, 73 ff., 85 f., 87, 94 f. UrhG.
32 Siehe dazu die Beiträge in *Sherman/Wiseman*, Copyright and the Challenge of the New, 2012, passim; zur Geschichte der verwandten Schutzrechte auch *Rehbinder/Peukert*, Urheberrecht und verwandte Schutzrechte, 18. Aufl. 2018, Rn. 672.
33 §§ 87a ff., 87 f ff. UrhG.
34 So auch *Pohlmann*, Die Frühgeschichte des musikalischen Urheberrechts, 1962, 121.

durch das geistige Eigentum zu schützen ist, und zwar zugunsten des idealty-
pisch genialen Autors – des säkularen Schöpfers.[35]

Der Antike war solches Denken fremd. Erfindungsreichtum bei der Lösung
von Problemen oder bei der Verbesserung der Kriegstechnik wurde zwar geschätzt. Männer mit solchen Fähigkeiten wurden ingeniosus (πολύμητις) genannt.[36] Doch wurden ihre Leistungen letztlich nicht der Originalität, Kreativität
usw. des betreffenden Akteurs zugeschrieben. Alle technisch-ästhetischen
Leistungen hatten stets nur einen verweisenden Sinn, keinen ihnen eigenen
Aussage- und Wahrheitsgehalt.[37] Das gilt für das alte Ägypten[38] ebenso wie für
das antike Griechenland, wo *Aristoteles* zwar die Tragödie als ein Ganzes defi-
nierte (s. o.), aber zugleich festhielt, dass

> »[e]pische und tragische Dichtung also, außerdem die Komödie, die Dithyramben-
> dichtung und der größte Teil der Kunst des Aulos- und Kitharaspiels […] grundsätzlich
> alle Nachahmungen [sind]. […] Sofern der Dichter etwas nachahmt – genauso wie ein
> Maler oder ein anderer bildender Künstler –, hat er genau drei (mögliche Arten von
> Gegenständen), von denen er immer eine bestimmte wählen muss: entweder er stellt
> etwas so dar, wie es war oder ist, oder so, wie man sagt und meint (, dass es ist), oder so,
> wie es sein müsste.«[39]

In dieser Welt schöpft der Mensch nicht »ex nihilo«. In ihm und durch ihn sind
andere Kräfte am Werk, die bewirken, dass die Natur nachgeahmt oder der
Wahrheit des ewigen Ideenreiches Ausdruck verliehen wird.[40] »Die Möglichkeit,
am Kunstwerk etwas nur da Aufgehendes zu erfahren, ist noch ungedacht, das
Werk ist noch kein Medium der Selbsterkenntnis und Selbstbestätigung des
Menschen.«[41] Es ist eingebunden in ein schicksalhaftes Wirken des Menschen, in
eine Gesellschaftsordnung, die keine vom Menschen ausgehende Innovation
kennt.

Diese Ordnung des Denkens und der Dinge beginnt sich erst im späten
Mittelalter zu ändern.[42] Im frühen 15. Jahrhundert sieht *Nikolaus von Kues* selbst
in den recht profanen Produkten eines Löffelmachers etwas in der Natur nicht

---

35 *Plumpe*, Archiv für Begriffsgeschichte XXIII, 1979, 175.
36 *Grimm/Grimm*, Deutsches Wörterbuch, Bd. 3, 1860, Sp. 800; *Pudelek*, Werk, in: Barck u.a.,
    Ästhetische Grundbegriffe VI, 2010, 536; *Ortland*, Genie, in: Barck u.a., Ästhetische
    Grundbegriffe II, 2001, 664.
37 *Blumenberg*, in: ders., Ästhetische und metaphrologische Schriften, 2003, 9, 27; *Thierse*,
    Weimarer Beiträge 36 (1990), 240, 244. Zum Eigentum in diesem Sinne *Menke*, Kritik der
    Rechte, 2015, 40.
38 *Pottage/Sherman*, Figures of Invention, 2010, 25 mit Fn. 24.
39 *Aristoteles*, Poetik, 2008, 3, 36f.
40 *Ortland*, Genie, in: Barck u.a., Ästhetische Grundbegriffe II, 2001, 665 m. w. N.
41 *Blumenberg*, in: ders., Ästhetische und metaphrologische Schriften, 2003, 9, 27.
42 *Gieseke*, Vom Privileg zum Urheberrecht, 1995, 10 (seit dem 13. Jahrhundert hätten einzelne
    Sänger ein Bewusstsein ihrer Urheberschaft entwickelt).

vorgegebenes Neues.[43] Im 16. Jahrhundert werden Analogien von Gott und Künstler häufiger;[44] besonders erfolgreiche Akteure wie *Dürer* signieren ihre Werke und fordern, man dürfe sich »alieni laboris et ingenii« nicht unautorisiert aneignen;[45] die Rede vom schöpferischen »Genie« beginnt das mittelalterliche Ingenium zu verdrängen;[46] und Autoren erhalten Privilegien für die von ihnen verfassten Schriften.[47]

Trotzdem hat sich *Pohlmanns* Lesart dieser Ereignisse, wonach das Urheberrecht ein Kind der Renaissance sei, nicht durchsetzen können.[48] Das liegt nicht nur am umstrittenen historischen Befund, wie häufig Autorenprivilegien im Vergleich zu Verlegerprivilegien waren und ob nicht auch sie im Kontext von Zensur und absolutistischer Wirtschaftskontrolle gelesen werden müssen.[49] Entscheidend ist vielmehr die Erkenntnis, dass es nicht genügt, nur auf den Status des innovativ oder kreativ Tätigen zu blicken. Vielmehr muss darüber hinaus gefragt werden, ob im 16. Jahrhundert auch die Idee des abstrakten Werks vorhanden war, das als Objekt für sich selbst besteht und aus sich selbst heraus verständlich ist.

Das aber ist nicht der Fall. Selbst in den Künstlerbiografien des *Giorgio Vasari* bildet die göttliche Inspiration die Quelle des genialen Schaffens.[50] Die Wiedergeburt (sic!) des antiken Denkens ist auch eine Wiederkehr des Gedankens der Nachahmung, gegen die sich das Konzept des authentisch-schöpferischen Menschen erst langsam und mühsam durchsetzen musste.[51] Die »musica poetica« des 16. Jahrhunderts beispielsweise übertrug die aristotelische Konzeption einer abgeschlossenen und nachahmenden Tragödie auf den Bereich der Musik.[52] Noch die französische Barockmusik des 17. Jahrhunderts folgt festen Komponierregeln.[53]

Erst mit der völligen Zersetzung der Mimesis-Idee im 18. Jahrhundert soll das

---

43 Vgl. *Blumenberg*, in: ders., Ästhetische und metaphrologische Schriften, 2003, 9, 13 (von hier aus sei bis zum modernen »Industrial Design« kein Sprung mehr nötig).

44 *Blumenberg*, in: ders., Ästhetische und metaphrologische Schriften, 2003, 9, 13 (Nikolaus von Kues); zur Rolle des Buchdrucks in diesem Zusammenhang *McLuhan*, Gutenberg Galaxy, 1962, 177.

45 *Gieseke*, Vom Privileg zum Urheberrecht, 1995, 28; *Pudelek*, Werk, in: Barck u. a., Ästhetische Grundbegriffe VI, 2010, 538.

46 *Ortland*, Genie, in: Barck u. a., Ästhetische Grundbegriffe II, 2001, 664; *Pudelek*, Werk, in: Barck u. a., Ästhetische Grundbegriffe VI, 2010, 545.

47 *Pohlmann*, Die Frühgeschichte des musikalischen Urheberrechts, 1962, 192 mit Abdruck des Privilegs für Hans Neusidler v. 15.5.1535 a.a.O., 263.

48 Siehe *Pohlmann*, Die Frühgeschichte des musikalischen Urheberrechts, 1962, 19.

49 Vgl. *Schuster*, Das Urheberrecht der Tonkunst, 1891, 10.

50 *Ortland*, »Genie«, in: Barck u. a., Ästhetische Grundbegriffe II, 2001, 671.

51 *Blumenberg*, in: ders., Ästhetische und metaphrologische Schriften, 2003, 9, 16 m. w. N.

52 Zu Listenius' »musica« aus dem Jahr 1533 *Thierse*, Weimarer Beiträge 36 (1990), 240, 248.

53 *Wetzel*, Autor/Künstler, in: Barck u. a., Ästhetische Grundbegriffe I, 2000, 480, 509f.

Kunstwerk nicht mehr nur etwas anderes nachahmen bzw. bedeuten, sondern etwas Eigenständiges *sein* – womit es schließlich einen ontologischen Selbststand erlangt.[54] Dieser Vorgang verläuft parallel zur Herausbildung der romantischen Vorstellung vom Autor, der ein Original schafft, als dessen natürlicher Eigentümer er gilt.[55] Der Schriftsteller gilt sogar als befähigt, Fantasiewelten zu schaffen, die nichts Existentes imitieren.[56] Was das Genie schafft, gilt per definitionem als unnachahmlich, also kann das Werk des Genies keine Nachahmung sein.[57] Wenn aber göttliche, natürliche oder sonst externe normative Vorgaben wegfallen, was ein Kunst- oder Schriftwerk auszeichnet, kann der Sinn dieser Originale nur in ihnen selbst begründet sein.[58]

In England ist es insbesondere *Edward Young*, der diese radikale Konsequenz zieht und das Werk aus allen Bindungen löst. In seiner Schrift »On lyric property« aus dem Jahre 1728 heißt es, der Autor habe nach einer Perfektion »im« Werk zu streben, das als Werk eines Genius nur gelten könne, wenn es »original« sei.[59] Trotz anders gearteter politischer und ökonomischer Rahmenbedingungen wurden im kulturell führenden Frankreich des age classique ganz ähnliche Töne angeschlagen. Rund um die zahlreichen Akademien für Sprache, Malerei und Bildhauerei, Musik und Tanz etablierte sich in der ersten Hälfte des 18. Jahrhunderts ein Diskurs über Merkmale eines »ouvrage excellent«, die nicht von außen an das Werk herangetragen wurden.[60] Während im Deutschland dieser Zeit noch ständische Dichter Regelpoetik betrieben und ihren Mäzenen mit Erbaulichem zu gefallen trachteten,[61] legte *Heinrich Christoph Koch* 1728 den »Versuch einer Anleitung zur Composition« vor, in dem er für die Musik mit der aristotelischen Poetik brach und musikalische Poesie im »inneren Charakter«, im »Geist der Tonstücke« suchte, die wiederum den schöpferischen Geist des Genies reflektierten.[62]

---

54 *Blumenberg*, in: *ders.*, Ästhetische und metaphrologische Schriften, 2003, 9, 45.
55 *Haferkorn*, Archiv für Geschichte des Buchwesens 5 (1964), 523, 631; *Ortland*, Genie, in: Barck u. a., Ästhetische Grundbegriffe II, 2001, 681.
56 *Blumenberg*, in: *ders.*, Ästhetische und metaphrologische Schriften, 2003, 9, 42.
57 *Pudelek*, Werk, in: Barck u. a., Ästhetische Grundbegriffe VI, 2010, 545.
58 *Pudelek*, Werk, in: Barck u. a., Ästhetische Grundbegriffe VI, 2010, 564, mit Hinweis auf das Urheber- und Denkmalschutzrecht; *Ortland*, DZPhil 52 (2005), 773, 783; *Rotstein*, Chicago-Kent L. Rev. 68 (1993), 725, 729, mit Hinweis auf poststrukturalistische Literaturkritik.
59 *E. Young*, in: *ders.*, Conjectures on original composition, 1918, 56. Zu Young und seinem Einfluss auf die deutsche Diskussion auch *Plumpe*, Archiv für Begriffsgeschichte XXIII, 1979, 175, 188; *Ortland*, Genie, in: Barck u. a., Ästhetische Grundbegriffe II, 2001, 680 mit Verweis auf *Joseph Addisson* 1711.
60 Zu den französischen Akademien des 17. Jahrhunderts *Kristeller*, Journal of the History of Ideas 12 (1951), 496, 521; *Höffner*, Geschichte und Wesen des Urheberrechts I, 2010, 251.
61 *Haferkorn*, Archiv für Geschichte des Buchwesens 5 (1964) 523ff., insbes. 651.
62 *Thierse*, Weimarer Beiträge 36 (1990), 240, 251. Zur Herausbildung des abstrakten Musik-

Eine umfassende Theorie zu diesen Ansätzen legte schließlich *Karl Philipp Moritz* 1785 mit seinem »Versuch einer Vereinigung aller schönen Künste und Wissenschaften unter dem Begriff des in sich selbst Vollendeten« vor.[63] Für *Moritz* war es bereits eine historische Tatsache, dass »[m]an [...] den Grundsatz von der Nachahmung der Natur als den Hauptendzweck der schönen Künste verworfen und ihn dem Zweck des Vergnügens untergeordnet [...] hat«. Während der »nützliche Gegenstand« als Ergebnis der »mechanischen« Künste nichts in sich Ganzes oder Vollendetes darstelle, sondern stets auf einen Verwendungszweck hin geschaffen werde, verhalte es sich bei den »schönen« Künsten anders. Deren Ergebnisse seien als etwas »in sich selbst Vollendetes, das also in sich ein Ganzes ausmacht und mir um sein selbst willen Vergnügen gewährt«, zu begreifen. Das Schöne habe »seinen Zweck nicht außer sich« und sei »nicht wegen der Vollkommenheit von etwas anderm, sondern wegen seiner eigenen innern Vollkommenheit«, seiner »inneren Zweckmäßigkeit« da. »*Der Gegenstand muß etwas in sich selbst Vollendetes sein.*«[64] Oder in den Worten *Friedrich Schlegels:* »Gebildet ist ein Werk, wenn es überall scharf begränzt, innerhalb der Gränzen aber gränzenlos und unerschöpflich ist, wenn es sich selbst ganz treu, überall gleich, und doch über sich selbst erhaben ist.«[65] Die einzigen Kriterien, an denen solch »reine« Kunst noch gemessen werden *darf* (!), werden im autonomen Kunstsystem generiert.[66]

Die Entkopplung des Kunstwerks von allen kunstexternen Vorgaben hat weitreichende Konsequenzen. Anders als in der aristotelischen Poetik ist es nunmehr das Werk selbst, das bei der Aufführung und beim Druck Werktreue verlangt. Das Werk setzt die Standards seiner Realisierung selbst. Zugleich können potenziell fehlerhafte Aufführungen, Bücher oder Notenblätter das Werk niemals vollständig repräsentieren. »Das« Werk ist in diesen Exemplaren vielmehr nur akzidentiell verkörpert und existiert hiervon unabhängig.[67] Das zu einem strukturellen Ganzen kristallisierte, zunehmend mit einem unterscheidungskräftigen Werktitel versehene[68] und zugleich rein ideale Werk nimmt sogar

---

werkbegriffs *Goehr*, The Imaginary Museum of Musical Works, 1992, 120; ferner *Barron*, Social & Legal Studies 15 (2006), 25, 40.

63 *Moritz*, in: Jahn, Karl Philipp Moritz: Werke in zwei Bänden I, 1973, 202; dazu *Pudelek*, Werk, in: Barck u.a., Ästhetische Grundbegriffe VI, 2010, 531; *Fontius*, in: Klotz/Schröder/Weber, Literatur im Epochenumbruch, 1977, 409, 417; *Thierse*, Weimarer Beiträge 36, 1990, 240, 252, 254 (»*das* Entstehungsdokument der deutschen Werkästhetik«, Hervorh. im Original).

64 *Moritz*, in: Jahn, Karl Philipp Moritz: Werke in zwei Bänden I, 1973, 203.

65 Zitiert nach *Kölbel*, Text. Kritische Beiträge 10 (2005), 27, 38.

66 *Luhmann*, Kunst der Gesellschaft, 1997, 263, 438; *Kristeller*, Journal of the History of Ideas 12, 1951, 496.

67 Zur Musik *Goehr*, The Imaginary Museum of Musical Works, 1992, 106–119 und 205–242.

68 *Rothe*, Der literarische Titel, 1986, 17, 31 (unterscheidungskräftige Werktitel seit dem 18. Jahrhundert üblich); *Vogt*, Untitled, 2006, 7 (unterscheidungskräftige Werktitel in der bildenden Kunst erst seit 1850 üblich).

eine Art Eigenleben an. Es gilt als »geistiges Kind«, als objektivierter Ausdruck der Persönlichkeit des Autors, das wie jene den Schutz des Gesetzes verdient.[69] Erneut gilt es, diese zweite Bedingung der Möglichkeit der Idee des abstrakten Immaterialguts in einen Kontext zu stellen. Dieser Kontext wird von technologischen Entwicklungen und wirtschaftlichen Umwälzungen gebildet. Die antiken und mittelalterlichen Vorgaben für künstlerisches Schaffen waren unmittelbar mit dem Mäzenatentum als dominanter Form der Finanzierung schriftstellerischer und künstlerischer Tätigkeit verwoben. An die Stelle der vom Mäzen in Übereinstimmung mit der gesellschaftlichen Praxis formulierten Vorgaben für eine Auftragsarbeit trat – zuerst in England – zunehmend der Geschmack des anonymen Publikums, das über Erfolg oder Misserfolg entschied. Künstler wie *Young* und *Moritz*, die ihr Schaffen nicht allein am Markterfolg messen lassen wollten, mussten mithin neue, von ihnen selbst formulierte und an ihresgleichen adressierte Kriterien für »gute« Kunst aufstellen.[70] Die Ironie der Geschichte ist, dass sie mit ihrem romantisch-emphatischen Werkbegriff überhaupt erst die konzeptionelle Grundlage für das eigentumsfähige und damit marktgängige Objekt schufen. Die romantische Zurückweisung aller überkommenen Bewertungskriterien von Kunst und Literatur öffnete der Marktlogik Tür und Tor.[71]

III. Von der dirigistischen Regelung des Wirtschaftens zur Marktwirtschaft

Generell hat die Umstellung der Ordnung der Wirtschaft von einer planerischen Steuerung durch Zünfte, Gilden, die Kirche und feudale Herrscher auf eine dezentral-anonyme Marktwirtschaft entscheidend zur Herausbildung der Idee des abstrakt-unkörperlichen Werkes beigetragen. Neben dem technologischen Fortschritt und der positiven Konnotation des Neuen und Originalen stellt mit anderen Worten *der Markt* die dritte Bedingung der Möglichkeit dieser sozial-institutionellen Innovation dar.

---

69 Vgl. *Schuster*, Das Urheberrecht der Tonkunst, 1891, 79 (Werkteile als »Embryonen«); *Elster*, RabelsZ 6 (1932), 903, 915 (der Schaffende bleibe in seinem Werk kristallisiert); *A. Troller*, UFITA 50 (1967), 385, 409 (»Das ästhetische Werk ist eine selbständige Individualität.«).
70 *Wetzel*, Autor/Künstler, in: Barck u. a., Ästhetische Grundbegriffe I, 2000, 480, 510, 512; *Haferkorn*, Archiv für Geschichte des Buchwesens 5, 1964, 523, 563.
71 *Bourdieu*, in: ders., The Field of Cultural Production, 1993, 112.

1. Wirtschaftsregulierung durch Privilegien und andere Regularien

Bevor die Entscheidung über den Einsatz von Reproduktionstechnologien an die Marktteilnehmer delegiert wurde, dominierte der Gedanke der zentralen Kontrolle sowohl des Wirtschaftens als auch der sonstigen Kommunikation. Seit der frühen Neuzeit waren die Herrschenden allerdings mit dem Problem konfrontiert, dass sie einerseits nicht dauerhaft auf neue Technologien, insbesondere im Bereich der Buch- und Kunstdruckproduktion, verzichten konnten und wollten, andererseits aber die Kontrolle über diese machtvollen Technologien behalten wollten.[72]

Das juristische Instrument zur Bewältigung dieses Problems war das Privileg. Es erlaubte dem Privilegierten, die betreffende Technik einzusetzen, und untersagte dieses Verhalten zugleich allen anderen. Dadurch ermöglichte das Privileg eine gezielte Steuerung von Wirtschaft und Gesellschaft. Es wurde ein Anreiz zur Einführung bzw. Erfindung neuer Technologien und zur Herstellung reproduzierbarer Artefakte wie z. B. Büchern gesetzt, aber dies nur zugunsten ganz bestimmter, handverlesener Personen oder aus dem Mittelalter hervorgegangener, korporatistischer Organisationen, an die zum Teil die Durchsetzung der mit dem Privileg verbundenen Exklusivrechte delegiert wurde.[73] Hiermit eng verknüpft waren Maßnahmen der Zensur. Denn aus dem Privileg ergab sich, welcher Drucker bzw. Buchhändler unter welchen Voraussetzungen welche Schriften drucken und in Verkehr bringen durfte. Dementsprechend waren es überwiegend diese Unternehmer, nicht aber die Schriftsteller und Künstler, denen Privilegien verliehen wurden.[74]

Ihrer juristischen Struktur nach waren Privilegien stets auf *Verhaltensweisen* zur Herstellung und weiteren Nutzung *körperlicher Waren* bezogen.[75] Die Allgemeingültigkeit dieser rohen Regelungswirklichkeit von Privilegien beruht darauf, dass in der frühen Neuzeit noch nicht zwischen Technik und Kunst unterschieden wurde; sämtliche Bereiche wirtschaftlicher Aktivität standen unter der Kontrolle und ggf. privilegierenden Regulierung des lokalen Herrschers.[76] Demgemäß nahm die englische Statute of Monopolies von der grundsätzlichen Abschaffung von

---

72 *May*, Prometheus 20 (2002), 159, 166, 174.
73 *May*, Prometheus 20 (2002), 159, 164.
74 *Gieseke*, Vom Privileg zum Urheberrecht, 1995, 39 m. w. N.; *Bosse*, Autorschaft als Werkherrschaft, 2014, 7 (»In der ständischen Gesellschaft garantierte der Souverän durch seine Privilegien die Nutzung des Werks – in der modernen Gesellschaft ist der Autor an die Stelle des Königs getreten.«).
75 *Gieseke*, Vom Privileg zum Urheberrecht, 1995, 72 (Regulierung nach dem Vorbild der Handwerksordnungen); *Pohlmann*, Die Frühgeschichte des musikalischen Urheberrechts, 1962, 192.
76 *Kostylo*, Commentary on the Venetian Statute on Industrial Brevets (1474), in: Bently/ Kretschmer, Primary Sources on Copyright, 2008; *May*, Prometheus 20 (2002), 159, 169.

Monopolrechten nicht nur Privilegien für »any manner of new manufacture« – also den heute vom Patentrecht erfassten Bereich der technischen Innovation – aus, sondern auch die weiterhin zulässigen Privilegien »for the sole printing of [...] Bookes«.[77] Der Bezug auf physische Artefakte und ihre Herstellung bzw. Nutzung ergibt sich ferner aus der typischen Formulierung von Privilegien, dass zugunsten eines Privilegierten das Verbot ausgesprochen wird, eine bestimmte gedruckte Schrift nachzudrucken sowie entsprechende Nachdruckexemplare einzuführen und zu verkaufen.[78] *Nach*drucken aber bedeutet, dass eine körperliche Vorlage (ein Buch, ein Manuskript) benutzt wird, um nach ihrem Vorbild weitere Exemplare herzustellen. Dieser bis in die Nachdruckdebatten (sic!) des 18. Jahrhunderts gängige, ja dominante Diskurs operiert mit allgemeinen Bezeichnungen für äußerlich identische bzw. ausreichend ähnliche Bücher, Karten usw. Ihm sind Anhaltspunkte für die Vorstellung von abstrakten, unkörperlichen Objekten nicht zu entnehmen. Dass die konkrete Rede- und Betrachtungsweise im 16. Jahrhundert nicht nur technische Juristensprache, sondern generell gängig war, bestätigt *Luthers* Klage über den falschen und deshalb irreführenden Nachdruck.[79]

In Anbetracht der steigenden Zahl neu erscheinender Bücher erwies sich die Praxis des Einzelfallprivilegiums allerdings als zu schwerfällig. An seine Stelle traten im Laufe der Zeit Generalprivilegien für die gesamte Produktion eines Druckers[80] und in den Druck- und Buchhändlerzentren wie Basel, Frankfurt am Main und Nürnberg allgemeine Verordnungen zum Buchdruck. Jene Regularien bezogen sich nicht mehr auf bestimmte Titel, sondern auf alle »Bücher«, die im geografischen Anwendungsbereich der Ordnung gedruckt wurden. Das »Buch« avancierte so zum dominanten Begriff des Privilegienwesens und des Nachdruckdiskurses,[81] auch wenn abweichende Redeweisen wie in der Nürnberger Buchdruckerordnung von 1673, in der vom Nachdruck »sowol privilegirter als unprivilegierter Materien« die Rede ist,[82] eine dauernde Unsicherheit darüber signalisierten, was mit »Buch« gemeint ist. Dies gilt nicht nur für Deutschland,

---

77 Statute of Monopolies, Westminster (1624), in: Bently/Kretschmer, Primary Sources on Copyright, 2008.

78 *Gieseke*, Vom Privileg zum Urheberrecht, 1995, 9; *Hesse*, Daedalus 131 (2002), 26ff.; zu französischen Privilegien vgl. *Renouard*, Traité des droits d'auteur, 1838, 8. In den lateinisch verfassten Privilegien war entsprechend von »libris« die Rede, vgl. Privileg des Erzbischoffs von Würzburg (1479), in: Bently/Kretschmer, Primary Sources on Copyright, 2008.

79 *Luther*, Warnung an die Drucker (1545), in: Bently/Kretschmer, Primary Sources on Copyright, 2008 (»Aber das mus ich klagen vber den Geitz / Das die geitzigen Wenste vnd reubische Nachdrücker mit vnser Erbeit vntrewlich vmbgehen. Denn weil sie allein jren Geitz suchen / fragen sie wenig darnach / wie recht oder falsch sie es hin nach drücken«).

80 *Gieseke*, Vom Privileg zum Urheberrecht, 1995, 39, 75.

81 Vgl. das Register von Schupp, Der Bücherdieb. Gewarnet und ermahnet, Hamburg (1658), in: Bently/Kretschmer, Primary Sources on Copyright, 2008.

82 Nürnberger Druckerordnung (1673), in: Bently/Kretschmer, Primary Sources on Copyright, 2008, 6.

sondern auch für England und Frankreich. Die Ordnungen der in der Stationers'[83] Company vereinigten Londoner Buchdrucker im 16. und 17. Jahrhundert beziehen sich durchweg auf das Drucken von »books« und anderen Schriften wie Karten etc.[84] Die französische Buchhandelsordnung aus dem Jahr 1701 besagt in Artikel 1, dass »[q]u'aucans Libraires, Imprimeurs ou autres, ne pourront faire imprimer ou reimprimer [...] aucun Livre [...]«.[85]

2. Die Herausbildung von Märkten und die Verdinglichung allen In- und Outputs

Solange eine solch dirigistische Wirtschaftsordnung vorherrschte, genügte es, die Herstellung und Nutzung reproduzierbarer Artefakte zu regeln. In einer Marktwirtschaft hingegen folgt die Wirtschaft vollkommen anderen Gesetzen. Hier existiert gerade keine zentrale Institution, die vorgibt, wer was zu produzieren oder zu konsumieren hat. Stattdessen entscheiden die Marktteilnehmer selbst, was sie anbieten und nachfragen. Um diesen dezentralen Transaktionsmechanismus in Gang zu setzen, müssen alle Ergebnisse menschlicher Tätigkeit, die menschliche Arbeitskraft und jeder sonstige Produktionsfaktor, handelbar sein. Denn nur unter dieser Voraussetzung können alle Bedürfnisse auf dem Markt befriedigt und marktkonforme Einkommen erzielt werden. Folglich geht die Entstehung des Marktes mit einer umfassenden Verdinglichung (»Kommodifizierung«) einher. Das heißt, sämtlicher In- und Output wird zur Ware, zu einem »Gut«, an dem fungible Verfügungsrechte bestehen.[86]

Dieser Prozess war auch im hier interessierenden Bereich – dem Einsatz des Buchdrucks und anderer Reproduktionstechnologien – wirksam.[87] Um diese Wirtschaftssektoren den Marktgesetzen zu unterwerfen, mussten die bisher in Privilegien geregelten *Tätigkeiten* von Verlegern, Schriftstellern, Künstlern usw. in handelbare Objekte (»Waren«) verwandelt werden. Die körperlichen Endprodukte der Reproduktionstechnologien (das Buch, der Kupferstich usw.) genügten als Anknüpfungspunkte für diese Kommodifizierung immer weniger.

---

83 Zu den Stationarii, den Handschriftenvermietern an oberitalienischen Universitäten des späten Mittelalters, siehe *Giesecke*, Vom Privileg zum Urheberrecht, 1995, 6.
84 Zitate bei *Osterrieth*, UFITA 131 (1996) [1895], 171, 175 ff.; ferner *Millar v Taylor* (1769) 4 Burrow 2303, 2314 m. w. N.
85 French Royal letters patent (1701), in: Bently/Kretschmer, Primary Sources on Copyright, Art. I, 2008 (»That no Bookseller, Printer or other person may cause to be printed or reprinted anywhere in the Kingdom any Book, without having previously obtained permission to do so in Letters bearing the great Seal.«).
86 Siehe *Polanyi*, The Great Transformation, 1973, 102 ff.
87 In Bezug auf das Urheberrecht *Peukert*, FS 50 Jahre UrhG, 2015, 305; in Bezug auf das Markenrecht *ders.*, FS Fezer, 2016, 405.

Denn dabei wäre der gesonderte (»versunkene«) Aufwand zur Herstellung der ersten Vorlage, des »Master-Artefakts«, unter den Tisch gefallen.[88] Die Sonderstellung dieses originären Inputs wurde umso deutlicher, je effizienter die Reproduktionstechnologien funktionierten und je perfekter und preisgünstiger die Kopien wurden.[89] Zugleich nahm das Bedürfnis nach neuen Artefakten immer weiter zu, je vorherrschender das moderne Epistem der Innovation wurde.[90] Dadurch rückte derjenige, der diese kreative Leistung erbringt – der Urheber – in den Fokus.[91] Der von ihm erbrachte Input an Zeit, Geld und persönlichen Fähigkeiten wird mit dem konkreten Manuskript, das dem Drucker oder Verleger übergeben wird, nicht erfasst. Sein Beitrag ist darin nur *verkörpert*. Er wird verdinglicht zum abstrakten Werk, das als immaterielles Gut auf Märkten gehandelt wird, die wiederum von Märkten für Rohstoffe wie Papier, für Drucker-, Verleger- und Händlerleistungen unabhängig sind.[92]

Doch vergingen mehrere hundert Jahre, bis der Einsatz der Druckpresse vollständig marktwirtschaftlichen Bedingungen unterworfen war. Bis in das 18. Jahrhundert waren die an dieser Technologie beteiligten Akteure in die ständische Wirtschaftsordnung eingebunden. Drucker operierten juristisch auf der Basis von Privilegien (s. o.) und betrieben ihr vertikal integriertes Geschäft durch den Verkauf der hergestellten Bücher.[93] Schreiber und Komponisten bestritten ihren Lebensunterhalt weit überwiegend aus festen Anstellungen und Honoraren, die sie von feudalen Herrschern und anderen Gönnern erhielten. Auch wenn Kopien ihrer Werke im Umlauf waren, so waren sie nicht auf einen Anteil am hieraus erzielten Umsatz angewiesen.[94] In seltenen Einzelfällen wurden ihnen persönliche Privilegien erteilt.[95] Auf jener juristischen Grundlage gelang es auch den Verlegern, die sich im 16. Jahrhundert in einem arbeitstei-

---

88 Zum Begriff des Master-Artefakts vgl. Peukert, Kritik der Ontologie des Immaterialgüterrechts, 2018, 61.

89 *Pottage/Sherman*, Figures of Invention, 2010, 19.

90 Dazu *MacLeod*, Inventing the Industrial Revolution, 1988, 202.

91 *Kawohl*, Urheberrecht der Musik in Preußen (1820–1840), 2002, 41; *Bracha*, Owning Ideas, 2005, 574.

92 *Bosse*, Autorschaft als Werkherrschaft, 2014, 6 (»Gedankenkommerz«); *Plumpe*, Archiv für Begriffsgeschichte XXIII, 1979, 175, 192; *Haferkorn*, Archiv für Geschichte des Buchwesens 5 (1964), 523, 613; *Hesse*, Daedalus 131 (2002), 26. Für Nachrichten *Habermas*, Strukturwandel der Öffentlichkeit, 1990, 78.

93 *Kiesel/Münch*, Gesellschaft und Literatur im 18. Jahrhundert, 1977, 124. Entsprechendes gilt für die Entwicklung und Herstellung anderer Maschinen.

94 *Gieseke*, Vom Privileg zum Urheberrecht, 1995, 17, 33, 55, 70 (zu Privilegien des 16. Jahrhunderts), 111 (Kantoren und Kapellmeister); *Kiesel/Münch*, Gesellschaft und Literatur im 18. Jahrhundert, 1977, 144; zu Hofkomponisten *Pohlmann*, Die Frühgeschichte des musikalischen Urheberrechts, 1962, 21.

95 *Schuster*, Das Urheberrecht der Tonkunst, 1891, 10; *Gieseke*, Vom Privileg zum Urheberrecht, 1995, 110.

ligen Prozess von den Druckern und Buchhändlern abgespalten hatten, ein eigenes, bereits marktbasiertes Auskommen zu finden.[96]

Dieses in die ständische Gesellschaft eingebettete Wirtschaften begann sich erst im 18. Jahrhundert aufzulösen. An die Stelle des in Patronageverhältnisse eingebundenen Schriftstellers, Komponisten und Künstlers tritt der freischaffende Autor, der seine Werke unter Vermittlung von Verlegern und anderen Intermediären der entstehenden bürgerlichen Öffentlichkeit – dem Publikum – offeriert.[97] Er agiert am Markt für bestimmte Schriften oder Kompositionen im Wettbewerb mit anderen Autoren und ist für sein Überleben als Autor darauf angewiesen, ein marktkonformes Einkommen zu erzielen.[98]

Was aber hat der Schreiber zu verkaufen? Wie kann er sicherstellen, dass er seine versunkenen Kosten in die Abfassung des Manuskripts, die Komposition usw. amortisieren und Gewinne machen kann, mit denen er seine weitere Tätigkeit vorfinanziert? Abgesehen von vorübergehenden Versuchen der Direktvermarktung ohne zwischengeschaltete Verleger[99] war es lange Zeit nur das konkrete Manuskript, die körperliche Sache, die der Autor anzubieten hatte. Transaktionen, bei denen ein Manuskript gegen eine Einmalzahlung ausgetauscht wird, wecken jedoch keinen Gedanken an ein abstraktes Immaterialgut. Noch immer dreht sich alles um rohe Artefakte, die in der einen oder anderen Weise benutzt – beschrieben, bemalt, gedruckt, nachgedruckt, verkauft usw. – werden.

Der Gegenstand der Transaktion und damit auch die Wahrnehmung des Leistungsergebnisses des Autors änderten sich erst, als an die Stelle des einmaligen Manuskripthonorars ein wiederkehrendes Absatzhonorar trat. Denn dann erfolgte die Zahlung des Verlags nicht mehr für den Erwerb des Eigentums an einer körperlichen Sache, sondern für die wiederkehrende Nutzung eines anderen Gutes, das in allen verkauften Exemplaren verkörpert, aber hiervon doch zu unterscheiden war.[100]

---

96 Vgl. *Kiesel/Münch*, Gesellschaft und Literatur im 18. Jahrhundert, 1977, 124; *Gieseke*, Vom Privileg zum Urheberrecht, 1995, 63, 69.

97 Zur bildenden Kunst *Luhmann*, Kunst der Gesellschaft, 1997, 262. Zur Literatur *Kiesel/Münch*, Gesellschaft und Literatur im 18. Jahrhundert, 1977, 77; *Fontius*, in: Klotz/Schröder/Weber, Literatur im Epochenumbruch, 1977, 409, 498; zum Verschwinden von Widmungen in Schriften ab den 1760er Jahren *Haferkorn*, Archiv für Geschichte des Buchwesens 5 (1964), 523, 619, 634. Zur Musik *Pohlmann*, Die Frühgeschichte des musikalischen Urheberrechts, 1962, 136.

98 *Bosse*, Autorschaft als Werkherrschaft, 2014, 82.

99 Dazu *Kiesel/Münch*, Gesellschaft und Literatur im 18. Jahrhundert, 1977, 149; *Haferkorn*, Archiv für Geschichte des Buchwesens 5 (1964), 523, 643.

100 Für Theaterautoren in Frankreich im 17. Jahrhundert *Gaudrat*, RIDA 221, 2009, 2, 18. Für Musik und Texte *Bosse*, Autorschaft als Werkherrschaft, 2014, 61; *Pohlmann*, Die Frühgeschichte des musikalischen Urheberrechts, 1962, 136ff.; *Schuster*, Das Urheberrecht der Tonkunst, 1891, 23. Für Schriftsteller *Haferkorn*, Archiv für Geschichte des Buchwesens 5

Dieser Perspektivwechsel vom Manuskript auf das abstrakte Werk lässt sich für den deutschen Buchmarkt sogar recht präzise datieren. Er ging nämlich einher mit dem Wechsel von einem korporatistischen Tausch- zu einem entgeltlichen »Nettohandel«, den Leipziger Verleger nach dem Ende des Siebenjährigen Krieges 1764 initiierten.[101] Bis zu diesem Zeitpunkt war der Vertrieb von Büchern in den zahlreichen deutschen Einzelstaaten so organisiert gewesen, dass Verleger ihre Bücher gegen andere eintauschten und dadurch in ihrem jeweiligen Heimatterritorium ein recht umfassendes Repertoire anbieten konnten. Unter diesen Umständen kam es nur vereinzelt zum unautorisierten Nachdruck. Außerdem kam ein Absatzhonorar schon deshalb nicht in Betracht, weil der mit dem Autor kontrahierende Verleger keine Umsätze aus dem Verkauf der im Tausch abgegebenen Exemplare erzielte und die endgültigen Absatzzahlen für diese Bücher auch gar nicht kannte. 1764 aber gingen die Leipziger Verleger plötzlich dazu über, ihre Bücher nur noch gegen Entgelt an andere Verleger bzw. Buchhändler abzugeben. Die Änderung des Geschäftsmodells der führenden Verlage rief zum einen unautorisierte Nachdrucke hervor, die von Verlegern veranstaltet wurden, die sich die Leipziger Preise nicht leisten konnten oder wollten. Zum anderen war es auf dieser geschäftlichen Grundlage erstmals möglich, den vollständig entgeltlichen Absatz zur Berechnung der Autorenvergütung heranzuziehen, mit der die Verwertung »des« Werkes abgegolten wurde.

Für den Bereich der Musik sind parallele Kommodifizierungsprozesse insbesondere von *Lydia Goehr* in ihrer Studie »The Imaginary Museum of Musical Works« nachgewiesen worden.[102] Hier ereignete sich die entscheidende konzeptionelle Innovation erst im beginnenden 19. Jahrhundert und damit etwas später als in der Literatur. Sie bestand darin, dass an die Stelle des Verständnisses der Musik als eines ephemeren Ereignisses, das von Instrumentalisten und Sängern ad hoc realisiert wird, die Idee des abstrakten Musikwerks trat, das in Aufführungen und Notenblättern nur akzidentiell manifestiert ist. Auslöser für diesen Perspektivwechsel waren erneut verbesserte Reproduktionstechnologien. Notenblätter und Musikinstrumente wurden zu Massenprodukten, die sich die wachsende bürgerliche Klasse leisten konnte.[103] Sie repräsentierten zuneh-

---

(1964), 523, 631; *Becker*, 1788, zitiert nach *Gieseke*, Vom Privileg zum Urheberrecht, 1995, 174 (»Das einzige Mittel, den Geldeswerth eines Buches zu beziehen, ist aber dieses: daß man so viel Exemplare davon absetze, als das Publikum kaufen will.«).

101 Zum Folgenden *Kiesel/Münch*, Gesellschaft und Literatur im 18. Jahrhundert, 1977, 124; *Haferkorn*, Archiv für Geschichte des Buchwesens 5 (1964), 523, 633 f.; *Gieseke*, Vom Privileg zum Urheberrecht, 1995, 157.

102 *Goehr*, Imaginary Museum, passim, 1992, insbes. 87; ferner *Pohlmann*, Die Frühgeschichte des musikalischen Urheberrechts, 1962, 21 (Beethoven als erster Vertreter des unabhängigen Komponistenstandes).

103 Zum Musikalienverlag im 18. Jahrhundert *Schuster*, Das Urheberrecht der Tonkunst, 1891, 23.

mend »die Musik«, die sich nicht mehr in seltenen Aufführungen unter Anwesenheit des Komponisten-Interpreten, sondern permanent, überall und damit scheinbar zeit- und raumlos ereignete. Zugleich verdrängte der auf den Notenblättern genannte Komponist den Instrumentalisten und Sänger, der zum austauschbaren Interpreten des vorgegebenen Werks herabsank. Komponisten wie *Beethoven* gerierten sich als Genies und wurden als solche wahrgenommen. Ökonomisch waren sie wie die Schriftsteller zunehmend auf Absatzhonorare aus dem Verkauf von Notenblättern angewiesen. Das Gut, dass sie zu Markte trugen, war wie dort das abstrakte Werk, nicht das Manuskript.[104]

Die Vorstellung der bis heute an der Spitze des urheberrechtlichen Werkkatalogs stehenden Sprach- und Musikwerke als abstrakte, unkörperliche Objekte strahlte auf andere Bereiche aus. Wenn Bücher und Notenblätter immaterielle Güter verkörpern, dann gilt Selbiges auch für Skulpturen (Kunstwerke), Maschinenmodelle und Patentschriften (Erfindungen), Stoffmuster und andere Vorlagen für die äußere Gestaltung von Waren (Geschmacksmuster, Design) sowie letztlich für alle reproduzierbaren Artefakte.[105] All diese rohen »Tat-Sachen« stehen nicht mehr für sich, sondern sie zählen fortan als Verkörperungen eines in seinen Grenzen weithin unbestimmten abstrakten Objekts, das in einer unkörperlichen Welt existiert.

Fazit

Zusammenfassend ist mithin festzuhalten, dass es sich beim abstrakten Werk und anderen abstrakten Immaterialgütern nicht um zeitlose Objekte handelt, die nur zu erkennen und vom Recht zu regulieren sind, sondern um gewordene sozial-institutionelle Tatsachen, die lediglich insoweit existieren, als wir seit gerade einmal etwas mehr als 200 Jahren so sprechen und denken, als ob sie existierten. Erst als diese »wilde« semantische Innovation vollzogen war, wurde der Gedanke des geistigen Eigentums möglich. Und so überrascht es nicht, dass die Anwendung der Eigentumsform auf unkörperliche Objekte sich zuerst dort ereignete, wo auch der Werkbegriff voll ausgebildet war: im revolutionären Frankreich des späten 18. Jahrhunderts.[106]

---

104 *Goehr*, Imaginary Museum, 1992, 205.
105 Dazu *Peukert*, Kritik der Ontologie, 2018, 74.
106 Dazu und vergleichend zur Entwicklung im Vereinigten Königreich und in Deutschland *Peukert*, Kritik der Ontologie, 2018, 99, 104.

Christoph Sorge

Die »selbstredende Natur der Sache« – Verlagsrecht aus Produktionsverhältnissen bei Johann Stephan Pütter (1725–1807)

I. Bürgerliches Verlagsrecht als europäisches *ius gentium*

Als die Göttinger Lichtgestalt unter den Reichspublizisten, Johann Stephan Pütter (1725–1807), sein über 200-seitiges Gutachten »Der Büchernachdruck nach ächten Grundsätzen des Rechts« im Jahr 1774 veröffentlicht, ist die Resonanz überwältigend.[1] Die unzähligen Rezensionen[2] und eine noch im selben Jahr bei Vandenhoeck erschienene Übersetzung ins Französische[3] machen deutlich, dass Pütter mit seiner Verlagseigentumslehre aus der »Natur der Sache« eine dogmatische Leerstelle füllt, die sich seit Beginn des 18. Jahrhunderts stetig vergrößert hatte. Das Bedürfnis von Autoren und Erstverlegern nach einem auch vor dem Richter artikulierbaren »geistigen Eigentum« wurde durch die vornehmlich süddeutschen Nachdrucker geweckt, die dem frisch entstandenen wettbewerbsorientierten Buchmarkt immer dichter auf den Fersen waren.

Das Erfolgsrezept von Pütter liegt dabei in seiner einzigartigen Rechtsquellenlehre, die das »geistige Eigentumsrecht« aus der Natur der Sache, aus veränderten gesellschaftlichen Verhältnissen des *gesamteuropäischen Buchmarkts* legitimiert. Zwar fehlte es seinerzeit nicht an Naturrechtsentwürfen *a priori*, die ebenfalls die bürgerliche Wettbewerbs- und Konkurrenzgesellschaft prokla-

---

1 Vgl. darauf folgend noch *Pütters* Kurzfassung der Schrift: Von Bücherprivilegien und ob und wie weit ohne dieselbe Bücher nachzudrucken erlaubt sey?, in: ders., Beyträge zum Teutschen Staats= und Fürsten=Rechte, 1777, S. 241–292, und ein unveröffentlichtes Gutachten für den Verleger Ernst Martin Gräff (1760–1802) zu einem Rechtsstreit über Wielands Werke, abgedr. bei *M. Vogel*, Urhebervertragsrechtsprobleme, in: W. Herschel / H. Hubmann u. a. (Hg.), FS G. Roeber (UFITA Schriftenreihe 63), 1982, S. 423–448.

2 Vgl. nur *N. N.* (Heyne), in: Göttingische Anzeigen von gelehrten Sachen, 1774, Bd. 1, S. 665–669; *N. N.*, in: Schotts unpartheyische Kritik über die neuesten juristischen Schriften, 1775, S. 697–703; *N. N.*, in: Allgemeine deutsche Bibliothek, 1775, S. 427 f.; *N. N.*, in: Frankfurter gelehrten Anzeigen, 1774, S. 409–416; *N. N.*, in: Gothaische gelehrte Zeitungen, 1774, S. 745–749.

3 La propriété littéraire defendue, ou Memoire abrégé dans lequel on examine jusqu'à quel point la contrefaçon peut être légitime, 1774.

mierten und den Nachdruck als rechtswidrig bezeichneten. »Doch weil, was ein Professor spricht, nicht gleich zu allen dringet«[4], konnte vom Katheder mit der Wolff'schen Schulphilosophie genauso gut eine Freiheit *zugunsten* des Nachdrucks vertreten werden. So gelingt es erst Pütter mit seiner empirischen Methode, den »Grundsatz der allgemeinen Nachdrucksfreiheit« als »unbeschränkte Freyheit gestohlne Sachen zu kaufen und zu verkaufen«[5] nicht nur dem Begriff, sondern der sozioökonomische Realität nach zu widerlegen.

Der vorliegende Beitrag versucht, das innovative Moment und die bis heute fruchtbaren Erkenntnisse von Pütters Schrift für das Urheberrecht des 21. Jahrhunderts herauszustellen. Obwohl die Schrift schon häufig Gegenstand urheberrechtsgeschichtlicher Forschung war und in keinem Überblickswerk fehlt, ist der springende Punkt nach der hier vertretenen Ansicht noch nicht hinreichend gewürdigt worden. »Und das ist hier in der That die selbstredende Natur der Sache«[6] – eine rechtsdogmatische Konstruktion für das bürgerliche Verlagsrecht mit dem Anspruch eines europäischen *ius gentium*.[7]

II. Vorgeschichte

1. Allgemeine Vorgeschichte zu Pütters Schrift über den Nachdruck

Das 18. Jahrhundert ist nicht nur als »Sattelzeit«[8] von Absolutismus, Aufklärung und Bürgerlicher Gesellschaft bekannt, sondern wird buchgeschichtlich mit dem Epochenbegriff des »Nachdruckzeitalters«[9] erfasst. Mit Umstellung des Buchmarkts vom Tausch- auf den Nettohandel, einer von holländischen und französischen Großverlegern angestoßenen sowie von den Messen her abrollenden Dynamik in der Zeit von 1760 bis 1790,[10] beginnt der Nachdruck vor allem unter süddeutschen Verlegern zu blühen.[11] Ursache ist in erster Linie ein grundlegender Wandel von Typus und Geschmack des Publikums. Anders als in den

---

4 *F. Schiller*, Die Taten der Philosophen, in: Die Horen 11 (1795), S. 29, 30.
5 *Pütter*, Der Büchernachdruck nach ächten Grundsätzen des Rechts, 1774, Vorrede, S. III [n. pag.].
6 *Pütter*, Büchernachdruck (Fn. 5), S. 45.
7 So bereits *D. Schwab*, Das Geistige Eigentum zwischen Naturrecht und Positivierung, in: L. Pahlow / J. Eisfeld (Hg.), FS Klippel, 2008, S. 35, 41 f.
8 *Koselleck*, Einleitung, in: O. Brunner u. a. (Hg.), Geschichtliche Grundbegriffe, Bd. 1, 1972, S. XV.
9 Vgl. nur *Goldfriedrich*, Geschichte des deutschen Buchhandels, Bd. 3, 1909, S. 2; *Gieseke*, Vom Privileg zum Urheberrecht, 1995, S. 158–161; *Wittmann*, UFITA 106 (1987), 109–135.
10 *M. Vogel*, AGB 19 (1978), 2, 51 f.; *Rosenstrauch*, AGB 26 (1985), 1, 34 f.
11 *Bappert*, Wege zum Urheberrecht, 1962, S. 263 ff.; *Kiesel/Münch*, Gesellschaft und Literatur im 18. Jahrhundert, 1977, S. 132 f.

verlegerischen Gravitationszentren der deutschen Aufklärung – Halle, Leipzig, Jena, später auch Göttingen und Berlin – mangelt es Verlegern und Druckern im Süden häufig an Lieferanten für solche geistige Ware, die auch in der neuen Lesekultur ankommt. Ein Freizeitpoet und Bildungsbürger will Poesie und Wissen erwerben, seinen »Werther« in der freien Natur konsumieren oder mit Kenntnissen aus Büschings »Neue Erdbeschreibung«[12] im Salon punkten, lässt sich aber mit Erbauungsliteratur oder Schäferromanen nicht mehr hinter dem Ofen vorlocken.[13]

Die exponentiell wachsende Nachfrage im Laufe des 18. Jahrhunderts rechtfertigt die Nachdrucker in ihrem Vorhaben auf ganzer Linie. Wer sonst sollte auch die neuen »Laster der herrschenden Klasse«[14] – wissensdurstige Bibliophilie und ostentative Bibliomanie – ausreichend befriedigen können? Selbst die spätestens ab den 1790er-Jahren auftauchenden »Bücherfabrikanten«[15] unter den Schriftstellern kommen hinter dem Bedarf nicht mehr hinterher. Dass rechtlich und sozialmoralisch der Nachdruck schon seit verlegerischen Kindertagen als verwerflich bzw. unrechtmäßig angesehen wurde, hindert die Geschäftsmänner jedenfalls nicht an ihren gewinnträchtigen Unternehmungen. Die lauteren Erstverleger auf der Gegenseite erhalten allerdings neue Schützenhilfe, jetzt nicht mehr nur vom Stadtrat oder der feudalen Obrigkeit, sondern verstärkt auch von den Rechtsgelehrten des *ius publicum* und den Vernunftrechtlern. So entstehen mit Anbruch des 18. Jahrhunderts erstmalig ausgetüftelte Konstruktionen, die den Büchernachdruck mit der damals schärfsten juristischen Waffe des Bürgertums bekämpfen, nämlich mit dem subjektiven Recht auf Verwertung und Vervielfältigung von Schriftwerken. Das »geistige Eigentum«, schon gut hundert Jahre zuvor wohl gewohnheitsrechtlich bzw. über die Verlegerpraxis anerkannt,[16] wird nun zum quasi-politischen Recht von Gewerbetreibenden und Autoren ausgebildet.

---

12 Der äußerst erfolgreiche, in 11 Teilen erschienene »Weltatlas« des Göttinger Gelehrten Anton Friedrich Büsching (1724–1793) ist dem Nachdrucker Trattner zum Opfer gefallen und dient Pütter gleich in der Vorrede als mahnendes Beispiel (Büchernachdruck [Fn. 5], S. III [n. pag.]).

13 Dazu *Haferkorn*, Zur Entstehung der bürgerlich-literarischen Intelligenz, in: B. Lutz (Hg.), Literaturwissenschaften und Sozialwissenschaften, Bd. 3, 1974, S. 113, 176 ff.; *W. Krauss*, Sinn und Form 1960, 32, 49 ff.

14 *W. Krauss*, Sinn und Form 1960, 32, 78 f.; ferner *Goldfriedrich*, Geschichte III (Fn. 9), S. 250 ff.; *M. Vogel*, AGB 19 (1978), 2, 53 ff.

15 *J. G. Fichte*, Vorlesung: Über das Wesen des Gelehrten und seine Erscheinungen im Gebiete der Freiheit, 1805, abgedr. in: E. Rietzschel (Hg.), Gelehrsamkeit ein Handwerk?, 1983, S. 37, 38.

16 Vgl. aber auch die Kontroverse zwischen Gieseke und Bappert auf der einen und Pohlmann auf der anderen Seite um die Geburtsstunde des modernen subjektiven Urheberrechts, dazu *Wadle*, Neuere Forschungen, in: ders. (Hg.), Geistiges Eigentum, 1996, S. 99, 105 ff., und den Beitrag von *Neuenfeld* in diesem Band. Die *rechtswissenschaftliche Verarbeitung* eines wie

Mit dem allmählichen Abstreifen feudaler Produktions- und Vertriebsfesseln gelingt es der bürgerlichen Markt- und Wettbewerbsgesellschaft seit der Jahrhundertwende immer selbstbewusster, ihre Investitionen in Form von subjektiven Rechten zu artikulieren und nicht nur singuläre Ansprüche beim Kaiser und Fürsten geltend zu machen.[17] Das Herauswachsen des »reinen Verlegers«, der sich schwerpunktmäßig um das kaufmännische Verlagsgeschäft kümmert, ist eine Folge des zunehmend arbeitsteilig organisierten Buchgewerbes. Wo früher noch im örtlichen Drucker Werkstatt, Verlagstätigkeit und Sortiment in einer Hand lagen, beginnt mit den sächsischen Verlegern, allen voran mit Johann Gottlob Immanuel Breitkopf (1719–1794) und seinen beweglichen Lettern, ein Spezialistentum von *buchhändlerischen Verlegern*. Dieser, den Buchhandel aufmischende *Bourgeois* zeichnet sich dadurch aus, dass nur er das nötige Kapital besitzt und die sich nach der Marktlage richtenden Produktionsaufträge beschaffen kann sowie die Leitungs- und Organisationsherrschaft innehat.[18] Der stärker auf einem »counter market«[19] als im lokalen Produktionsumfeld[20] absetzende Verleger wird im 18. Jahrhundert zum Realtypus, schlüpft in die Rolle

---

auch immer vorkonturierten geistigen Eigentums, also das »Theoretisch-Werden« einer geübten normativen Praxis, ist unzweifelhaft erst im 18. Jahrhundert festzustellen. Das vielzitierte Responsum der Leipziger Juristenfakultät von 1685, wo das Ausschließlichkeitsrecht noch aus dem Sacheigentum am Manuskript hergeleitet wird, kann dabei als Gradmesser für die im 17. Jahrhundert rechtsdogmatisch noch unreflektierten Produktionsverhältnisse gelten (abgedr. bei *Pütter*, Büchernachdruck, Fn. 5, S. 128 f.). Letztlich ist die hier vertretene Auffassung schon bei *Pütter* zu finden, der von der »Teutsche[n] Praxin« spricht (a.a.O., S. 152).

17 Vgl. *H. Steindl*, Überlegungen zum Verhältnis von Privatrecht, Gewerbefreiheit und Industrialisierung, in: Vorträge zur Geschichte des Privatrechts in Europa (Ius Commune Sonderheft 15), 1981, S. 76–108.

18 *Kiesel/Münch*, Literatur (Fn. 11), S. 124 ff.; *Rietzschel*, Nachwort, in: ders. (Hg.), Gelehrsamkeit ein Handwerk?, 1982, S. 251 f.; *W. Schröder*, in: Autorenkollektiv (Hg.), Französische Aufklärung. Bürgerliche Emanzipation, Literatur und Bewußtseinsbildung, 1979, S. 86 ff. Besonders im Textilgewerbe fand die Herausbildung eines kaufmännischen Verlegertypus in den deutschen Territorien bereits im Spätmittelalter statt und erlebte eine neue Blütezeit im 17. Jahrhundert. Vgl. dazu *Scherner*, Handwerker und Verleger, in: ders. / D. Willoweit (Hg.), Vom Gewerbe zum Unternehmen, 1982, S. 7–59.

19 *Braudel*, Die Dynamik des Kapitalivus, 1986, S. 51, beschreibt mit dem Begriff des *counter* bzw. *private market* eine qualitativ neue Erscheinungsform der Marktwirtschaft, die sich in Europa zwischen dem 16. und 17. Jahrhundert herausbildet und die kontrollierten Märkte, vor allem Messen und Jahrmärkte, ablöst zugunsten von »Hausindustrie«, Verlagswesen (i. w. S.) und unreglementiertem Fernhandel. Für das Buchverlagswesen dürfte die reduzierte Bedeutung der Leipziger Messe als reiner Kommissions- und Nettohandelsplatz seit den 1790er-Jahren den Umschwung zum *counter market* und einer durchkapitalisierten Literaturproduktion anzeigen; vgl. *Goldfriedrich*, Geschichte III (Fn. 9), S. 231 ff.

20 Den örtlichen Verkauf übernehmen ab dem 17. Jahrhundert verstärkt Buchbinder, die häufig einen großen Sortimentshandel betreiben. Vgl. *F. H. Meyer*, Arch. f. Gesch. d. dt. Buchh. 10 (1886), 159–173.

des formalen Marktteilnehmers und fordert somit direkt oder indirekt auch die Juristen zu dogmatisch elaborierten Stellungnahmen auf.[21]

Den ersten Aufschlag zu einer rechtswissenschaftlichen Durchdringung des »geistigen Eigentums« machen deutsche Rechtsgelehrte im ersten Drittel des 18. Jahrhunderts. Besonders die beiden späten Reichspublizisten und Hallenser Thomasius-Schüler, Nicolaus Hieronymus Gundling (1671–1729) und Justus Henning Böhmer (1674–1749), haben mit ihren Entwürfen zu einer Verlagseigentumslehre die Rechtsbeziehung zwischen Autor und Verleger neu justiert und auf ein tragfähiges dogmatisches Fundament gestellt.[22] Nach den Entwürfen von Gundling und Böhmer[23] versandet zunächst die Diskussion in der Zeit zwischen 1740 bis 1770.[24] Der dreißigjährige Dornröschenschlaf ist zum einen auf den Siebenjährigen Krieg und dessen verheerende ökonomische Folgen, vor allem Pauperismus und ein ab etwa 1756 rasanter Anstieg der Nahrungsmittelpreise, zurückzuführen.[25] Zum anderen entwickelt sich das Buchgewerbe nur schleppend und erlebt erst ab den 1760er-Jahren einen kapitalisierenden Schub, der die Bücherproduktion wieder ankurbelt.[26] Als »Prinz« unter den Rechtsgelehrten, der die Debatte um das Verlagseigentum aus dem Dornröschenschlaf erweckt hat, kann Johann Stephan Pütter (1725–1807) gelten, der große *spiritus rector* des Staatsrechts. Mit seinem Gutachten zum Nachdruck ist Pütter ein Meilenstein auf dem Weg zum Urheberrecht gelungen.[27]

---

21 Zur Autonomisierung und Rationalisierung des Kaufmanns vgl. *Schmoller*, Der moderne Kapitalismus, Bd. 2/1, 2. Aufl., 1916/1987, S. 101 ff.

22 Dessen ungeachtet bleibt der Fokus auch bei der Verlagseigentumslehre auf die Verhinderung des Nachdrucks zum Schutz der Verleger gerichtet. Für die Entdeckung eines vom Autor ausgehenden Urheberrechts brauchte es noch »kleiner Klassenkämpfe« zwischen den vom Mäzenatentum emanzipierten Autoren, die »ökonomische Schriftstellerei« (F. Schiller) als Lohnarbeit betreiben, und den größeren Verlagshäusern, denen es marktwirtschaftlich-strukturell um größtmöglichen Gewinn gehen musste. Als Reaktion auf diese Entwicklung sei an Klopstocks Selbstverlag erwähnt, dazu *Tietzel*, Literaturökonomik, 1995, S. 183–186; vgl. ferner: *Goldfriedrich*, Geschichte III (Fn. 9), 1909, S. 123 ff. zum Einfluss der neuen Bürgerelite *H.-U. Wehler*, Deutsche Gesellschaftsgeschichte, Bd. 1, 1987, S. 204 ff.

23 Für weitere einflussreiche »Konstrukteure« s. *Gieseke*, Privileg (Fn. 9), S. 121–130.

24 *Gieseke*, UFITA 130 (1996), 5, 16 f.; s. die Publikationslücke zum Büchernachdruck in dieser Zeit bei *Rosenfeld*, AGB 11 (1971), 338, 340.

25 *Henning*, Wirtschafts- und Sozialgeschichte, Bd. 1, 2. Aufl. 1976, S. 283.

26 *M. Vogel*, GRUR 1973, 303, 306.

27 Für die Vielzahl an weiteren Schriften *pro et contra* Nachdruck, die ab den 1770er-Jahren erscheinen vgl. die Literaturübersicht des Verlegers Ernst Martin Gräff von 1794, wieder abgedr. in: UFITA 137 (1998), 111, 146 ff.

2.   Göttinger Vorgeschichte zu Pütters Schrift über den Nachdruck

Bevor auf den Inhalt von Pütters Werk, insbesondere auf die Begründung eines
Verlagseigentumsrechts aus Produktionsverhältnissen, näher eingegangen wird,
sei einem Rat Walter Benjamins gefolgt: Ehe man fragt, wie eine Schrift »zu den
Produktionsverhältnissen der Epoche« steht, sollte man fragen, »wie steht sie *in*
ihnen?«[28] Erst die Reflexion auf die eigenen Göttinger Produktionsverhältnisse
erlaubt späterhin auch eine ausgewogene Beurteilung von Pütter für die Herausbildung des Urheberrechts.

a)   Göttingen und das Verlagswesen

Vielleicht lässt sich nicht mehr endgültig klären, ob hinter der vereinigten
»Anzahl der vorzüglichsten Teutschen Buchhändler«, die Pütter laut Selbstbio-
grafie um eine »Darstellung dieses Unfuges«[29] ersucht haben, wirklich die von
Reich gegründete »Buchhandlungsgesellschaft in Deutschland« steckt.[30] Un-
wahrscheinlich ist es jedenfalls nicht, denn Pütter hat seine Schrift bei Vandenhoeck verlegen lassen. Der gemeinsam mit Carl Ruprecht betriebene Verlag
von Anna Vandenhoeck, ausgezeichnet mit einem Privileg für Göttinger Uni-
versitätsdrucksachen[31], war ebenfalls dem Nachdruck ausgesetzt und daher
Mitglied besagter Buchhandlungsgesellschaft geworden. Die auf der Leipziger
Ostermesse 1765 beschlossenen Statuten der Gesellschaft, welche Vandenhoeck
neben 51 weiteren dänischen, schweizerischen und deutschen Verlegern unter-
zeichnet hatte, können dabei als eines der frühesten Zeugnisse von Selbstregu-
lierung der bürgerlichen Gesellschaft gelten.[32]

---

28 *Benjamin*, Der Autor als Produzent, in: D. Schöttker (Hg.), Walter Benjamin. Medienäs-
    thetische Schriften, 2002, S. 231, 233 [Hervorheb. i. O.].
29 *Pütter*, Selbstbiographie, Bd. 2, 1789, S. 606.
30 Dahingehend die Vermutung von *Bosse*, Autorschaft ist Werkherrschaft, 2014, S. 157 f. Note
    130. Zur umtriebigen »Buchhandlungs=Gesellschaft« s. *F. H. Meyer*, Arch. f. Gesch. d. dt.
    Buchh. 12 (1889), 201–300, u. 13 (1890), 213–244. *Neusüß*, Gesunde Vernunft und Natur der
    Sache, 1970, S. 84 Note 23, verweist sogar auf einen Briefentwurf Pütters vom 18. 6. 1773, in
    dem er sich bei »Monsieur Reiche, Libraire très renommé à Leipzig« für die 50 Dukaten als
    Gegenleistung für seine Arbeit bedankt (Archiv: SUB Göttingen, Cod. MS 2° Philos. 182).
31 Ursprünglich plante die Universität eine »Gelehrten-Buchhandlung« mit eigener Verlagstä-
    tigkeit. Die Idee einer aus Göttinger Professoren bestehenden Sozietät wurde jedoch schnell
    wieder aufgegeben und man einigte sich mit Abraham Vandenhoeck, dessen Geschäft nach
    seinem Tod 1750 von seiner Frau weitergeführt wurde, vgl. *W. Ruprecht*, Väter und Söhne,
    1935, S. 81 ff.
32 Erstes Grundgesetz der neuerrichteten Buchhandlungsgesellschaft, Statuten der Leipziger
    Ostermesse 1765, S. 8 (Digitalisat, SUB Göttingen: https://gdz.sub.uni-goettingen.de/id/
    PPN616110383?tify={%22view%22:%22info%22}, abger. 20.4.18). Siehe aber auch die Re-
    formvorschläge von Leibniz zum Buchhandel, *Stein-Karnbach*, AGB 23 (1982), 1189–1418;

Auch Pütter selbst war vom Nachdruck betroffen. Zwar wurde nicht die bei Vandenhoeck erschienene Nachdruckschrift nachgedruckt, doch berichtet er in seiner Biografie von einem ähnlich kuriosen »Beyspiel [...], das beinahe einzigartig in seiner Art war.«[33] So bekam eine Frankfurter Verlegergesellschaft[34] das Manuskript des bei dem Göttinger Victorinus Bossiegel in der ersten Auflage 1754 erschienene Kompendium zum Staatsrecht, die »Elementa iuris publici germanici«, schon vor Drucklegung in die Hände. Pütter beeilte sich, nachdem er davon Kenntnis erlangt hatte, im leicht modifizierten Vorwort den nicht genehmigten Nachdruck explizit zu rügen, wobei die Nachdrucker nunmehr das um die Rüge gekürzte neue Vorwort ebenfalls nachdruckten.[35]

b)   Pütter als Reichspublizist und gelehrter Schriftsteller an der Georgia Augusta

Die Erfolgsgeschichte der Göttinger Verleger[36] geht Hand in Hand und ist schicksalhaft verwoben mit Pütters Lehranstalt, der 1737 gegründeten Georg-August-Universität im Kurfürstentum Hannover. Dank des universitären Kurators und Ministers Gerlach Adolph von Münchhausen (1688–1770) und seiner äußerst geschickten Rekrutierungspolitik gelang es der Georgia Augusta, ab Mitte des 18. Jahrhunderts zu einer der führenden Universitäten der Aufklärung aufzusteigen. Adlige und bürgerliche Studenten aus ganz Europa wurden dabei nicht nur von großen Naturforschern wie Johann Friedrich Blumenbach angezogen, sondern wollten auch am Ruhm der Göttinger Reichspublizisten partizipieren, die zu jener Zeit die Hallenser Fakultät längst überflügelt hatten.[37] Unter dem liberalen Klima, das von Münchhausen und der Beamtenmonarchie Hannovers gepflegt wurde, konnte eine kleine »Gelehrtenrepublik« gedeihen, die

---

zu seiner immaterialgüterrechtlichen Auffassung, s. *Meder*, UFITA 2016, 7–34, u. *ders.* in diesem Band, S. 105–114.

33 *Pütter*, Selbstbiographie, Bd. 1, 1798, S. 270.

34 Die »Nachdruckcompagnie« ging auf die Initiative des Frankfurter Romanciers, Aufklärers und Verlegers Daniel Christian Hechtel (1711–1763) zurück. Auf dem Titelblatt von Pütters nachgedruckten »Elementa« wird das Unternehmen ausgewiesen als »Francofurti ad moenum, sumtibus societatis«.

35 *Pütter*, Selbstbiographie, Bd. 1, 1798, S. 270. Der Kurator der Göttinger Universität Münchhausen erwirkte daraufhin ein erfolgreiches Amtshilfeersuchen von Georg II. für ein Nachdruckverbot bei der Stadt Frankfurt; abgedr. bei *Pütter*, Büchernachdruck (Fn.5), S. 158 f.

36 Vgl. *Raabe*, Universität und Buchhandel, in: ders. (Hg.), Bücherlust und Lesefreuden, 1984, S. 36–50.

37 *C. Link*, Rechtswissenschaft, in: R. Vierhaus (Hg.), Wissenschaften im Zeitalter der Aufklärung, 1985, S. 120, 133 ff.; *Sellert*, Rechtswissenschaft und Hochschulpolitik – Münchhausen und die Juristische Fakultät, in: J. v. Stackelberg (Hg.), Zur geistigen Situation der Zeit der Göttinger Universitätsgründung 1737, 1988, S. 57–84.

sich zum einen in der für damalige Verhältnisse luxuriös ausgestatteten Universal-Bibliothek widerspiegelte,[38] zum anderen aber auch in den Publikationen der Professoren zum Ausdruck kam. Hervorzuheben sind unter den 25 in Göttingen verlegten Zeitschriften zwischen 1781 und 1790 die »Gelehrten Anzeigen« mit ihren ausführlichen Besprechungen von englischen und französischen Novitäten aus verschiedensten Wissenschaftszweigen sowie die von Schlözer herausgegebenen »Stats-Anzeigen« mit ihrer schonungslosen Fürstenkritik.[39] Nicolais Lagerkatalog von 1787 weist Göttingen immerhin den achten Platz von gut hundert Zeitschriften zu, wenn es nach der Titelanzahl deutscher Verlagsorte geht.[40]

Ein wichtiger Faktor für die beachtliche Literaturproduktion im Universitätsmilieu war die nicht nur formal festgeschriebene, sondern auch in der Praxis liberal gehandhabte Zensurpolitik.[41] Wenn die Statuten der Juristischen Fakultät von 1737 verkünden, dass nur der Dekan ohne »Regierungsvorbehalt« und Polizeihoheit der theologischen Fakultät die Bücherzensur für »zwei Groschen« Honorar pro Druckbogen vornimmt,[42] so ist das ein großer Vertrauensvorschuss von Münchhausen. Inoffiziell zahlt der Lehrkörper diesen Vorschuss auch zurück, indem Münchhausen dennoch viele Werke überobligatorisch zur Prüfung vorgelegt wurden. Die juristische Fakultät, das »Lieblingskind«[43] von Münchhausen, mauserte sich ab 1763 zur großen Literaturmanufaktur mit Pütter an der Spitze.[44] Neben medizinischen Publikationen waren es vor allem die juristischen Schriften – Kompendien, Enzyklopädien, Lehrbücher und Monografien im Stil des *mos Gottingensis* –, mit denen der vornehmlich das Fachpublikum und nicht den Bildungsbürger umwerbende Buchmarkt in Göttingen punkten konnte.[45]

---

38 Auf Anregung von Münchhausen sollten die Dozenten auch Anschaffungswünsche äußern, und unter der Leitung des Bibliothekars Heyne wuchsen die Bestände von 50.000 im Jahr 1763 auf 200.000 im Jahr 1812; dazu *Marino*, Praeceptores Germaniae, 1995, S. 7 ff.; *Rollmann*, Der Gelehrte als Schriftsteller, 1988, S. 16 ff.

39 *Raabe*, Universität (Fn. 36), S. 44 ff.; *Rollmann*, Gelehrte (Fn. 38), S. 83 ff., 110 f.

40 S. dazu *Raabe*, Zum Bild des Verlagswesens in Deutschland in der Spätaufklärung, in: FS Göpfert, 1982, S. 129, 140.

41 Vgl. *Wricke*, Die Aufsicht über das Bücher- und Pressewesen im Kurfürstentum und Königreich Hannover von den Anfängen bis 1848, 1973, S. 62 ff.

42 Zweispr. abgedr. bei *Ebel*, Die Privilegien und ältesten Statuten der Georg-August-Universität zu Göttingen, 1961, S. 112, 124. Im königlichen Universitätsprivileg heißt es dann auch zu diesem großen Vertrauensvorschuss, dass »Wir [Georg II.] es ankommen lassen, daß nichts anstößiges noch bedenkliches darin sey.« (a.a.O., S. 28, 34).

43 *Hammerstein*, Jus und Historie, 1972, S. 317.

44 *Lösel*, Die Frau als Persönlichkeit im Buchwesen, 1991, S. 53 f.; *Ruprecht*, Väter (Fn. 31), S. 89 f.

45 *Rollmann*, Gelehrte (Fn. 38), S. 118 ff. Dass die Göttinger Schriftsteller weniger für die Aufklärungsbedürftigen und mehr für das schon aufgeklärte Fachpublikum schrieben, in dieser Hinsicht also den Humanisten ähnelten, lässt sich u. a. am Sortiment des Diete-

c)   Pütter als Anwalt der Verleger – oder auch in eigener Sache?

Wirft man zuletzt noch die Frage auf, ob Pütter seine Schrift gegen den Nachdruck ausschließlich als »Anwalt der Verleger« oder auch mit einem gewissen
materiellen Eigeninteresse als Autor verfasste, so kann zur Beantwortung ein
Blick auf die damaligen Professorengehälter in Göttingen helfen. Im Vergleich
etwa mit der Königsberger Universität, wo selbst Kant noch 1770 mit einem
dürftigen Jahressalär von gut 166 Talern auskommen musste, erging es den
Göttinger Gelehrten jedenfalls innerhalb der eigenen Zunft nahezu fürstlich.[46]
Insbesondere die Rechtsgelehrten hatten ab Mitte des 18. Jahrhunderts ein sehr
gutes Auskommen. Nur die theologischen und philosophischen Dozenten, die
ihre geringen Grundgehälter nicht einmal mit Kolleg- und Promotionsgeldern
aufstocken konnten, verdienten sich über Nebeneinkünfte aus Autorenhonora-
ren, auch für belletristische Schriften, häufig etwas hinzu.[47]

Was Pütter selbst angeht, so wuchs sein Jahresgehalt im Erscheinungsjahr der
Schrift zum Nachdruck 1774 auf 1.000 Reichstaler, mit seinem Ordinariusposten
des Spruchcollegiums ab 1797 sogar auf 1.200 Reichstaler.[48] Wird berücksichtigt,
dass die Kaufkraft des Talers in jener Zeit umgerechnet 30 Euro oder einem Paar
einfacher Schuhe entsprach und das Göttinger Mindesteinkommen 1790 bei
etwa 111 Talern lag, kann Pütter trotz stetiger Konsumgüterverteuerung in jener
Zeit zur »oberen Mittelschicht« gezählt werden.[49] Vor diesem Hintergrund ist ein
geldwertes Eigeninteresse, wenn auch nicht völlig auszuschließen, so doch äußerst gering für Pütters Motivation zu veranschlagen. Soziales Kapital durch
wissenschaftliche Reputation, aber vor allem auch die Grundüberzeugung von
den *force propres* der bürgerlichen Markt- und Wettbewerbsgesellschaft, dürften
dagegen für Pütter ausschlaggebend gewesen sein, gegen nachdruckende
»Hehler und Stehler«[50] vorzugehen.[51]

rich'schen Verlags ablesen, wo die »massenwirksame« Belletristik vornehmlich als verlags-
fremde Ware angeboten wurde. Vgl. *Willnat*, AGB 39 (1993), 1, 77 f. u. 228 ff.

46 *Ebel*, Memorabilia Gottingensia, 1969, S. 85.

47 *Rollmann*, Gelehrte (Fn. 38), 1988, S. 59 ff.

48 *Frensdorff*, Art. Pütter, Johann Stephan, in: ADB 1888, S. 749, 753; eingehend *Ebel*, Der
Göttinger Professor, 1975, S. 38 f.; *Hochheimer*, Göttingen nach seiner eigentlichen Be-
schaffenheit, 1791, S. 22 f., rechnet sogar mit der (eher unglaubhaften) Summe von 12.000
Talern, weil er meint, die außerordentlichen Hinzuverdienste aus Collegien etc. seien die
wahre Quelle des Pütterschen Einkommens. Auch Georg Christoph Lichtenberg bezeichnet
Pütter in einem Brief als den reichsten Professor Göttingens, s. *Willnat*, AGB 39 (1993), 1, 80.

49 Unter Einbeziehung des politischen Faktors und Sozialprestiges zählen Professoren der
Göttinger Spätaufklärung sogar zur städtischen Oberschicht, *W. Sachse*, Göttingen im 18.
und 19. Jahrhundert, 1987, S. 138, 151, 166 f. Zu Kaufkraft und Realeinkommen: *Kiesel/
Münch*, Literatur (Fn. 11), S. 55 ff., *D. Reimer*, Passion und Kalkül, 1999, S. 27 ff.

50 *Pütter*, Büchernachdruck (Fn. 5), S. 39.

51 Vergleichbar mit Lichtenbergs Haltung: »Es ist nicht Privat:Interesse, denn ich bin weder

III.   Verlagsrecht aus Produktionsverhältnissen

Dass Pütter im Kern nicht über das Urheberrecht des Autors, sondern über das
Verlagsrecht der Verleger schreibt, ist unbestreitbar. Warum Pütters Beitrag für
die Herausbildung des subjektiven Urheberrechts dennoch eine so überragende
Bedeutung zukommt, hat einst Martin Vogel auf den Punkt gebracht: Pütters
Schrift sei ein wahres Lehrstück in Sachen evolutionärer Rechtsfortbildung. Er
habe veränderte gesellschaftliche Verhältnisse, die mit statisch gewordenen
Rechtsvorstellungen in Widerspruch geraten sind, über eine empirisch-histo-
rische Erkenntnis- und Legitimationsmethode dynamisiert und in eine neue
Rechtsform übersetzt.[52] Einfacher ausgedrückt ist Pütter wahrscheinlich der
Erste in der (Vor-)Geschichte des Urheberrechts, der das neue sozioökonomische Phänomen eines auf Konkurrenz und Wettbewerb aufbauenden Literaturmarkts *rechtsdogmatisch* und nicht nur philosophisch oder politisch verarbeitet
hat. Das für die gesamte Jurisprudenz des 18. Jahrhunderts eigentlich revolutionäre Moment von Pütters Schrift ist dabei ein juristischer Türöffner namens
Rechtsquellenlehre, mit dem es ihm gelingt, den frisch entstandenen Büchermarkt nicht nur *de lege ferenda*, sondern schon *de lege lata* zu berücksichtigen.

1.   »Natur der Sache« als subsidiäre Rechtsquelle neben Gesetzesrecht und
     ius commune

Die für die Begründung eines ausschließlichen Verlagsrechts entscheidende
Rechtsquelle ist nach Pütter bekanntlich die »Natur der Sache«. Zwar knüpft er
ebenso an die Überlieferung des europäischen *ius commune* an und bedient sich
der Infrastruktur des *Usus modernus pandectarum*. Da jedoch die rechtlich zu
erfassenden und zu regelnden Sachbereiche »marktwirtschaftliche Bücherproduktion und profitorientierter Nachdruck« qualitativ neue gesellschaftliche
Phänomene sind, »bleibt nichts übrig«, so Pütter,

> »als in der Natur der Sache so tief als möglich hineinzugehen, und dann theils allge-
> meine Grundsätze des Rechts der Natur oder auch jene analogische Folgerungen aus
> den gemeinen Rechten, theils das, was etwa gewisse stillschweigend angenommene
> Gewohnheits-Rechte aller oder mehrerer Europäischen Nationen an die Hand geben,
> darauf in Anwendung zu bringen«.[53]

Buchhändler noch Schriftsteller, aber ein warmer Freund von beyden […]«, zit. nach *Willnat*,
      AGB 39 (1993), 1, 112.
52 *M. Vogel*, AGB 19 (1978), 2 63 ff.
53 *Pütter*, Büchernachdruck (Fn. 5), S. 3 f.

Mit der Aufforderung, »so tief als möglich« in die Natur der Sache »hineinzugehen«, propagiert Pütter nun allerdings nicht, wie vielleicht zu vermuten wäre, eine spekulative Wesensschau oder outet sich gar als Anhänger der platonischen Ideenlehre.[54] Auch ein Naturrecht *more geometrico* war ihm fremd. Vielmehr verwendet Pütter eine in Göttingen entwickelte, in Anlehnung an Montesquieus *nature des choses*[55] und gegen Wolffianismus und Gesetzespositivismus[56] gerichtete Argumentationsform, die sich auf statistisches Material und wirtschaftliche Zusammenhänge stützt. Ungeachtet der Bedeutungsvielfalt, mit der die im letzten Drittel des 18. Jahrhunderts beinahe inflationär herangezogene »Natur der Sache« belegt war, betont Pütter folglich eine ganz bestimmte Funktion.[57] Für ihn ist die »Natur der Sache« eine *eigenständige* Rechtsquelle mit *empirischen* Inhalten und dem Ziel, durch *praktische* Argumentation *ungeschriebene* Rechte und Rechtssätze zu legitimieren.[58] Als Göttinger Gelehrter pflegt er auch in dieser Hinsicht eine im Kurfürstentum heimische Rechtstheorie, die man als *historisches Naturrecht mit wechselnden Inhalten* bezeichnen kann.[59] Sie war das Markenzeichen der Georgia Augusta und bildete einen empirischen Gegenentwurf zum axiomatisch-deduktiven Vernunftrecht.[60] Zugleich dient Pütter die »Natur der Sache« zur juristischen *Einkleidung* von soziökonomischen Daten. Er will den Hütern des Rechts, insbesondere den praktisch tätigen Juristen, verständlich bleiben und den fachsprachlichen Kommunikationszusammenhang wahren. Mit »Sache« sind daher die neuen Bewegungsgesetze der Produktions-, Distributions-, Austausch- und Konsum-

---

54 So dagegen die phänomenologische Renaissance der »Natur der Sache« im 20. Jahrhundert, vgl. nur *O. Ballweg*, Zu einer Lehre von der Natur der Sache, 2. Aufl. 1963, insb. S. 43 ff.; allgemein zu diesem Verständnis *R. Dreier*, Zum Begriff der »Natur der Sache«, 1965, S. 102–105.

55 *Montesquieu*, Vom Geist der Gesetze, übers. u. hrsg. v. E. Forsthoff, 1748/1992, Vorwort, S. 6: »Meine Grundsätze habe ich nicht meinen Vorurteilen, sondern der Natur der Dinge entnommen.« Dazu *Clostermeyer*, Zwei Gesichter der Aufklärung, 1983, S. 133 ff.

56 Scharfe Kritik an der »Natur der Sache« aus späterer Zeit daher auch vom skandinavischen Rechtspositivisten *A. Ross*, Theorie der Rechtsquellen, 1929, S. 292 ff.

57 Vgl. *Neusüß*, Vernunft (Fn. 30), S. 18 ff.

58 Zu dieser spezifischen Verwendungsweise im Recht vgl. *Dreier*, Zum Begriff (Fn. 54), S. 98 ff., 119 ff., 126 f.

59 In Anlehnung an *Stammler*, Wirtschaft und Recht nach der materialistischen Geschichtsauffassung, 5. Aufl. 1924, S. 174. Stammler befindet sich ebenfalls noch auf der Linie, die bis zu Leibniz' Reformvorschlag des Privatrechts auf Grundlage eines historischen Naturrechts reicht, s. dazu *Meder*, ZEuP 2016, 687–797.

60 Vgl. *Eisfeld*, Der Gegensatz von naturrechtlichem und historischem Denken, in: ders./Pahlow (Hg.), Grundlagen und Grundfragen des Geistigen Eigentums, 2008, S. 52, 56 ff.; *C. Link*, Johann Stephan Pütter, in: F. Loos (Hg.), Rechtswissenschaft in Göttingen, 1987, S. 75, 84 ff.; *Thieme*, ZRG (GA) 56 (1936), 202, 230 ff. Hierher gehören noch aus dem Göttinger Kreis der Germanist Justus Friedrich Runde (1741–1807), der »Frühpandektistik« Gustav Hugo (1764–1844), aber auch der Popularphilosoph Johann Georg Heinrich Feder (1740–1821).

tionsweisen des kapitalistischen Literaturmarkts, mit »Natur« ist der entsprechende Idealtypus »geistiges Eigentum« für die Sache »kapitalistischer Literaturmarkt« gemeint.[61]

Fragt man sowohl nach den geschichtlichen Grundlagen als auch nach den Fortsetzern von Pütters Rechtsquellenbegriff einer empirischen »Natur der Sache«, so wird eine verschüttete Traditionslinie zutage gefördert, die vom römischen Recht über Leibniz und Göttingen sowie einigen »Historischen Rechtsschülern« bis hinauf zu Rudolf Stammler ins 20. Jahrhundert reicht. Eine entsprechende Theoriegeschichte würde freilich den Rahmen des Beitrags sprengen, sodass an dieser Stelle einige Hinweise zum Ursprung genügen sollen.[62] Die bei Pütter auch in anderen Schriften[63] verwendete Argumentation hat ihren alles entscheidenden Vorläufer in der *naturalis ratio* des klassisch-römischen Rechts, einem Werkzeug zur Fortbildung des positiven Rechts.[64] So heißt es etwa in den Institutionen des Gaius zum *ius gentium*, also dem wissenschaftlich durchdachten, auf Handelspraktiken des Mittelmeerraums fundierten Rechtssystem: »quod vero naturalis ratio omnes homines constituit«.[65] Diese Feststellung trifft exakt auch Pütters Semantik. Im Rahmen des *ius gentium* ist nämlich unter »Natur« nicht die unbelebte *natura naturans*, sind nicht die »Gesetze des vom Baum fallenden Apfels« gemeint, sondern eben menschlich-soziale, genauer: ökonomische Verhältnisse von einiger Dauer und Festigkeit.[66] Das *ius gentium* als normative Ordnung der römischen Juristen sieht von allen Kulturspezialitäten der bekannten Mittelmeervölker ab und kümmert sich nur noch um solche naturanalogen »Subsistenz- und Austauschformen«, die allen handeltreibenden Gesellschaften gemeinsam sind.[67] Rechtstheoretisch allgemein und nicht mehr auf den Handelsverkehr bezogen wird die der schöpferischen *naturalis ratio* zugrunde liegende Rechtsschicht von den Römern auch als *ius naturale* bezeichnet.

Überblickt man die Verwendungsweisen von *naturalis ratio* und *ius naturale*

---

61 Beinahe 200 Jahre später annähernd ähnlich, indes mit leicht neukantianischer Note ebenso *Radbruch*, Die Natur der Sache als juristische Denkform, in: G. C. Hernmarck (Hg.), FS Laun, 1948, S. 157–176.
62 Zur Geschichte der juristischen Denkform vgl. *Dreier*, Zum Begriff (Fn. 54), S. 35–82; *Schambeck*, Der Begriff der »Natur der Sache«, 1964, S. 12–31-
63 Eingehend dazu *H. Marx*, Die juristische Methode der Rechtsfindung aus der Natur der Sache, 1967, S. 17 ff., 30 ff.
64 Vgl. eingehend *Kaser*, Ius gentium, 1993, S. 57, 59 ff.; *Radbruch*, Natur der Sache (Fn. 61), S. 166 ff.; *Schambeck*, Der Begriff (Fn. 62), S. 16 ff.
65 Gai. Inst., I, 1.
66 Allerdings wird zu Gaius' Zeiten die eigentlich skeptisch-empiristische Denkweise eines *ius humanum* zugunsten des kaiserlichen Machtapparats wieder etwas zurückgenommen. *O. Behrends*, Die Trichotomie, in: J. Hausmann / T. Krause (Hg.), FS Sellert, 2000, S. 11, 27.
67 Vgl. die überaus kenntnisreiche, in den Wertungen aber z. T. sehr »parteiische« Studie von *E. Pólay*, Differenzierung der Gesellschaftsformen im antiken Rom, 1964, S. 233 ff.

im Kontext der Fragmente der klassisch-römischen Juristen, so fällt auf, dass hier zum einen die auch die Tierwelt »ordnenden« biologischen Verwandtschaftsbeziehungen erörtert werden.[68] Zum anderen, und das entspricht wiederum der erwähnten »naturanalogen« ökonomischen Marktstruktur, gehen die römischen Juristen bei den Topoi auf Erwerb und Veräußerung des Individualeigentums (z. B. *occupatio, traditio*) ein.[69] Beides zusammengenommen – Eigentum und Verwandtschaft – sind für das römische Recht deshalb mehr vergesellschaftete Natur als schöpferischer Wille, weil diese Formen für Bürger und Staat als unverfügbare »Vorgegebenheiten« angesehen wurden.[70] Ökonomie in diesem weiten Verständnis, nämlich Hauswirtschaft (οἰκονομία) und Markttausch umfassend, wird im Übrigen selbst noch im historisch-dialektischen Materialismus vorausgesetzt. Denn nur mit einer solchen Voraussetzung lässt sich von einer bewusstseins- und willensunabhängigen Notwendigkeit der »Produktion und Reproduktion des menschlichen Lebens« sprechen.[71]

Die unter dem Begriff »Natur der Sache« stattfindende Renaissance der antiken Denkform *naturalis ratio* ist im 18. Jahrhundert alles andere als ein ideengeschichtlicher Zufall. Sie steht vielmehr in einem direkten Zusammenhang mit der neuen Dominanz eherner Marktgesetze der Bürgerlichen Gesellschaft. In Pütters Epoche hat diese naturanalogen Gesetze wohl keiner besser beschrieben als die französischen Physiokraten, die das Geheimnis des mechanischen Wirtschaftskreislaufs mit dem treffenden Namen des »ordre naturel« bezeichneten.[72]

---

68 Die soziobiologische Komponente tritt allerdings erst bei den Spätklassikern auf, insbesondere in Ulpians *ius naturale*. O. *Behrends*, Die Gewohnheit des Rechts und das Gewohnheitsrecht, in: D. Willoweit (Hg.), Die Begründung des Rechts als historisches Problem, 2000, S. 19, 40 f.

69 Eingehend dazu die wertvolle Studie von *Gradenwitz*, Natur und Sklave, in: Festgabe J. T. Schirmer, 1900, S. 133, 149 ff.

70 Das bedeutet freilich nicht, dass nach den römischen Juristen die Menschen unweigerlich Spielbälle ihrer anthropologischen Triebanlagen wären, sondern nur, dass die daraus folgende Grundordnung vorgegeben ist. Ein »artifizielles« Moment, das humane Veränderung erlaubt, bleibt folglich erhalten. So kommt mit Übertritt in den zivilisierten Gesellschaftszustand auch ein wichtiges normatives Korrektiv hinzu, nämlich die wertorientierte *naturalis aequitas*.

71 Vgl. nur *Marx/Engels*, Die deutsche Ideologie, 1845/1973, MEW 3, S. 29. Verblüffend ist auch die Ähnlichkeit zwischen dem rechtlichen Institutionendenken der akademischen Skeptiker und dem Begriff der Produktionsverhältnisse, s. O. *Behrends*, Gewohnheitsrecht (Fn. 68), S. 51.

72 Dazu eingehend *Sorge*, Die rechtshistorischen Wurzeln des Wirtschaftsmenschen, in: Dieckmann/Sorge (Hg.), Der homo oeconomicus in der Rechtsanwendung, 2016, S. 39, 87 ff.

2.   Übersicht über Pütters Argumentationshaushalt

Im Folgenden wird die Nachdruckschrift nicht *en detail* zu besprechen sein.[73]
Von Interesse ist hier lediglich eine nach Sachgebieten geordnete Übersicht der
maßgeblichen sozioökonomischen Argumente, damit Pütters Argumentationshaushalt aufbereitet und in einem zweiten Schritt mit der Marx'schen Heu-
ristik der Produktionsverhältnisse abgeglichen werden kann. Die relativ un-
systematisch ins Feld geführten »empirischen Beweise« für ein Verlagseigentumsrecht lassen sich dabei grob in drei Gruppen bündeln, namentlich in
volkswirtschaftliche, gewerbespezifische und betriebswirtschaftliche Argumente.

a)   Volkswirtschaftliche Argumente

Einen breiten Raum nehmen zunächst die volkswirtschaftlichen Argumente ein.
Dargelegt werden von Pütter zum einen die wohlstandsfördernden Wirkungen
des arbeitsteilig organisierten Verlagswesens und zum anderen die marktzer-
setzenden Kräfte des ungenehmigten Nachdrucks.
    Obwohl durch technische Rationalisierung bei der Buchherstellung ähnlich
wie nach Einführung von »Bandschnurmühlen«[74] Arbeitsplätze wegfielen,
schaffe das Verlagswesen letztlich mehr Arbeitsplätze als zuvor. Denn durch
Ausdifferenzierung des Büchermarkts entstehe automatisch ein neuer Bedarf in
komplementären Gewerben – »vom Lumpensammler bis zum Papiermacher«[75],
»vom Papiermacher [...] bis zum Buchbinder«[76]. Die aufgrund der arbeitsteili-
gen Produktion bewirkte Spezialisierung sei darüber hinaus nicht nur sehr ef-
fizient, sondern käme auch der Qualität des Endprodukts zugute. Jeder Gewer-
bezweig sei nun mit bloß einem Arbeitsschritt befasst und könne zum »Experten« auf seinem Gebiet werden.[77] Insbesondere in Deutschland sei das
marktwirtschaftlich organisierte Verlagswesen ein bedeutender volkswirt-
schaftlicher Faktor als »Handelszweig und Nahrungsstand«, der »das baare Geld
vom Käufer hinwiederum ziehet, und im Lande behält [...]«.[78] Eine dem Wettbewerb schädliche Monopolisierungswirkung durch das Verlagseigentumsrecht

---

73 Vgl. dazu nur *Gergen*, UFITA 2009/III, 715–744; *Gieseke*, Privileg (Fn. 9), S. 163–166; *Neusüß*,
    Vernunft (Fn. 30), S. 81–93; *Jolly*, Lehre vom Nachdruck, 1852, S. 19–23.
74 *Pütter*, Büchernachdruck (Fn. 5), S. 15.
75 *Pütter*, Büchernachdruck (Fn. 5), S. 16.
76 *Pütter*, Büchernachdruck (Fn. 5), S. 149.
77 *Pütter*, Büchernachdruck (Fn. 5), S. 75 f., wo zugleich die Schwächen des schriftstellerischen
    Selbstverlags aufgewiesen werden.
78 *Pütter*, Büchernachdruck (Fn. 5), S. 149, ein offensichtliches Zugeständnis an die von ihm
    ansonsten nicht vertretene Lehre des Merkantilismus.

sei im Übrigen nicht zu befürchten, da hier ein Unternehmen nicht eine ganze Gattung von Produkten zur ausschließlichen Nutzung und Verwertung erhalte, sondern bloß ein individualisiertes Gedankenprodukt.[79]

Wäre dagegen der willkürliche Nachdruck erlaubt, würde die Qualität der verkauften Bücher hierunter leiden.[80] Es sei der Fortgang der Gelehrsamkeit in den »Europäischen Reichen« bedroht, da schon jetzt in Spanien die gelehrten Schriftsteller kaum noch Erstverleger finden würden, die das Investitionsrisiko bei Gefahr des Nachdrucks übernehmen.[81] Letztlich sei auch das verbraucherfreundliche Preisargument empirisch unhaltbar, da Nachdruckschriften häufig sogar teurer als die originalverlegten abgesetzt würden.[82] Nur als kurzfristiger Scheinvorteil erweise sich daher auch das *prima facie* für den Nachdruck sprechende Argument, der Wettbewerb würde durch mehr Konkurrenz gefördert »je mehr die Industrie durch Nacheiferung gereizet«.[83]

b)　　Gewerbespezifische Argumente

Im Mittelpunkt der gewerbespezifischen Argumente für ein Verlagseigentumsrecht aus Produktionsverhältnissen steht bei Pütter der Vergleich zum Textilgewerbe.[84] Zur analytischen Erfassung der unkörperlichen Ware »Werkschöpfung«, also dem »Inhalt dessen [...], was abgedruckt werden soll«, bedient sich Pütter einer erweiterten Analogie u. a. zur »Tuchfabrik«.[85] Während im Textilgewerbe »Wolle und Farbe« als alleinige Rohstoffe verarbeitet werden, bestünde der »erste Grundstoff (*materia prima*)« im Verlagswesen dagegen nicht nur aus »Papier und Druckschwärze«.[86] Vielmehr sei neben dem »bloß materiellen« auch ein gelehrter »Grundstoff« vorhanden, nämlich »die Frucht der Einbildungskraft« bzw. der »Geschicklichkeit und des Fleisses«, welche den wesentlichen Wert einer jeden Buchpublikation ausmache.[87] Ferner dienen Pütter Münzwesen und unerlaubtes »Nachmünzen« als Anschauungsbeispiele, um den Unterschied zwischen einem Eigentum am körperlichen Werk und der geistigen Schöpfung plausibel zu machen.[88] So wie jeder Handelszweig seine Besonderheiten zu den allen gemeinsamen Merkmalen »Produktion, Distribution und Austausch«

---

79 *Pütter*, Büchernachdruck (Fn. 5), S. 54.
80 *Pütter*, Büchernachdruck (Fn. 5), S. 32 f.
81 *Pütter*, Büchernachdruck (Fn. 5), S. 34.
82 *Pütter*, Büchernachdruck (Fn. 5), S. 39.
83 *Pütter*, Büchernachdruck (Fn. 5), S. 54 ff.
84 *Pütter*, Büchernachdruck (Fn. 5), S. 19 f., 41, 59, 63, 90.
85 *Pütter*, Büchernachdruck (Fn. 5), S. 19.
86 *Pütter*, Büchernachdruck (Fn. 5), S. 19.
87 *Pütter*, Büchernachdruck (Fn. 5), S. 19 f.
88 *Pütter*, Büchernachdruck (Fn. 5), S. 65 ff.

aufweise, sei das Besondere des Verlagswesens der übersinnliche »gelehrte Grundstoff«.[89]

Interessant an Pütters Tatsachenanalogien ist nicht nur der Rekurs auf die hoheitliche Münzprägung oder das verlegerisch organisierte Textilgewerbe, einem Wirtschaftzweig also, der eine entscheidende Rolle für die Herausbildung von Deutschlands Frühkapitalismus spielt.[90] Es ist darüber hinaus der von Pütter hier erwähnte, aus der Chemie stammende Begriff des »Grundstoffs«, der einmal mehr den interdisziplinären Kenntnisstand und die Durchlässigkeit von Natur- und Geisteswissenschaften bei den Göttinger Gelehrten beweist. »Grundstoff« ist das deutsche Synonym für den griechischen Terminus »Element«, also einem einfachen, nicht zusammengesetzten chemischen »Körper«, wie etwa Sauerstoff oder Wasserstoff. Vorreiter für die Entdeckung des modernen Elementbegriffs war der irische Chemiker Robert Boyle (1627–1691), der mit seiner Korpuskulartheorie die ältere, noch auf Aristoteles zurückgehende Vier-Elemente-Lehre revolutionierte.[91] Pütter erfasst nun die geistige Werkschöpfung als gelehrten Grundstoff, der neben den materiellen Stoffen »Druckerschwärze und Papier« im Verlagswesen das maßgebliche ökonomische Element bildet. Damit konstruiert Pütter ein zurechenbares Substrat für das Verlagseigentumsrecht, das die natürlichen Grenzen des Sacheigentums an den gedruckten Exemplaren zu sprengen vermag.

Wenn Pütter das »chemische Analyseverfahren« von Boyle in die Jurisprudenz einführt, dann bedeutet diese Analogie ein wirkungsmächtiges Novum in der Rechtsgeschichte. Erst wesentlich später, nämlich 1860, wird Rudolf v. Jhering ebenfalls die juristische Scheidekunst nach dem Vorbild der »Analyse des Chemikers«[92] weiterentwickeln und zu einer »naturhistorischen Methode«[93] des Rechts verallgemeinern.[94] Dass Jhering sich hier unzweifelhaft an Pütter und den Göttingern orientiert, macht er im Kapitel über die juristische Technik deutlich. Dort »adelt« er den Germanisten und treuen Pütter-Schüler Justus

---

89 *Pütter*, Büchernachdruck (Fn. 5), S. 42.
90 Vgl. *Scherner*, Handwerker (Fn. 18), S. 7–59; für statistisches Material s. *Sombart/Meerwarth*, Art. Hausindustrie, in: Elster/Weber u. a. (Hg.), Handwörterbuch Staatswissenschaften, Bd. 5, 1923, S. 179, 184.
91 Vgl. *J. Weyer*, Geschichte der Chemie, Bd. 1, 2018, S. 466 ff.; eingehend zur Geschichte des Elementbegriffs seit Lavoisier: *Ströker*, Theoriewandel in der Wissenschaftsgeschichte. Chemie im 18. Jahrhundert, 1982.
92 *v. Jhering*, Geist des römischen Rechts, Teil 2, 2. Abt., 4. Aufl. 1883, S. 351.
93 *v. Jhering*, Geist des römischen Rechts, Teil 2, 2. Abt., 1. Aufl. 1858, S. 387.
94 *v. Jhering*, Geist II/2 (Fn. 93), S. 321–414, mit Begriffen wie »Rechts-Körper« und »Rechtsstoff«, »Zersetzung« und »Concentration« des Stoffs, »Elemente«, »Aggregatzustand« und »Volumen«.

Friedrich Runde (1741–1807) als seinen Vordenker und hebt die Bedeutung der Rechtsquellenlehre aus der »Natur der Sache« hervor.[95] Im Fortgang der Untersuchung versucht Pütter, die »chemische Konstruktion« eines immateriellen Substrats für das Verlagseigentum genauer herauszustellen, indem er es zum körperlichen Substrat des Sacheigentums abgrenzt. So liege der Kardinalunterschied beim Substrat »Immaterialgut« in dem Manko einer sinnlich-wahrnehmbaren Naturschranke, die allen körperlichen Gegenständen auf die Stirn geschrieben sei.[96] Dieses Manko an Naturschranke führe jedoch genauso wenig zu einer Gemeinfreiheit des am Immaterialgut begründeten Verlagseigentumsrechts wie ein Jagdnutzungsrecht gemeinfrei wird, nur weil das zugrunde liegende Substrat »Waldgebiet« zu groß ist, um es einzuzäunen.[97] Auch in dieser, aus heutiger Sicht nicht sonderlich spektakulären Analogie erweist sich Pütter seiner Zeit weit voraus. Selbst ein so epochemachender Schüler von Pütter wie Gustav Hugo (1764–1844) wird hinter ihn zurückfallen, wenn er 1799 das Autor- und Verlagsrecht noch grundsätzlich als *res communis* bewertet.[98]

c)   Betriebswirtschaftliche Argumente

Das maßgebliche betriebswirtschaftliche Argument gegen Nachdruck und für ein Verlagseigentumsrecht ist für Pütter das hohe Investitionsrisiko für den Erstverleger, der sich bereit erklärt, ein Manuskript auf den Markt zu bringen. Ist schon die Publikation von gemeinfreien »Bibeln« oder »Gesangbüchern« nicht ohne Wagnis, so sei die Verlagsübernahme eines noch unbekannten Autors wegen des kaum zu kalkulierenden Umsatzes für den Verleger »weit grösserer Ungewißheit und Gefahr unterworfen«.[99] Werde dann zu wenig abgesetzt, wirke sich das nicht nur auf die Marge »(lucrum cessans)« aus, sondern verursache für

---

95 *v. Jhering*, Geist Geist II/2 (Fn. 93), § 41, S. 413.
96 *Pütter*, Büchernachdruck (Fn. 5), S. 49: Diese »Art des Eigenthums, die der Verleger an seinem Verlagsrecht hat, [ist] nicht so beschaffen [...], daß es derselbe so, wie etwa ein anderer Eigenthümer allenfalls sein Geld einschliesset, oder sein Gut umzäunet, oder mit Mauren, Thor und Graben umgibt, so auch *physice* für fremde Anmassungen verwahren könnte«.
97 *Pütter*, Büchernachdruck (Fn. 5), S. 50f.
98 *Hugo*, Lehrbuch eines civilistischen Cursus, Bd. 2: Naturrecht, 2. Aufl. 1799, S. 232: »Alles, wovon wir die Substanz gar nicht fassen können, ist kein Gegenstand eines Rechtsverhältnisses. Der Gedanke eines Menschen ist von dieser Art; das Papier, worauf er geschrieben oder gedruckt ist, gehört jemand; aber wer dieses gebrauchen darf, der kann auch mit dem Gedanken juristisch machen, was er will, ihn anderen mittheilen, ihn verbessern, verändern u. s. w. [...] [E]rst in neuern Zeiten ist die Vorstellung von einer propriérs littéraire aufgekommen, die aber nur ungeschickter Ausdruck für eine PolizeyEinrichtung seyn kann [...].«
99 *Pütter*, Büchernachdruck (Fn. 5), S. 27.

den Verleger sogar regelmäßig einen Schaden »(damnum emergens)«.[100] Das
Risiko sei für den Verleger besonders groß bei umfangreichen und hochwertig
gedruckten Werken, wo die Herstellkosten »vielleicht sein ganzes Vermögen«
beanspruchen.[101] Berücksichtige man die Risikomomente beim Verlagsgeschäft
in allen Hinsichten, so müsste man eigentlich gesellschaftlich von einem »Spe-
kulationshandel« oder »Hazardspiele«, rechtlich von einem erlaubten »con-
tractum aleae« sprechen.[102]

Der Nachdrucker dagegen hätte betriebswirtschaftlich ein leichtes Spiel.
Seine »ungebundene[n] Hände«[103] müssten sich weder um totes »Capital« sorgen, das wegen verspäteter Manuskriptabgabe nicht arbeiten kann, noch brau-
che er irgendeine Rücksicht auf den Autor zu nehmen, und könne »also wohl-
feilern Preis machen, als der rechtmäßige Verleger.«[104] Ins Unermessliche stei-
gere sich vor diesem Hintergrund das »Risico« des rechtmäßigen Verlegers,
wenn er »für Nachdruck nicht gesichert ist«, zumal die Nachdrucker sich »just
die guten Bücher« zum Kopieren aussuchen, sodass selbst die Möglichkeit einer
betriebsinternen Kompensation für schlecht absetzbare Werke im Verlagsprogramm entfallen würde.[105]

3.   Marx' »Produktionsverhältnisse« und Pütters »Natur der Sache«

Der Titel dieses Beitrags bezeichnet Pütters Strategie, ein Verlagsrecht aus der
empirischen Natur des Büchermarkts abzuleiten, als *Rechtsbegründung aus
Produktionsverhältnissen*. Dies ist keine zufällige Assoziation zur Marx'schen
Dialektik von Produktivkräften und Produktionsverhältnissen. Damit soll vielmehr aufmerksam gemacht werden auf eine Traditionslinie in der Rechtswissenschaft, die tatsächlich eng verwoben ist mit der Geschichte von klassischer
Nationalökonomie und kritischer Gesellschaftstheorie. Die Verlagseigentumslehre Pütters ist einer der frühesten und bedeutendsten Anwendungsfälle für
eine integrative Verschränkung von Jurisprudenz, Ökonomie und Soziologie.

a)   Divergenzen

Freilich klafft zwischen Pütter und Marx nicht nur die Lücke eines ganzen
Jahrhunderts mit ökonomisch-technisch-politischen Umwälzungen, sondern es

---

100 *Pütter*, Büchernachdruck (Fn. 5), S. 28.
101 *Pütter*, Büchernachdruck (Fn. 5), S. 28 u. 30.
102 *Pütter*, Büchernachdruck (Fn. 5), S. 30.
103 *Pütter*, Büchernachdruck (Fn. 5), S. 32.
104 *Pütter*, Büchernachdruck (Fn. 5), S. 32.
105 *Pütter*, Büchernachdruck (Fn. 5), S. 33.

liegt zwischen beiden Köpfen auch ideologisch ein Weltenabstand. Marx prophezeit die bevorstehende Befreiung der Gesellschaft vom Kapitalismus, Pütter will dem kapitalistischen Büchermarkt im Recht erst zur Herrschaft verhelfen.[106]. Ist eine solche Parallelisierung daher nicht völlig schief? Keinesfalls, wenn nämlich *nicht* der *Ziel-*, sondern der *Ausgangspunkt* fokussiert wird, der für beide Denker auf demselben Boden liegt.[107] Zum Verständnis sei nur an die Polemik von Marx gegen einen treuen Schüler Pütters erinnert, den (Mit-)Begründer der Historischen Rechtsschule Gustav Hugo (1764–1844).[108] Hier zielen die Angriffe von Marx ebenso wenig auf den Ausgangspunkt der materialistischen Gesellschaftsanalyse, die Hugo wie Pütter mit umfangreichen sozioökonomischen Erkenntnissen bereichert. Kritisiert wird von Marx *ausschließlich* der »Skeptiker«[109] Hugo mit seiner radikal-relativierenden Methode, wodurch der Anspruch auf jedes »seinsollende Recht« materiellen Inhalts negiert wird: Für Hugo ist alles Positive Recht, er kennt »keine Unterschiede« und jede »Existenz gilt ihm für eine Autorität, jede Autorität gilt ihm für einen Grund.«[110]

Der bei Hugo in der Tat häufig ins Aporetische oder Unkritische umschlagende Positivismus markiert auch schon den Unterschied zur »Normativität des Faktischen« bei Pütter. Die Gefahr nämlich, mit dem Verlagseigentum in den 1770er-Jahren schlechthin ungerechte Zustände zu legitimieren, also den Inhabern der Produktionsmittel von »Geld und Know-how« bloß einen juristischen »Handlangerdienst«[111] zu erweisen, war *seinerzeit* noch nicht gegeben.[112] Weniger tragisch erscheint daher auch, dass Pütter nicht vom Schriftsteller als Produktivkraft ausgeht und zu ausschließlichen Nutzungsbefugnissen des Urhebers kommt, sondern die Produktionsverhältnisse der Verlagsverträge zur Grundlage nimmt und das »geistige Eigentum« im Entstehungszeitpunkt bloß

---

106 Der erwähnte Abstand zwischen Pütter und Marx wird deutlich, wirft man einen urheberrechtlichen Blick auf den Frühsozialisten Louis Blanc (1811–1882) und seinen Artikel »Organisation du Travail« von 1839, wo schon die Trennung von geistiger und körperlicher Arbeit, der Schriftsteller als Spielball von Spekulanten und ein industriell bedingter Pauperismus im Mittelpunkt stehen. Vgl. dazu v. Olenhusen, UFITA 2003/II, 398–440.

107 Wenn *Marx* ausruft: »Wir haben es nie verheimlicht. Unser Boden ist nicht der *Rechtsboden*, es ist der *revolutionäre* Boden« (Die Bourgeoisie und die Konterrevolution, 1848/1970, MEW 6, S. 102 [Herv. i. O.], so sind damit eben die Mitte des 19. Jahrhunderts offensichtlich gewordenen Widersprüche der Eigentümermarktgesellschaft gemeint, die aus den sozioökonomischen Verhältnissen resultieren.

108 *Marx*, Das philosophische Manifest der historischen Rechtsschule, 1842/1974, MEW 1, S. 78–82.

109 *Marx*, Manifest (Fn. 108), S. 79.

110 *Marx*, Manifest (Fn. 108), S. 79.

111 *E. Bloch*, Naturrecht und menschliche Würde, 1961, S. 210.

112 Wie oben geschildert, änderten sich indes die Markt-, Herrschafts- und Machtverhältnisse im Literaturgeschäft mit Anbruch des 19. Jahrhunderts zuungunsten des freien Schriftstellers rapide, sodass es wirklich nur einige Jahrzehnte progressiver Harmonie zwischen Autor und Verleger gegeben haben dürfte.

zurückdatiert, um dabei – eher beiläufig – an den Werken *auch* »ein wahres Eigenthum ihres Verfassers« zu begründen.[113] Wie sich mit den *Umständen* allerdings auch die *Funktion* der Natur der Sache ändern kann, lässt sich am Beispiel Radbruchs im 20. Jahrhundert aufzeigen. Während Pütter seinen Anwendungsfall im Büchermarkt findet und primär den marktkonformen Verlegern zu ihrem Recht verhelfen will, veranschaulicht Radbruch seine Natur der Sache »an der neuen Disziplin des Arbeitsrechts«, um die Machtdisparität zwischen Arbeitgebern und Arbeitnehmern trotz formalisierter Personenrolle im BGB berücksichtigen zu können.[114] Man ist geneigt, die Natur der Sache auf die dritte Feuerbach-These von Marx zu beziehen, indem die Menschen nicht bloß Produkte der Umstände, »veränderte Menschen also Produkte anderer Umstände [...] sind«, sondern, dass »die Umstände eben von den Menschen verändert werden«, wobei ein kleiner Anteil an dieser Veränderung auch dem Rechtsanwender zufallen kann.[115]

Weiterhin versteht Marx zwar ähnlich wie Pütter unter den stets im Plural vorkommenden »Produktionsverhältnissen« auch eine deskriptive Kategorie, womit Verkehrsformen der Produktion, aber auch der Distribution, des Austausches und der Konsumtion beschrieben werden. Jedoch bilden *diese* (heuristisch zu verstehenden) Produktionsverhältnisse bei Marx nur einen Teilausschnitt einer komplexeren Strukturformel, worunter alle materiellen und ideellen »soziale[n] Verhältnisse in Bezug auf die Produktion und das Zusammenwirken von Arbeitskräften und Produktionsmitteln«[116] fallen.[117] Zudem vertritt Marx einen ontologischen Status hinsichtlich der Produktionsverhältnisse. Er räumt ihnen eine vom Bewusstsein der kooperierenden Individuen unabhängige Existenz ein, die – je nach Verfestigung der Praxis – zu einer »zweiten Natur«[118] mutieren können.[119] Normativ gesehen besitzen Produkti-

---

113 *Pütter*, Büchernachdruck (Fn. 5), S. 25; dazu *Vogel*, Urhebervertragsrechtsprobleme (Fn. 1), S. 429 ff.

114 *Radbruch*, Natur der Sache (Fn. 61), S. 174.

115 *Marx*, Thesen über Feuerbach, 1845/1888/1969, MEW 3, S. 533. Nicht verschwiegen werden darf natürlich, dass Rechtsanwendung aus der »Natur der Sache« genauso leicht der Verschleierung von Sonderinteressen zum Opfer fallen kann, um hiermit demokratisch legitimierte Rechtssätze auszuheben. Andersherum wäre es die Wiederkehr des längst ausgeträumten Traums von Jeremy Bentham, durch möglichst detaillierte Konditionalprogramme und dem Appell an strikte Gesetzesbindung würde automatisch gerechtes Recht gesprochen. »Auch der *Richter* gehört zum Gesetz. Wenn die Gesetze sich selbst anwendeten, dann wären die Gerichte überflüssig« (*Marx*, Debatten über Preßfreiheit und Publikation, 1842/1974, MEW 1, S. 28, 61).

116 *H. J. Sandkühler*, Art. Produktionsverhältnisse, in: ders. (Hg.), Europäische Enzyklopädie zu Philosophie und Wissenschaften, Bd. 3, 1990, S. 894, 895.

117 *Marx*, Zur Kritik der Politischen Ökonomie, 1859/1961, MEW 13, S. 3, 8 f.

118 Vgl. nur *Marx*, Das Kapital, Bd. 3, MEW 25, S. 866. Bei *Engels* heißt es »Naturgesetz, das auf

onsverhältnisse in der Marx'schen Theorie, hier ebenfalls anders als in Pütters Rechtsquellenlehre, überwiegend *kein* fortschrittliches Potenzial. Insbesondere im vollendeten Kapitalismus sind sie »subsumierende Destruktivkräfte« und gesellschaftliche Hemmschuhe, die, anstatt von den Menschen beherrscht zu werden, die Menschen selbst beherrschen.[120] Denn nach Marx verhalten sich Produktionsverhältnisse in der Geschichte häufig widersprüchlich zu den Produktivkräften. Dies sei immer dann der Fall, wenn die (werktätigen) Produzenten aufgrund ihrer geistigen Fähigkeiten, körperlichen Fertigkeiten und organisatorischen Möglichkeiten im Verbund mit neuer Technologie eigentlich mehr, besser und vor allem humaner produzieren *können*, als sie es nach den herrschenden Produktionsverhältnissen indes »*dürfen*«.[121]

b) Konvergenzen

Andererseits, und das legitimiert die Verwendung trotz genannter Divergenzen, hebt Marx für *bestimmte* historische Epochen auch die positive Bedeutung von – wiederum *bestimmten* – Produktionsverhältnissen hervor. Da für ihn Produktionsverhältnisse trotz naturanaloger Festigkeit im ständigen Wandel begriffen sind, also Verhältnisse bilden, die entstehen, sich entwickeln und wieder vergehen, gibt es Zeiten, in denen sie (noch) keine »Fesseln« sind, sondern neu aufkommenden Produktivkräften gerade zum Durchbruch verhelfen. Die bedeutendste Epoche für Deutschland in Bezug auf einen progressiven Charakter von Produktionsverhältnissen fällt für Marx wiederum genau in jene Zeit, in der Pütters Schrift zum Nachdruck entsteht.[122] Es ist die Geburt des Neuen – der bürgerlichen Markt- und Verkehrsgesellschaft einschließlich des Büchergewerbes – im Schoß der alten feudalen Subsistenzgesellschaft.[123]

---

der Bewußtlosigkeit der Beteiligten beruht« (Umrisse zu einer Kritik der Nationalökonomie, 1844/1974, MEW 1, S. 499, 515).

119 *K. Bayertz*, Historischer Materialismus, in: M. Quante / D. P. Schweikard (Hg.), Marx-Handbuch, 2016, S. 194, 199ff.

120 Diese Widersprüchlichkeit ist im Zusammenhang mit Warenfetischismus und der Entfremdung des Menschen von der Natur, den Arbeitsprodukten und seinen Mitmenschen zu sehen. Vgl. dazu *Berger/Luckmann*, Die gesellschaftliche Konstruktion der Wirklichkeit, 1980, S. 94–98; *Berger/Pullberg*, Soziale Welt 16 (1965), 97–112; *Lukács*, Die Verdinglichung und das Bewußtsein des Proletariats, in: ders., Geschichte und Klassenbewußtsein, Sonderausg. 1970, S. 170–355.

121 *Marx*, Zur Kritik (Fn. 117), S. 9; dazu *R. Zech*, in: H. Reichelt / ders. (Hg.), Karl Marx. Produktivkräfte und Produktionsverhältnisse, 1983, S. 60, 98ff.

122 Vgl. nur *Marx*, Grundrisse der Kritik der politischen Ökonomie (Rohentwurf), 1857ff./1974, S. 25f.

123 *Marx*, Zur Kritik (Fn. 117), S. 9, sieht in der bürgerlichen Entwicklungsstufe den Abschluss einer »Vorgeschichte der menschlichen Gesellschaft«. In dieser für ihn letzten Stufe des Herauswachsens aus dem organischen Naturzusammenhang kurz vor dem Übergang vom

Pütter erkennt diesen Umschwung von einer bloßen Vorgeschichte zu einer allmählichen Vorherrschaft der bürgerlichen Gesellschaft so klar und deutlich, wie kaum ein anderer Jurist seiner Zeit: »Doch die Buchdruckerey ist eigentlich die Fabrik, welche gelehrte Werke oder andere fürs Publicum bestimmte Schriften so verarbeitet, daß sie jetzt als eine Waare verhandelt werden können.«[124] Mit dieser Passage eröffnet Pütter seine Argumentation für ein Verlagseigentumsrecht aus der Natur der Sache, einem arbeitsteilig organisierten, in Warenform produzierenden Buchgewerbe. Er beendet damit zugleich seine Vorgeschichte des Buches, wo noch »auf kayserlichem Befehl des Tacitus Schriften jährlich zehenmal abgeschrieben werden mußten, um zum öffentlichen Gebrauche in verschiedene Bibliotheken vertheilt [...] zu werden.«[125]

Theoretischer Ausgangspunkt für die Rekonstruktion dieser »modernen« Produktionsverhältnisse sind dabei sowohl für Pütter als auch (noch) für Marx die englischen Klassiker der Nationalökonomie, insbesondere Adam Smith. Obwohl das *Opus magnum* »Wealth of Nations« erst drei Jahre später nach Pütters Nachdruckschrift, nämlich 1776, publiziert wurde, bahnt sich in Göttingen, der norddeutschen Kolonie britischer Denkungsart,[126] schon wesentlich früher eine mit wirtschaftsliberalem Esprit versetzte Kritik der deutschen Kameralistik an. Wenn der Popularphilosoph und enge Freund von Pütter, Johann H. G. Feder (1740–1821), ein Jahr nach Erscheinen des »Wealth of Nations« eine überwiegende Lobesrezension zu Smith schreibt, dann drückt sich darin ein Kenntnisstand utilitaristischer Vorbereiter der klassischen Nationalökonomie aus, namentlich eines John Locke und David Hume, aber auch der französischen Physiokraten.[127] Vor diesem Hintergrund ist es mindestens zweifelhaft, Pütter

---

Kapitalismus zum »Verein freier Menschen« sind alle vorgeschichtlichen Elemente (noch) vorhanden (z. B. Markttausch, aber auch: Verwandtschaft). Daher könne man aus der bürgerlichen Gegenwart auch die gesamte vorbürgerliche Vergangenheit wie »eine Welt aus einem Knopf« rekonstruieren, oder mit Marx gesprochen: »In der Anatomie des Menschen ist ein Schlüssel zur Anatomie des Affen.« (*Marx*, Grundrisse, Fn. 122, S. 26). Zur Verspätung des »gemütlichen Kapitalismus in Deutschland« vgl. im Übrigen *Claessens/Claessens*, Kapitalismus als Kultur, 1979, S. 172 ff.

124 *Pütter*, Büchernachdruck (Fn. 5), § 10, S. 18. Zu spät ist daher der Rekurs auf Kant, der das Phänomen industrieller Bücherproduktion angeblich als erster erwähnt haben soll; so indes C. W. Gerhardt, Auf dem Weg zur Bücherfabrik, in: U. Troitzsch (Hg.), »Nützliche Künste«, 1999, S. 211.

125 *Pütter*, Büchernachdruck (Fn. 5), § 6 II, S. 9.

126 Vgl. *H.-J. Müllenbrock*, Aufklärung im Zeichen der Freiheit – das Vorbild Englands, in: J. v. Steckelberg, Zur geistigen Situation der Zeit der Göttinger Universitätsgründung 1737, 1988, S. 144–166.

127 *Feder*, in: Göttingische Anzeigen von gelehrten Sachen, 1777, Bd. 1, S. 234–240. Äußerst beachtlich und in diesem Zusammenhang erwähnenswert ist aber auch Feders *Kritik*, insbesondere an der Differenzierung von Smith zwischen produktiver und unproduktiver Arbeit (Wohlstand der Nationen, Bd. 2, 1776/1974, hrsg. u. übers. v. H. C. Recktenwald, S. 272 f.). So geht Smith davon aus, dass sich Produktivität allein nach der dauerhaften

aus heutiger Sicht als »unser guter Kameralist«[128] zu bezeichnen, tritt er doch in der Nachdruckschrift gegen obrigkeitsstaatliche Wirtschaftslenkung ein und deckt schonungslos die Schwächen des Privilegienwesens auf.[129]

Ein weiteres sehr bedeutendes Theoriescharnier zwischen Pütter und Marx bildet der Göttinger Agrarökonom, Fortdenker der Kameralistik und Physiker, Johann Beckmann (1739–1811), auf den der Begriff und die Disziplin »Technologie« als Praxistheorie der Naturwissenschaften zurückgeht.[130] Pütter selbst empfahl Beckmann dem Kurator Münchhausen, weil er »so vorzügliche Geschicklichkeit und Anlage zu diesem oeconomischen studio«[131] aufzeige. Die Förderung Beckmanns sollte nicht enttäuscht werden, berücksichtigt man nur das 1782 von ihm herausgegebene Standardwerk der Kameralistik von Johann H. G. v. Justi (1720–1771). Seine darin enthaltenen kritischen Kommentare richten sich zwar nicht prinzipiell gegen Justis Staatsinterventionismus und Wirtschaftsdirigismus, doch weist Beckmann auf die mangelnden ökonomischen Kenntnisse der Bürokraten hin.[132] Marx wiederum fertigte in den 1850er-Jahren umfangreiche Exzerpte in einem sog. Beiheft C über Beckmanns Technologieforschungen an, deren Früchte sich u.a. im berühmten »Maschinenfragment« zeigen.[133]

Ganz allgemein weisen Pütter und Marx frappierende Ähnlichkeiten im Verständnis auf, wie das Verhältnis zwischen Theorie und Praxis auszusehen hat.

Materialisierung der Arbeitstätigkeit in den Gütern bemessen soll. Wer nichts liefert, »womit man später einen gleichen Dienst kaufen oder besorgen« kann, dessen Arbeit sei unproduktiv. In diese Kategorie stellt Smith sodann die »Schriftsteller« mit den »Clowns« zusammen, da beide keine »nachhaltigen« Arbeiten leisten und ihre Tätigkeiten, einmal erbracht, sofort wieder erlöschen würden. Ein Autorrecht an der geistigen Schöpfung wäre für Smith folglich ökonomischer Unsinn. Dagegen dürften Verleger anders zu behandeln sein, da sie aufgrund ihrer »materialisierten« Arbeit mit der Buchherstellung produktiv und somit auch rechtlich schützenswert sind. In seinen »Lectures of Jurisprudence« vertritt Smith aber letztlich eine vermittelnde Position und befürwortet auch die 14-jährige Schutzfrist des *Copyrights* zugunsten des Urhebers nach den *Statutes of Anne*, vgl. *Brühlmeier*, Die Rechts- und Staatslehre von Adam Smith, 1988, S. 95–97.

128 So aber *F. Machlup*, Geleitwort, in: Prosi, Ökonomische Theorie des Buches, 1971, S. 10.
129 *Pütter*, Büchernachdruck (Fn. 5), S. 95ff., 199ff. Obwohl sich die deutschen Verwaltungsökonomen zunehmend auch freihändlerische Ideen zu eigen machen und eine Art Synkretismus pflegen, dürfte Pütter eher auf der Seite des »Smithianers« *Gottlieb Hufeland* stehen, der die Kameralistik »die schrecklichste Geißel des achtzehnten Jahrhunderts« nennt (Neue Grundlegung der Staatswirthschaft, Erster Theil, 1807, Vorwort, S. II [n. pag.]).
130 Dazu *G. Bayerl*, Der Zugriff auf das Naturreich, in: ders. / J. Beckmann (Hg.), Johann Beckmann, 1999, S. 69, 77ff.; zur Vorgeschichte der Technologie, die aus dem Geist der Manufakturperiode herausgewachsen ist: *Borkenau*, Der Übergang vom feudalen zum bürgerlichen Weltbild, 1971, S. 1–96.
131 Brief v. 22.7.1767, zit. n. *Kaufhold*, Johann Beckmann und Göttingen, in: Beckmann (Fn. 130), S. 31, 34.
132 Vgl. *Priddat*, Die unbekannte Seite, in: Beckmann (Fn. 130), S. 119–135.
133 Eingehend *H.-P. Müller*, Unbekannte Exzerpte, in: Beckmann (Fn. 130), S. 227–238.

Beide verwerfen nämlich die vor allem seit Kant vorherrschende künstliche
Trennung zwischen theoretischer Erkenntnis und praktischem Handeln, und
propagieren – vor dem Hintergrund ihres wahrscheinlich ebenfalls gemeinsamen Bezugspunktes Gottfried Wilhelm Leibniz – eine *theoria cum praxi*.[134]

4.   Produktionsverhältnisse und Rechtsverhältnisse

Ein bis zuletzt ungelöstes Rätsel blieb für Marx das Zusammenspiel von materiellen Produktionsverhältnissen und formalen Rechtsverhältnissen. Dass für
ihn, den studierten Juristen, Rechtsverhältnisse weder auf einen Überbau der
Wirtschaft noch auf einen blanken Spiegel ökonomischer Verhältnisse reduziert
werden durften, vermag kaum zu überraschen. Interessanter ist dagegen, dass es
für die ansonsten so omnipotent auftretende Theorie des historisch-dialektischen Materialismus der »eigentlich schwierige Punkt« war, »wie die Produktionsverhältnisse als Rechtsverhältnisse in ungleiche Entwicklung treten«[135]. Als
Frage formuliert heißt das Rätsel: Wie ist es möglich, dass ein rezipiertes rö-
misches Recht aus der (Spät-)Antike moderne industrielle Verhältnisse des
19. Jahrhunderts regeln kann?
   Mit Pütters Nachdruckschrift lässt sich das Rätsel zwar nicht im Allgemeinen
lösen. Allerdings zeigt seine Rechtsquellenlehre, angewandt am Beispiel des
Verlagsrechts, wie »auf allgemeinen Rechtsgrundsätzen, die aus der Natur der
Sache hergeleitet sind«, den römisch-rechtlichen Formen ein neues Substrat aus
den Produktionsverhältnissen gegeben werden kann, auch ohne Rekurs »auf
Positiv-Gesetze, die nur in ein oder anderen einzelnen Ländern gelten«[136].

a)   Juristische Übersetzung: Verlagsvertrag als Grammatik und *Usus modernus* als Rechtsalphabet

Erst im »III. Hauptstück« seines Gutachtens widmet sich Pütter dem Nachweis
der Unrechtmäßigkeit des Nachdrucks und der Rechtmäßigkeit des Drucks
aufgrund eines »wohlerworbenen«[137], »eigenthümlichen«[138] Verlagsrechts. Von

---

134 Wobei sowohl Theorie als auch Praxis ihre jeweils eigenständige Bedeutung beibehalten.
    Ziel ist vielmehr nur eine wechselseitige Durchdringung, damit Theorie praktischer und
    Praxis theoretischer wird. Erwähnte Zusammenhänge können hier freilich nicht weiter-
    verfolgt werden und sind daher als Anzeige eines Forschungsdesiderats zu verstehen, das
    vom Autor dieses Beitrags im Rahmen einer Qualifikationsschrift bearbeitet wird.
135 *Marx*, Grundrisse (Fn. 122), S. 30.
136 *Pütter*, Büchernachdruck (Fn. 5), S. 82.
137 *Pütter*, Büchernachdruck (Fn. 5), S. 27.
138 *Pütter*, Bücherprivilegien (Fn. 1), S. 255.

den zwei rechtquellentheoretischen Alternativen einer solchen Beweisführung – *top down* oder *bottom up* – verwirft der »Staatsrechtler« Pütter sowohl die hoheitliche Privilegien- und Gesetzgebungsvariante als auch die ebenfalls *top down* deklinierende Vernunftrechtsvariante[139]. Stattdessen wählt er eine Argumentation *bottom up*, die sich am Konsensualvertrag zwischen Autor und Verleger sowie an den Rechtsinstituten des *Usus modernus pandectarum*, d.h. der gemeinrechtlichen Rechtswissenschaft, orientiert.

Den Einstieg sucht Pütter bei dem »an sich untadelhaft[en]« und »in ganz Europa als rechtmässig anerkannt[en]« Vertrag zwischen dem Schriftsteller und seinem Verleger.[140] Gegenstand des Verlagsvertrags ist die Veräußerung der Veröffentlichungs- und Verwertungsrechte am Werk, von Pütter kurz »Verlagsrecht«[141] genannt. Das Verlagsrecht wiederum bildet für ihn nur eine Teilmenge des Urheberrechts, das »unstreitig ein wahres Eigenthum ihres Verfassers«[142] ist.[143] Aufgrund des Teilmengencharakters ist das Verlagseigentum für Pütter auch kein originäres, erst in der Person des Verlegers entstehendes Recht, sondern vielmehr ein vom Urheberrecht abgeleitetes, beim Autor durch »seiner eignen Hände Arbeit«[144] entstandenes und auf den Verleger übertragenes Recht.[145] Gemäß der damals herrschenden Titulus-Modus-Lehre[146] sieht Pütter

---

139 Die Begründung eines Verlagsrechts aus »natürlicher Freiheit« wird bei Pütter von vornherein auf nicht schutzwürdige bzw. gemeinfreie Werke (z. B. Bibeln) beschränkt und somit nicht weiterverfolgt, vgl. *Pütter*, Büchernachdruck (Fn. 5), S. 27, 41, u. Bücherprivilegien (Fn. 1), S. 255. Unrichtig ist insoweit die Ansicht von *Neusüß*, Vernunft (Fn. 30), S. 85, Pütter habe in der Nachdruckschrift zur Hälfte die vernunftrechtliche Methode »im Wolff'schen Sinn« eingeflochten.

140 *Pütter*, Bücherprivilegien (Fn. 1), S. 257.

141 *Pütter*, Büchernachdruck (Fn. 5), S. 27 *et passim*.

142 *Pütter*, Büchernachdruck (Fn. 5), S. 25.

143 *Pütter*, Büchernachdruck (Fn. 5), S. 27.

144 *Pütter*, Büchernachdruck (Fn. 5), S. 26.

145 Der translative und demnach nicht konstitutive Erwerb beim Vollzug des Verlagsvertrags kommt deutlich zum Ausdruck, wenn Pütter in seinem Kurzbeitrag schreibt: »Das einmal einem Verleger *übertragene* Verlagsrecht kann der Schriftsteller wider den mit ihm eingegangenen Vertrag hernach nicht zurücknehmen.« (*Pütter*, Bücherprivilegien, Fn. 1, S. 257 [Hervorheb. v. Verf.]). Im Übrigen setzt er auch beim Selbstverlag durch den Autor die Existenz eines Verlagsrechts als Teilausschnitt des Vollrechts »geistiges Eigentum« voraus (Büchernachdruck, Fn. 5, S. 26). Die Konstruktion unterscheidet sich damit etwa zum Ersterwerb eines Anwartschaftsrechts gem. § 929 S. 1 BGB analog nach geltender Dogmatik. Ähnliche Bewertung, indes leicht zweifelnd *Gieseke*, Die geschichtliche Entwicklung des deutschen Urheberrechts, 1957, S. 92.

146 Das von humanistischen Juristen initiierte und erst durch Savigny endgültig ausgebildete Abstraktions- und Trennungsprinzip hatte zu Pütters Zeit noch keine Geltung. Für einen wirksamen rechtsgeschäftlichen Eigentumserwerb war vielmehr Voraussetzung, dass zunächst ein Titel in Gestalt eines Kausalvertrags vorliegt (*causa praecedens*), der die »Möglichkeit« zum Erwerb eröffnet. Der zeitlich nachfolgende *modus adquirendi* in Gestalt der Übergabe (*traditio*) verwandelt dann den möglichen in einen wirklichen Eigentumserwerb.

den dinglichen Erwerb des Verlagsrechts als zweiaktigen Tatbestand an. Wirksamkeitsvoraussetzung ist sowohl ein Verlagsvertrag als auch die Erfüllungsleistung mit dem »symbolischen Übergabesurrogat« der körperlichen Manuskriptübergabe.[147]

Mit der rechtsdogmatischen Erfassung eines Verlagseigentums im bilateralen Rechtsverhältnis zwischen Autor und Verleger ist nicht bloß der empirischkonkrete Vertrag von Pütter gemeint, sondern, wie der Rekurs auf »ganz Europa« zeigt, der verlegerische Vertragstypus im objektiv-rechtlichen Sinn als Rechtsquelle. Bereits über diesen vertragsdogmatischen Einstieg wähnt sich Pütter in derselben Tradition wie Marx, der im zweiten Kapitel des »Kapitals« schreibt: »Dies Rechtsverhältnis, dessen Form der Vertrag ist, *ob nun legal entwickelt oder nicht*, ist ein Willensverhältnis, worin sich das [objektive] ökonomische Verhältnis widerspiegelt.«[148] Und ebenso wie Marx bleibt Pütter nicht bei der Feststellung einer schlichten Widerspiegelung ökonomischer Verhältnisse im Recht stehen, sondern sucht den Anschluss an die weiteren rechtsdogmatischen Formen, indem er vom praktizierten Vertragstypus zur Analyse des Gemeinen Rechts übergeht.[149]

Problembewusstsein zeigt Pütter hier insbesondere bei dem dogmatischen Widerspruch, dass der »horizontale« Verlagsvertrag kein »vertikales«, durch die Arbeit des Schriftstellers produziertes und an den Verleger übertragenes Ausschließlichkeitsrecht vollumfänglich erfassen kann. So hilft insbesondere bei der Frage drittwirkender Unterlassungs- und Schadensersatzansprüche gegenüber Nachdruckern die nur relativ wirkende Vertragsbeziehung nicht weiter. Daher vertieft Pütter über eine Analogie zum Servitut der Jagdgerechtigkeit – eines dinglichen Fruchtziehungsrechts ähnlich der Grunddienstbarkeit – mögliche

---

Vgl. exemplarisch *Glück*, Ausführliche Erläuterung der Pandecten nach Hellfeld, Teil 8/1, 1807, § 578 u. 579, S. 83 ff.; ferner *Sorge*, Verpflichtungsfreier Vertrag, 2017, S. 64 ff.

147 *Pütter*, Büchernachdruck (Fn. 5), S. 27, 42. Die Abstraktion eines Ausschließlichkeitsrechts am »gelehrten Grundstoff« von dem körperlichen Originalmanuskript und den auf dieser Grundlage hergestellten Büchern scheint für Pütter heikel zu sein. So betont er im Zusammenhang mit Verträgen zwischen Erstverlegern und anderen Verlegern oder Erstverlegern und Lesern, dass beim Bücherverkauf stets eine stillschweigende Bedingung, ein »allgemeines *pactum adiectum tacitum*«, mitvereinbart sei. Mit dieser, nach heutiger Dogmatik eher untechnisch als »Bedingung« zu bezeichnenden Schutzklausel will der Verleger seine ausschließlichen Verwertungsbefugnisse zurückbehalten und der Gefahr eines »dinglichen Mitreissens« des Verlagsrechts beim Bücherverkauf entgehen. Interessant erscheint aber auch hier Pütters Begründung mit einer »objektiven Verkehrserwartung« (a.a.O., Fn. 5, S. 46, 151).

148 *Marx* Das Kapital, Bd. 1, 4. Aufl. 1890/1972, MEW, Bd. 23, S. 99 [Hervorheb. v. Verf.].

149 Marx musste sich aus »Zeitnot« freilich auf die Analyse und Kritik von dogmatischen Formen der ökonomischen Theorie beschränken, geht dort aber ähnlich vor wie Pütter im Recht; vgl. *Eberle/Henning*, Anmerkungen zum Verhältnis von Theorie und Empirie, in: H.-G. Backhaus / H.-D. Bahr u. a. (Hg.), Gesellschaft. Beiträge zur Marxschen Theorie, Heft 2, 1974, S. 7, 51 ff.

Anspruchsgrundlagen mit Wirkung gegenüber jedermann.[150] Ähnlich wie bei der Abwehr von Eingriffen in die einer Person ausschließlich zugeordnete Jagdgerechtigkeit, wo Ansprüche nicht nur für den Grundstückseigentümer, sondern auch zugunsten des Servitutsinhabers bestehen, könne der Verlagsrechtsinhaber sein »Ausschließungsrecht« (*ius prohibendi*) gegen Nachdrucker geltend machen. Die richtige Klageart für dieses *ius prohibendi* sei ebenfalls wie im Servitutenrecht eigentlich nur die »Consessorienklage (*actio concessoria directa*)«.[151] Da jedoch im Falle einer streitigen »Mitjagd« für den Anspruchssteller ausnahmsweise auch die ansonsten nur dem Vollrechtsinhaber (Grundstückseigentümer, Schriftsteller) zustehende *actio negatoria directa* statthaft sei, müsse dem klagenden Verleger gegenüber seinem nachdruckenden Mitbewerber ebenfalls die negatorische neben der konzessorischen Klage gewährt werden.[152]

Nach alledem fundieren die Klagearten für Pütter auf dem Ausschließlichkeitsrecht des Verlegers, das wiederum einen Teilausschnitt des dinglichen Vollrechts »geistiges Eigentum« bildet. Weil das in den Vertrag als Gegenstand der Rechtsübertragung eingebettete Verlagseigentum wie der Typus des Verlagsvertrags »in ganz Europa gäng [*sic!*] und gäbe« sei, müsse »man es überall als ein Recht, eine Befugnis, ein *ius quaesitum* gelten lasse[n]«.[153]

b)   Fehlgehende Kritik an Pütter in der Urheberrechtsgeschichte

Dass sich Pütter durch diese, sicherlich kompliziertere Argumentationsweise mit Instituten des *Usus modernus* auch in einige dogmatische »Sackgassen« verläuft, ist angesichts der Stofffülle, die von ihm aufgeboten wird, verständlich und lässt jede hieran geübte Kritik spitzfindig aussehen. In der urheberrechtsgeschichtlichen Forschung wird Pütters Leistung indes häufig gegenüber den philosophierenden Vernunftrechtlern abqualifiziert. Vor allem im Vergleich mit Fichtes persönlichkeitsrechtlicher Urheberrechtslehre hätte Pütters Konstruktion das Nachsehen.[154] So schließen sich denn auch die meisten Kritiker dem

---

150 *Pütter*, Büchernachdruck (Fn. 5), S. 50, u. Bücherprivilegien (Fn. 1), S. 254. Zu der damals nicht unbestritten als Servitut qualifizierten Jagdgerechtigkeit vgl. nur *Reinhard*, Neues Archiv für preussisches Recht und Verfahren 10 (1845), 1–18, u. eingehend *Ickstatt*, Gründliche Abhandlungen von den Jagdrechten, 1749.

151 *Pütter*, Büchernachdruck (Fn. 5), S. 51 f.

152 *Pütter*, Büchernachdruck (Fn. 5), S. 52.

153 *Pütter*, Büchernachdruck (Fn. 5), S. 42, mit Verweis auf das französische *droit de copie*.

154 Vgl. nur *Kohler*, Urheberrecht an Schriftwerken und Verlagsrecht, 1907, S. 74: »Leider vermissen wir eine tiefere juristisch-technische Ausführung dieser Gedanken«, u. S. 78: Fichte dagegen ist das »Bedeutendste [...], was [...] für die Konstruktion des sog. geistigen Eigentums geleistet worden ist«; *Bappert*, Urheberrecht (Fn. 11), S. 268: »wesentliche Bedeutung erschöpfte sich in der Anregung [...] zur weiteren Beschäftigung« mit dem geis-

ursprünglichen Verdikt Jollys von 1852 an, der gesteht, dass ihm Pütters »Arbeit mehr den Eindruck einer kunstfertigen Zusammenstellung« macht, die eine »schlagende [...] Beweisführung« vermissen lässt.[155]

Diese nahezu einhellige Abwertung Pütters bei gleichzeitiger Aufwertung von Fichte muss überraschen. Denn bei Fichte, dem subjektiven Idealisten strengster Provenienz, werden utilitaristische Erwägungen kategorisch abgelehnt. Ohne jedoch den volkswirtschaftlichen Rahmen zu berücksichtigen, wie es bei Pütter der Fall ist, bleibt das auf künstlicher Knappheit beruhende Urheberrecht völlig unverstanden. Auch in seinen »rechtsdogmatischen Konstruktionen« fällt Fichte meilenweit hinter Pütter zurück.[156] Was die philosophische Kohärenz angeht, kann ihm sicherlich keinen Vorwurf gemacht werden. Allerdings ist es stets einfacher, sich damit zu begnügen, eine Idee von Gerechtigkeit im apriorischen, luftleeren Raum zu entfalten, als diese Idee nur zum Ausgangspunkt zu nehmen, um sie auf dem Boden der empirischen und dogmatischen Tatsachen zu verwirklichen. Während Fichte 1793 seine Konstruktion der Urheberrechtspersönlichkeit bloß an einer Fabel »zur Zeit des Khalifen Harun al Raschid«[157] appliziert, macht sich Pütter die Arbeit eines echten Lackmustests und unterzieht seinen Idealtypus »Verlagsrecht« der Prüfung des *Usus modernus* und der Verkehrskreise.[158] Mit dieser Gegenüberstellung von Fichtes Fabel und Pütters Verlagsrecht dürfte es einleuchten, dass in der weiteren Entwicklung der Einfluss »vernünftelnder« Philosophen auf die Rechtswirklichkeit und auf die Urheberrechtsdogmatik äußerst gering zu veranschlagen ist.[159]

---

tigen Eigentum; *Gieseke*, Entwicklung (Fn. 145), 1957, S. 93 u. *Gergen*, UFITA 2009/III, 715, 740: bloße Wiederholung zuvor schon geäußerter Gedanken; *Höffner*, Geschichte und Wesen des Urheberrechts, Bd. 1, 2. Aufl. 2011, S. 202 Note 278: »aus juristischer Sicht [...] grandioser Rückschritt«; *Neusüß*, Vernunft (Fn. 30), S. 88: konturlos und unstrukturiert; *D. Schwab*, Geistiges Eigentum (Fn. 7), S. 43: originell, aber künstlich.

155 *Jolly*, Lehre (Fn. 73), S. 20.

156 Der letzte Satz in *Fichtes* Fabel, die er zum Schluss seiner Abhandlung erzählt und in der sich ein Dieb eines gestohlenen Medizinrezepts vor dem Kalifen mit Nützlichkeitserwägungen verteidigt, fällt – wie zu erwarten – kategorisch aus: »Er [der Kalif] liess den nützlichen Mann aufhängen.« Beweis der Unrechtmäßigkeit des Büchernachdrucks, in: I. H. Fichte (Hg.), Fichtes Werke, Bd. VIII, S. 223, 244.

157 *Fichte*, Beweis (Fn. 156), S. 239.

158 Und zwar im Sinn einer produktiven hermeneutischen Spirale, d. h. einer schöpferischen Vermittlung zwischen Sein und Sollen, sodass der mögliche Vorwurf eines naturalistischen Fehlschlusses hier ebenso fehlginge.

159 Selbst mit dem Umschwung im 19. Jahrhundert von der Lehre des »geistigen Eigentums« zu einer Ableitung der vermögenswerten Bestandteile des Urheberrechts aus einem Urheberpersönlichkeitsrecht werden in juristischen Werken die Philosophen nur noch zur Ausschmückung erwähnt. Schon ein flüchtiger Blick in Monografien aus der Zeit der kurzlebigen »Renaissance« des Naturrechts zu Beginn des 19. Jahrhunderts macht deutlich, dass hier zur *rechtsdogmatischen* Begründung eines Persönlichkeitsrechts kein Pufendorf, Thomasius oder Wolff, nicht Fichte oder Kant, sondern die Autoritäten der humanistischen Jurisprudenz wie Duarenus und Donellus zitiert werden. Eingehend behandelt bei *Schey-*

Wesentlich substantiierter als erwähnte Kritik sind dagegen die Einwände des Literaten und Buchhändlers Rudolph Zacharias Becker (1752–1822). Gut zehn Jahre nach Erscheinen der Nachdruckschrift schreibt er im Zuge seiner eigenen Abhandlung zum geistigen Eigentum, dass »nun ein Pütter […] des hier angeführten Hülfs-Corps von Doctoren, Reichshofräthen und Juristenfacultäten gar nicht bedurft« hätte, es aber in der »juristischen Welt einmahl so Sitte ist«, nach der »schweren Artillerie der Gesetze und Gewohnheiten« noch mit »dem kleinen Gewehr der Meinungen« hinterherzuschießen.[160]

IV. Ausblick ins digitale Zeitalter: Pütters urheberrechtliche Natur der Sache 2.0?

Soweit ersichtlich, hat der Urheberrechtssenat des BGH Pütters »Natur der Sache« das erste und letzte Mal 1955 in der »Magnettonband-I-Entscheidung«[161] verwendet.[162] Bekanntlich war das Urteil eine der Initialzündungen für den Gesetzgeber von 1965, um neue Schrankenregelungen für Privatkopien und pauschale Geräteabgaben an die GEMA festzuschreiben. In den Entscheidungsgründen gibt es verblüffende Ähnlichkeiten, wenn sich etwa Pütter auf »ganz Europa« und der Senat – weniger politisch korrekt als Pütter – auf alle »Kulturstaaten« bezieht, um zwar nicht für den Verleger, aber für den Urheber einen Anspruch auf »angemessene Vergütung« zu rechtfertigen.[163]

Nun wäre es naiv zu meinen, dass die Anzahl expliziter Erwähnungen in der Rechtsprechung zugleich eine Aussage darüber enthält, ob Pütter dem Urhe-

---

hing, AcP 158 (1959), 503, 509ff.; *Klingenberg*, ZRG (GA) 96 (1979), 183, 194ff.; a.A. dagegen *Dölemeyer/Klippel*, Der Beitrag der deutschen Rechtswissenschaft, in: F.-K. Beier / A. Kraft u.a. (Hg.), FS Deutsche Vereinigung für gewerblichen Rechtsschutz und Urheberrecht, Bd. 1, 1991, S. 185, 198ff.; *Klippel*, Das »natürliche Privatrecht«, in: ders. (Hg.), Naturrecht im 19. Jahrhundert, 1997, S. 221, 230ff.; zeitgenössisch indes auf den Punkt gebracht von dem Hugo-Schüler *Marezoll*, Ueber die bürgerliche Ehre, 1824, S. 4: »Die rechtsphilosophischen Betrachtungen wurden überschätzt, »indem man von vorgefaßten philosophischen Principien ausgieng«, was »dazu beigetragen hat, den richtigen historischen, positiven Gesichtspunkt zu verrücken.« Zu den humanistischen Juristen eingehend *Herrmann*, Der Schutz der Persönlichkeit in der Rechtslehre des 16. bis 18. Jahrhunderts, S. 19ff., 73ff. Unbestritten bleibt freilich der Rückgriff auf Vernunftrechtler von den späten Germanisten im letzten Drittel des 19. Jahrhunderts, z.B. durch Otto v. Gierkes eigenwillige Pufendorf-Rezeption im Rahmen seiner Gesamthandslehre.
160 *Becker*, Das Eigenthumsrecht an Geisteswerken, 1789, S. 74.
161 BGH, Urt. v. 18.5.1955 – I ZR 8/54 = BGHZ 17, 266 = GRUR 1955, 492. Vgl. auch zur verfassungsrechtlichen Rechtsprechung *Stieper*, Rechtfertigung, Rechtsnatur und Disponibilität der Schranken des Urheberrechts, 2009, S. 13ff.
162 Kaum erwähnenswert indes die floskelhafte Verwendung in RGZ 63, 394, 398.
163 BGH GRUR 1955, 492, 496.

berrecht auch noch im digitalen Zeitalter etwas zu sagen hat. Vielmehr müssen
die Probleme des Informationszeitalters und der Wissensgesellschaft abgeklopft
werden, um über die mögliche Updatefähigkeit von Pütters »geistigem Eigentum« aus Produktionsverhältnissen nachdenken zu können. Einige Fragen in
diesem Kontext wären: Können Texte, die selbstlernende Algorithmen verfassen,
noch als »persönliche geistige Schöpfungen« i. S. v. § 2 Abs. 2 UrhG bewertet
werden?[164] Ist der »idealistische« Werkbegriff vielleicht völlig aufzugeben?[165]
Welche Bedeutung besitzen ausschließliche Verwertungsbefugnisse in einer
Zeit, wo das ewige Haben und alleinige Verfügen unlängst vom Paradigma des
nur temporären Zugangs der Vielen abgelöst wurde?[166] Ist einem sog. »Prosu-
menten«, also dem Typus des schöpferischen Nutzers in digitalen Kontexten, ein
Urheberrecht der »Kleinen Münze« zu gewähren? Lassen sich Verteilungskonflikte von Kulturgütern noch über den Marktmechanismus regeln, wenn zwar
einerseits das geistige gegenüber dem materiellen Eigentum immer wertvoller
wird, andererseits hingegen immer weniger Konsumenten bereit sind, dafür
(irgend)einen Preis zu bezahlen?[167]

Wenn die aufgezeigten Tendenzen richtig sind, dann ist Pütters *inhaltliche
Aussage* zum »eigenthümlichen Verlagsrecht« von 1774 kaum noch der Mühe
wert, sie für ein Recht *de lege ferenda* fortzudenken. Allerdings würde Pütter dies
genauso sehen. Denn nicht die an einem beliebigen historischen Datum mit
Inhalt gefüllten Rechtsvorstellungen bilden den Boden für das Urheberrecht.
Vielmehr liegt die Zukunftsträchtigkeit der »Natur der Sache« gerade darin, dass
die Inhalte urheberrechtlicher Formen aus der ständig im Wandel begriffenen
Gesellschaft kommen, sich aus umwälzenden und transformierenden Produktionsverhältnissen des Literaturmarkts speisen. Mit Berücksichtigung der häufig widersprüchlich verlaufenden sozioökonomischen Entwicklung werden
zwangsläufig auch juristische Inhalte verändert. Und solche inhaltlichen Veränderungen besitzen wiederum das *Potenzial*, schließlich zu einer Veränderung
von Rechtsformen zu führen, die keine Hemmschuhe, sondern »Entwicklungs-
helfer« für das Publizieren im digitalen Zeitalter sind. Genauso wie Pütter einst
mit einer Analogie zur »Jagdgerechtigkeit« das nach *Usus modernus* ausschließlich denkbare Sacheigentum zugunsten von Autor und Verleger aufge-
brochen hat, ließe sich auch das jetzige Urheberrecht aufbrechen.[168] Denn

---

164 Ablehnend etwa *Schulze*, in: Dreier/Schulze, UrhG, 5. Aufl. 2015, zu § 2 Rn. 8.
165 Dazu *Peukert*, Kritik der Ontologie des Immaterialgüterrechts, 2018.
166 *Rifkin*, Access. Das Verschwinden des Eigentums, 2. Aufl. 2000, S. 9–25, 154–182.
167 Vgl. *T. R. Eimer*, Postindustrielle Verteilungskonflikte, in: ders. / K. Röttgers u. a., Die
    Debatte um geistiges Eigentum, 2010, S. 129–160.
168 Damit ist keine »martialische« Methode gemeint, sondern ein *inhaltliches Befruchten* mit
    dem Ziel eines *konkreten* Reflexionszusammenhangs zwischen allgemein-zivilrechtlicher
    Dogmatik, immaterialgüterrechtlichen Innovationen und gesellschaftlichen Entwicklun-

»was kann davon anders der Grund seyn, als die unwiderstehliche Ueberzeugung aus der Natur der Sache, und aus einer darauf beruhenden allgemeinen Verfassung, die ein jeder auch ohne ausdrückliche Gesetze oder besonders erst erweislich zu machende Gewohnheitsrechte für richtig erkennen muß?«[169]

gen und Widersprüchen; ähnlich *Ohly*, Privatrechtsdogmatik und geistiges Eigentum, in: M. Auer / H. C. Griogleit u. a. (Hg.), FS Canaris, 2017, S. 987–1018.

169 *Pütter*, Büchernachdruck (Fn. 5), S. 154.

Fedor Seifert

Ein Gutachten aus dem Sterbezimmer –
der Kammergerichtsrat E. T. A. Hoffmann

1.   E. T. A. Hoffmann und Julius Eduard Hitzig

Unter Urheberrechtshistorikern ist bekannt, dass der »Dichterjurist« und Kammergerichtsrat E. T. A. Hoffmann auch ein Gutachten zur seinerzeitigen Nachdruckproblematik bei Klavierauszügen erstellt hat und dass es dabei um Carl Maria von Webers »Freischütz« ging.[1] Weit weniger dürfte bekannt sein, dass dies wohl die letzte Amtshandlung im Leben E. T. A. Hoffmanns gewesen ist, dass er innerhalb von zwei Wochen danach verstarb, dass er dieses Gutachten nur mündlich zu Protokoll geben konnte, weil er infolge seiner zum Tode führenden Erkrankung an Händen und Füßen gelähmt war, und dass er gleichzeitig mit einer »vermaledeiten« Angelegenheit, nämlich mit einem Disziplinarverfahren wegen einer seiner letzten Dichtungen, der Märchenerzählung »Meister Floh«, zu kämpfen hatte.[2]

Hier soll deshalb dieser Teil der Geschichte aus der Frühzeit des Urheberrechts um E. T. A. Hoffmanns Gutachten noch einmal erzählt und dabei in den Gesamtzusammenhang von Hoffmanns Leben und Werk und der Geschichte des Kammergerichts gestellt werden.

Was es dazu aus Hoffmanns Leben zu erzählen gilt, ist eng verknüpft mit Julius Eduard Hitzig (1780–1849), zu dieser Zeit selbst Kammergerichtsrat, zuvor aber auch Verleger und später Kommentator des preußischen Urheberrechtsgesetzes

---

1 Vgl zu dem Gutachten und insbesondere dazu, wie Hoffmanns Überlegungen aus heutiger Sicht einzuordnen wären, *Erdmann*, E. T. A. Hoffmann als Urheberrechtler – Ein Beitrag zum Bearbeiterurheberrecht, in: Festschrift für Eike Ullmann, 2006, S. 51. Zur historischen Einordnung vgl. z. B. *Kawohl*, Urheberrecht der Musik in Preußen (1820–1840), 2002, insbesondere S. 7 bis 148; *Wadle*, Preußische Privilegien für Werke der Musik, Ein Kapitel aus der Frühzeit des Urheberrechts 1794 bis 1837, in: Geistiges Eigentum, Bausteine zur Rechtsgeschichte, Bd. II, 2003, S. 185; zu Carl Maria von Weber vgl. *Wolf*, Aspekte des Urheberrechts bei Carl Maria von Weber, Albert Lortzing und Otto Nicolai, Leipziger juristische Studien – Rechtshistorische Reihe sowie Schriftenreihe der Albert-Lortzing-Gesellschaft, 2015.

2 Am 30. Januar 1822 schrieb Hoffmann an Hitzig: »Mehr als jemals bedarf ich Ihres gütigen Rates in Ansehung der vermaledeiten Flohgeschichte […]« (vgl. im Text unter 8.).

von 1837 und Gründungsvorsitzender des Literarischen Sachverständigen-
Vereins gemäß § 17 dieses Gesetzes.[3] Hitzig war auch auf anderen Gebieten
maßgeblich aktiv. Zusammen mit Wilhelm Häring (der identisch ist mit dem
Schriftsteller Willibald Alexis) gab er ab 1842 eine Sammlung »merkwürdiger
Kriminalfälle« unter dem Titel »Der neue Pitaval« heraus und trug damit zur
Entstehung der Kriminalpsychologie bei. Von 1734 bis 1743 hatte erstmals der
französische Anwalt und Schriftsteller Francois Gayot de Pitaval eine derartige
Sammlung herausgebracht. Der Eigenname Pitaval entwickelte sich zu einem
Gattungsbegriff, den nun auch Hitzig für seine Fallsammlung verwendete.[4]
Hitzig war auch mit Feuerbach befreundet, dem »Vater des Rechtsstaates«
(wegen seines strafrechtlichen Grundsatzes nulla poena sine lege). Mit ihm
korrespondierte Hitzig u. a. wegen des rätselhaften Findlings Kaspar Hauser
(»Feuerbach muss darüber laut vor ganz Europa sprechen«).[5]

Hitzig und Hoffmann waren sehr eng befreundet. Zum Beispiel sind Fritz und
Marie, die beiden kleinen Hauptpersonen der Märchenerzählung Nussknacker
und Mausekönig (1816), Hitzigs Kinder, denen E. T. A. Hoffmann dort ein literarisches Denkmal gesetzt hat. Hitzig schrieb später (1823), Hoffmann habe, als
er an das Kammergericht nach Berlin kam, dort »keinen ihm näherstehenden
Freund« als ihn, Julius Eduard Hitzig, gefunden.

2.   E. T. A. Hoffmann als Jurist

E. T. A. Hoffmann stammt aus einer Juristenfamilie und wurde am 24. Januar
1776 in Königsberg geboren. Seinen heutigen Ruhm verdankt er seiner Dicht-
kunst. Noch mehr als dieser fühlte er sich aber der Musik verbunden – Amadeus
(statt Wilhelm) nannte er sich zu Ehren Mozarts – und auch als Maler und
Zeichner war er ein Meister.[6] Er war deshalb auch mehr als ein sogenannter
»Dichterjurist«, weil seine musischen Fähigkeiten sich nicht auf das Dichten
beschränkten.[7] Aber auch unter den Dichterjuristen war er eine Ausnahmeer-

---

3 Zu Hitzig vgl. *Gieseke*, Erinnerungen an Julius Eduard Hitzig, UFITA 2006 I, S. 173 ff.; Hitzigs
   Kommentar des preußischen Gesetzes von 1837 ist abgedruckt in UFITA Bd. 107 (1988),
   S. 163 ff.; zum Literarischen Sachverständigen-Verein vgl. *Nomine*, Der Königlich-Preußische
   Literarische Sachverständigen-Verein in den Jahren 1838 bis 1870, 2001.
4 Vgl. dazu z. B. *Seifert*, NJW 1985, 1591.
5 Brief Hitzigs an Feuerbach vom 7. Juli 1830, vgl. *Tradowsky*, Kaspar Hauser, Das Kind von
   Europa, 1984, S. 108.
6 Zu E. T. A. Hoffmann vgl. z. B. *Safranski*, E. T. A. Hoffmann, Das Leben eines skeptischen
   Phantasten, 1984 (Fischer-TB); *Wittkop-Ménardeau*, E. T. A. Hoffmann in Selbstzeugnissen
   und Bilddokumenten, 2010 (rororo-Bildmonografien).
7 Vgl. z. B. *Wohlhaupter*, Dichterjuristen, Bd. 2, 1955, S. 35 ff; *Kastner*, E. T. A. Hoffmann, Jurist,
   Dichter, Musiker, in: Literatur, Recht und Musik, Tagung in Rendsburg 2005, 2007; *Rosen-*

scheinung. Denn er war in vollem Umfang als Jurist tätig, eben zuletzt als Kammergerichtsrat am Kammergericht in Berlin.[8]

Insgesamt drei Berlinaufenthalte verzeichnet sein Leben. Sein letzter ist in unserem Zusammenhang der Wichtigste und beginnt 1814, als E. T. A. Hoffmann an das Kammergericht nach Berlin kam, und endete 1822 mit Hoffmanns Tod.

Bereits von 1798 bis 1800 war Hoffmann in Berlin gewesen, nachdem er zuvor in Königsberg und Glogau Jura studiert hatte, und legte dort das dritte Examen ab, das für höhere Richterstellen qualifizierte.

Als Richter arbeitete Hoffmann in Posen (1800 bis 1802), Plock und Warschau (1804 bis 1807). Warschau gehörte damals, nach der dritten polnischen Teilung (1795), zu Preußen (sog. »Südpreußen«) und war nach Berlin die zweitgrößte preußische Stadt. Hoffmann und Hitzig kannten sich aus ihrer gemeinsamen Warschauer Zeit als dortige Richter. *Holtze* schrieb 1913 in seiner Geschichte des Kammergerichts, damals sei die für Juristen glückliche Zeit gewesen, dass Stellen genug im kürzlich erworbenen polnischen Gebiet zu besetzen waren. Damit und mit Hoffmanns bis dahin gradliniger juristischer Karriere war Schluss nach Preußens Niederlage gegen Napoleon, der mit dem Großherzogtum Warschau Polen teilweise wiederherstellte.

Hoffmanns zweiter Berlinaufenthalt dauerte von 1807 bis 1808, eine für ihn unerfreuliche Zeit. Er fand weder eine Festanstellung noch Abnehmer oder einen Verleger für seine künstlerischen Arbeiten. Er ging dann für rund fünf Jahre nach Bamberg, wurde Theaterdirektor und war zudem u. a. als Dirigent und Komponist tätig.

Nach Stationen in Dresden und Leipzig fand Hoffmann 1814 durch Vermittlung seines Jugendfreundes Theodor Gottlieb von Hippel (1775–1843), damals Mitarbeiter des Staatskanzlers Hardenberg, die Anstellung beim Kammergericht.

3. Das Gutachten

Kurz nach E. T. A. Hoffmanns Tod (25. Juni 1822) veröffentlichte Hitzig dessen erste Biografie: »E. T. A. Hoffmanns Leben und Nachlass« (1823).[9] Fast an deren Ende, im 10. Abschnitt, findet sich die uns hier interessierende Episode um das

---

dorfer, Leben und Wirken von drei Dichter-Juristen, Hoffmann, Eichendorf und Kafka, NJW 1983, 1158; *Weichbrodt*, E. T. A. Hoffmann (1776 bis 1822), JuS 2008, 7.

8 Zu E. T. A. Hoffmann als Jurist: *Hoffmann, Albrecht*, E. T. A. Hoffmann, Leben und Arbeit eines preußischen Richters, 1990; E. T. A. Hoffmann, Juristische Arbeiten, herausgegeben und erläutert von *Schnapp*, 1973.

9 Es gibt z. B. eine Insel-TB-Ausgabe: *Hitzig*, E. T. A. Hoffmanns Leben und Nachlass, mit Anmerkungen zum Text und einem Nachwort von *Held*, Insel-TB 755, 1986.

Gutachten. Danach war Hoffmanns Anhörung als Gutachter Hitzig übertragen worden. Hitzig fügte einen Auszug des Protokolls von Hoffmanns Gutachten als Anlage seiner E. T. A. Hoffmann-Biografie bei, und zwar, wie er schreibt, aus zwei Gründen: einmal »zum Beweis«, dass Hoffmann »sein Urteil über die zweifelhafte Rechtsfrage mit einer Besonnenheit ab(gab), wie sie ihm in den gesündesten Tagen eigen war«, und zum anderen – hier zeigt sich Hitzigs Interesse für das junge Rechtsgebiet, aus dem später einmal das »Urheberrecht« werden sollte –, »da die Frage an und für sich Interesse hat«.

Da Hitzig diesen Auszug des Protokolls mit Hoffmanns Gutachten seiner Biografie E. T. A. Hoffmanns beigefügt hat, ist uns dessen Gutachten erhalten geblieben, während drei weitere Gutachten, die in derselben Sache erstellt worden sein sollen, nicht mehr vorhanden sind.[10] Erfreulicherweise ist uns nicht nur das Gutachten in der von Hitzig überlieferten, auszugsweisen Protokollfassung erhalten geblieben, sondern es wurde auch eine vollständige Protokollabschrift als Anlage in einem Bericht der Criminal-Deputation des Stadtgerichts Berlin vom 19. Januar 1833 über die praktischen Erfahrungen bei der Anwendung der Vorschriften des ALR zum Nachdruck aufgefunden.[11] Diese vollständige Abschrift des Protokolls enthält zusätzlich Passagen formalen Charakters, die insbesondere im Hinblick auf die Gutachterstellung Hoffmanns wichtig sind (dazu unten unter 12.).

4. Anonymus hockt vor dem Kammergericht

Da Hoffmann bereits von seiner zum Tode führenden Erkrankung schwer gezeichnet war, gab er das Gutachten in seiner Wohnung am Gendarmenmarkt zu Protokoll. Seit 1998 steht am Rande des Gendarmenmarktes neben dem Schauspielhaus eine Hoffmann-Skulptur in Bronze und blickt auf Hoffmanns früheres Wohnhaus, in dem sich in der zweiten Etage dessen Wohnung befand.[12] Die Sandstein-Fassung dieser Skulptur stand zuvor seit 1979 bezeichnenderweise an der Stelle, an der sich das Haus von Hitzig befand.[13]

---

10 Es soll weitere Gutachten von Carl Friedrich Rungenhagen (1778–1851), seinerzeit Vizedirektor, später Direktor, der Singakademie in Berlin und Komponist, und von Carl Friedrich Wollanck (1782–1831), Justizrat am Stadtgericht Berlin und Komponist, gegeben haben und wohl auch eins von Gaspare Spontini (1774–1851), seinerzeit Erster Kapellmeister und Generalmusikdirektor der Königlichen Schauspiele in Berlin.

11 Diese Fassung des Protokolls ist abgedruckt bei *Wadle*, a.a.O. (vgl Fn. 1).

12 Vgl. dazu seine Erzählung »Des Vetters Eckzimmer«, 1822. Schöpferin der Hoffmann-Skulptur ist *Carin Kreuzberg*.

13 Diese Sandsteinfassung der Skulptur stand am Spreeufer gegenüber vom Dom vor dem heute nicht mehr vorhandenen Gebäude des Palasthotels (heute steht dort das Hotel Radisson Blu),

Seit 1815 wohnte E. T. A. Hoffmann am Gendarmenmarkt in dem Eckhaus Charlottenstraße/Taubenstraße. Zur Information über seine neue Wohnung fertigte Hoffmann für seinen Bamberger Verleger Carl-Friedrich Kunz eine Zeichnung, den sogenannten Kunz'schen Riss.[14] Es lohnt, diesen zu betrachten. Der Witz Hoffmanns und seine zeichnerischen Fähigkeiten werden daraus deutlich. Der Kunz'sche Riss zeigt sowohl Hoffmanns Wohnung als auch den Gendarmenmarkt. Unzählige humorvolle Einzelszenen sind zu erkennen. Unten links sitzen zwei Gäste in dem Weinlokal Lutter & Wegner, möglicherweise Hoffmann und sein Wohnungsnachbar, der damals berühmte Schauspieler Ludwig Devrient. Kunz selbst sitzt oben rechts in der Weinstube Schonert. Tieck und Brentano schlendern unmittelbar darunter die Markgrafenstraße entlang. An deren Ende steht das Kammergericht, wo Hoffmann arbeitete, vom Gendarmenmarkt ca. 1,4 km entfernt. Ganz rechts oben finden wir es im Kunz'schen Riss. Unmittelbar darunter verrichtet ein »Anonymus« sein Geschäft vor dem Gebäude des Kammergerichts!

5. Zwei Opern: »Undine« und »Der Freischütz«

Heute wird der Gendarmenmarkt durch das 1821 eingeweihte Schauspielhaus (heute »Konzerthaus«) von Schinkel geprägt. Als Hoffmann seine Wohnung bezog, stand dort, unmittelbar gegenüber seiner Wohnung, noch das erst 1802 eingeweihte Nationaltheater von Langhans, u. a. auch Architekt des Brandenburger Tores. In dem Nationaltheater wurde 1815 am Geburtstag des Königs E. T. A. Hoffmanns Oper »Undine«, deren Libretto für ihn Friedrich de la Motte Fouqué nach seiner eigenen Romanvorlage (erschienen 1811) geschrieben hatte und deren Bühnendekorationen von Schinkel stammten, aufgeführt und erlebte 14 erfolgreiche Aufführungen. Carl Maria von Weber, der mit Hoffmann bekannt war, lobte die Oper als Rezensent: »Das ganze Werk ist eines der geistvollsten, das uns die neuere Zeit geschenkt hat.« Hoffmann stand im Zenit seines zeitgenössischen Ruhms.

Dann aber, am 29. Juli 1817, brannte das Theater ab! E. T. A. Hoffmann war Zeuge des Brandes und musste in seiner Wohnung gegen die Gefahr des Über-

---

vgl. *Endlich/Wurlitzer*, Skulpturen und Denkmäler in Berlin, 1990, S. 281. Sie steht inzwischen im Bezirksamt Berlin-Mitte.

14 Eine interaktive Wiedergabe findet man auf der Seite der Staatsbibliothek Berlin unter http:// etahoffmann.staatsbibliothek-berlin.de/leben-und-werk/orte/berlin/kunzscher-riss/#top. Man findet den Kunz'schen Riss auch abgebildet und ausführlich erläutert (z. B.) in: E. T. A. Hoffmann, Briefwechsel, gesammelt und erläutert von *Hans von Müller* und *Friedrich Schnapp*, herausgegeben von *Schnapp*, 2 Bd., 1968, S. 65 ff.; ebenso bei *Safranski* (vgl. Fn. 1), dort S. 492 ff.

greifens des Feuers ankämpfen. Mit dem Nationaltheater verbrannten auch die
von Schinkel geschaffenen Dekorationen der Oper »Undine«. »Undine« wurde
zu Hoffmanns Lebzeiten nicht mehr gespielt, obgleich der Generalintendant des
Theaters Graf von Brühl die Wiederaufführung fest zugesagt und auch in seinen
Planungen hatte.

In dem dann neu errichteten Schauspielhaus wurde am 18. Juni 1821 Carl
Maria von Webers »Freischütz« uraufgeführt.

6.   Adolph Martin Schlesinger

Mit dem Erfolg des »Freischütz« 1821 wurde Adolph Martin Schlesinger
(1769–1838) der erfolgreichste Musikverleger in Preußen. Schlesinger kannte
Carl Maria von Weber schon seit 1812. Seit 1814 führten sie eine langfristige
Zusammenarbeit durch. Ein Schwerpunkt des Geschäfts Schlesingers waren
Klavierauszüge der in Berlin gespielten Opern. Webers Werke waren Anlass der
meisten heute bekannten Gerichtsverfahren Schlesingers

Schlesinger hatte in seinem Verlag einen Klavierauszug des »Freischütz«
herausgebracht. Dieser Klavierauszug stammte von Weber selbst. Bei Hitzig
heißt es, dass Schlesinger beantragt hätte, Hoffmann als Sachverständigen zu
hören, ob der in Wien herausgebrachte, von ihm beanstandete Klavierauszug
eines gewissen Leidersdorff »als ein Nachdruck der Schlesingerschen Originalausgabe zu betrachten sei«. Die Zuständigkeit des Kammergerichts ergab sich
daraus, dass der Klavierauszug (auch) in Berlin von dem Buch- und Musikali-
enhändler Trautwein verkauft wurde.

Warum beantragte Schlesinger, gerade E. T. A. Hoffmann als Sachverständigen zu vernehmen? Er schätzte offenbar Hoffmanns Qualitäten. Schlesinger
hatte Hoffmann zuvor gelegentlich um Rat gefragt und ihn auch aufgefordert, in
seinen Musikverlag zu wechseln.

Wie ist überhaupt eine solche Sachverständigenanhörung seinerzeit rechtlich
einzuordnen gewesen? War sie wirklich, wie oben formuliert worden ist, Hoffmanns letzte »Amtshandlung« (als Kammergerichtsrat)? Wohl eher nicht, wie
wir noch sehen werden. E. T. A. Hoffmann wurde hier nicht in seiner Eigenschaft
als Richter, sondern als (Musik-)Sachverständiger gehört. Schlesinger wird ihn
aber sicherlich auch oder gerade deshalb vorgeschlagen haben, weil Hoffmann
eben auch Jurist und Richter war.

7.   Der »Prometheusfelsen, der wie ein Haus aussieht ...«

Obgleich Hoffmann ein sehr guter Richter war und als solcher überwiegend hervorragende Beurteilungen erhielt, sah er diese Tätigkeit mehr als Brotberuf. Über Hitzig und sich selbst schrieb er 1817: »Beide, Hitzig und ich, sind an den Prometheusfelsen, der wie ein Haus aussieht und am Ende der Markgrafenstraße angebracht ist, angeschmiedet; daher gibt es leider keine Feiertage für uns.« Das Kammergericht war von 1734 bis 1913 im sogenannten Kollegienhaus in der Lindenstraße untergebracht, heute der Eingangsbereich des Jüdischen Museums. Auf das Gebäude, das zuvor von 1969 bis 1993 das Berlin-Museum beherbergte, läuft die von Hoffmann angesprochene Markgrafenstraße zu.

Hoffmann war am Kammergericht als Strafrichter tätig, zunächst im Kriminalsenat. Dieser entschied seinerzeit in erster Instanz über Straftaten, deren Strafandrohungen ein gewisses Limit überschritten, sowie in zweiter Instanz über die Urteile der Untergerichte. Ab 1821 gehörte Hoffmann dem Oberappellationssenat an. Dieser war die zweite Instanz für die erstinstanzlichen Urteile des Kammergerichts.

Von besonderer Bedeutung für ihn wurde Hoffmanns Tätigkeit in der »Immediat-Kommission«. Im Rahmen der Karlsbader Beschlüsse (1819) wurden Kommissionen zur Untersuchung sogenannter demagogischer Umtriebe eingesetzt. Die zentrale Kommission hatte ihren Sitz in Mainz und sollte die Arbeit entsprechender Landeskommissionen koordinieren. In Preußen war das die »Königliche Immediat-Untersuchungs-Commission zur Ermittlung hochverräterischer Verbindungen und anderer gefährlicher Umtriebe« (K.I.U.C. / hier nachstehend nur noch als »Immediat-Kommission« bezeichnet), die im September 1819 gegründet und beim Kammergericht eingerichtet wurde. Die Kommission war in etwa in der Funktion eines Untersuchungs- und Haftrichters tätig. In ihr war Hoffmann von 1819 bis 1821 tätig. Diese zusätzliche Tätigkeit wurde nicht vergütet.

8.   Disziplinarverfahren wg. »Knarrpanti«

Für Hoffmann bot das Gutachten möglicherweise auch Ablenkung von einer sehr heiklen Angelegenheit, einem gegen ihn laufenden Disziplinarverfahren, das in Zusammenhang mit der Tätigkeit in der Immediat-Kommission stand. An Hitzig schrieb Hoffmann unter dem 30. Januar 1822: »Mehr als jemals bedarf ich Ihres gütigen Rates in Ansehung der vermaledeiten Flohgeschichte, die mich in die größte Unruhe und dabei noch auf andere Weise in Verlegenheit setzt.«[15] Bei

---

15 E. T. A. Hoffmann, Briefwechsel, 2. Bd.(vgl. Fn.14), S. 358.

der sogenannten Knarrpanti-Affäre handelt es sich rechtshistorisch um einen Vorläufer der Problematik, die wir heute mit den Grundsatzentscheidungen »Mephisto« und »Esra« (jeweils vom BGH und vom BVerfG) verbinden.[16] Der Polizeidirektor im preußischen Innenministerium unter dem Minister Friedrich von Schuckmann, Carl Albert von Kamptz (1769–1849), ab 1832 Minister für die Revision der Gesetzgebung und in dieser Eigenschaft Vorgänger von Friedrich Carl von Savigny, sah sich durch die Figur des Knarrpanti in Hoffmanns (angekündigten, aber noch nicht erschienenen) Märchenerzählung »Meister Floh« persifliert und beleidigt, unter anderem wegen solcher Passagen:
- Ein Tagebucheintrag lautet: »Heute war ich leider mordfaul.« Der Geheime Hofrat Knarrpanti fragt, »ob jemand wohl verbrecherischere Gesinnungen an den Tag legen könne, als wenn er bedauere, heute keinen Mord verübt zu haben«. Oder:
- Peregrinus Tyß wird verhaftet, weil er angeblich eine Frau entführt haben soll. Allerdings wird gar keine Frau vermisst! Aber das irritiert den Geheimen Hofrat Knarrpanti nicht: »Auf die Erinnerung, dass doch eine Tat begangen sein müsse, wenn es einen Täter geben solle, meinte Knarrpanti, dass, sei erst der Verbrecher ausgemittelt, sich das begangene Verbrechen von selbst finde. Nur ein oberflächlicher leichtsinniger Richter sei [...] nicht im Stande dies und das hineinzuinquirieren, welches dem Angeklagten doch irgendeinen kleinen Makel anhänge und die Haft rechtfertige.«

»Meister Floh« erschien dann zwar 1822 als eines der zeitlich letzten Werke Hoffmanns, aber ohne die Knarrpanti-Episode (Knarrpanti = Kamptz + Narr?). Die der Zensur zum Opfer gefallenen Textteile wurden erst sehr viel später in den Akten des Geheimen Staatsarchivs in Berlin entdeckt, sodass die erste vollständige Ausgabe von »Meister Floh« erst 1908 erscheinen konnte.

Auch die Verteidigungsschrift Hoffmanns in diesem Disziplinarverfahren gehört zu seinen letzten Arbeiten (Februar 1822).[17] Der Kammergerichtspräsident Johann Daniel Woldermann reichte sie an den Justizminister Friedrich Leopold von Kircheisen weiter nicht ohne den Hinweis, dass sich Hoffmann »durch vorzüglich gründliche Arbeiten, in den allerwichtigsten Kriminalsachen

---

16 Vgl. zu Mephisto (Gründgens / Klaus Mann): BGH, Urt. V. 20.03.1968, I ZR 44/66, GRUR 1968, 552 und BVerfG, Beschl. V. 24.02.1971, 1BvR 435/68, GRUR 1971,461; zu Esra: BGH, Urt. V. 21.06.2005, VI ZR 122/04, GRUR 2005,788; dazu z.B. *Seifert*, Dichtung und die »Elle der Realität«, Überlegungen anlässlich des BGH-Urteils »Esra«, in: Festschrift für Eike Ullmann, 2006, sowie das zu der Thematik kurz danach ergangene und nun maßgebliche Urteil des BVerfG vom 13.06.2007, 1 BvR 1783/05, NJW 2008, 39.

17 E. T. A. Hoffmann, Briefwechsel, gesammelt und erläutert von *Hans von Müller* und *Friedrich Schnapp*, herausgegeben von *Schnapp*, 3. Bd., 1969, S. 257. Protokoll der Vernehmung Hoffmanns, a.a.O., S. 256f. Zu den weiteren letzten Arbeiten Hoffmanns gehörte u.a. Des Vetters Eckzimmer (vgl. Fn. 12).

eben so sehr, als durch Ernst und würdiges Betragen in seinen Amtshandlungen ausgezeichnet hat, auch nicht einmal eine Spur seines comischen Schriftstellertalents blicken ließ.«

Das Disziplinarverfahren endete formal mit Hoffmanns Tod. Wie es ansonsten ausgegangen wäre oder ob sogar darüber noch zu Lebzeiten Hoffmanns entschieden worden war, ist nicht ganz klar. Es wird die Meinung vertreten, der König habe bereits entschieden gehabt, und zwar habe er Hoffmann nur einen Verweis erteilen wollen, also keine Versetzung in die Provinz oder Schlimmeres angeordnet. Jedenfalls schrieb der Innenminister Schuckmann 1828 rückblickend, dass Hoffmanns »von seiner Majestät befohlene Rüge nur durch seinen Tod abgeschnitten worden« sei.[18]

Der König soll angeblich von Hoffmanns Verteidigungsschrift angenehm angetan gewesen sein und ihn ohnehin wegen seiner Oper »Undine« geschätzt haben.

9. Lutter & Wegner

Wahrscheinlich hätte Kamptz von »Meister Floh« und der Figur des Knarrpanti nie etwas erfahren, hätte nicht Hoffmann vorab Andeutungen darüber gemacht, »dass er dies und jenes in dem Buche persiflieren« (Hitzig) werde. Und der Diplomat und Archäologe Wilhelm Dorow (1790–1845) formuliert in seinen Erinnerungen: »Wohl niemand wäre darauf aufmerksam geworden, hätte Hoffmann die besten Witze aus der Episode Knarrpanti, die angeblich eine travestierte Demagogen-Untersuchung enthalten sollte und dem Meister Floh einverleibt war, nicht schon seinen Abendgenossen in der bekannten Weinhandlung von Lutter & Wegner mit gewohnter Offenheit zum Besten gegeben.«[19]

Über Hoffmanns Trinkgelage bei Lutter & Wegner am Gendarmenmarkt gibt es hübsche Anekdoten, wobei Hitzig in seiner Biografie klarstellt, dass Hoffmann nicht um des Wohlgeschmacks willen trank, sondern »um sich zu montieren […] War er einmal montiert; wie er es nannte, in exotischer Stimmung, […] so gab es nichts Interessanteres, als das Feuerwerk von Witz und Glut der Fantasie, das er dann unaufhaltsam, oft fünf, sechs Stunden hintereinander, vor der entzückten Umgebung aufsteigen ließ.« Und in einem solchen Rahmen wird er wohl auch über Knarrpanti und Kamptz brilliert haben.

---

18 Schreiben an Danckelmann (vgl. auch Fn. 44) vom 18.10.1828, in: E. T. A. Hoffmann, Briefwechsel (vgl. Fn. 17), 3. Bd., S. 331, 333.
19 Zitiert nach Briefwechsel (vgl. Fn. 17), 3. Bd., S. 217. Zu Hoffmann und Lutter & Wegner vgl. z.B. *Zimmermann*, Lutter & Wegner am Gendarmenmarkt, 200 Jahre Berliner Geschichte und Geschichten, 2011, S. 95 ff.

10.   Kamptz, Hoffmann und Jahn

Wie ist es überhaupt zu dieser Gegnerschaft zwischen Kamptz und Hoffmann gekommen? Bei dem gerade genannten Wilhelm Dorow findet man dazu eine originelle Erklärung aus altpreußischem Blickwinkel. In seinen Erinnerungen heißt es, dass es sich »nur um eine Episode eines langen erbitterten Kampfes zwischen zwei Gruppen handelt, eines Kampfes, der auf beiden Seiten mit allen Mitteln geführt wird. Auf der einen Seite stehen die Freunde einer unbefangenen Justiz und eines Vertrauensverhältnisses zwischen Volk und Regierung: in unserem Fall die Ostpreußen Hoffmann und Hippel, der Pommer Woldermann und der Berliner Kircheisen, alle als Untertanen Friedrich des Großen geboren; auf der anderen Seite sehen wir nur geborene Nichtpreußen, nämlich Kamptz und Schuckmann, die beiden humorlosen Starrköpfe aus Mecklenburg«.[20]

Kamptz und Hoffmann waren Antipoden: Hoffmann als Mitglied (1819 bis 1821) der am Kammergericht eingerichteten Immediat-Kommission (vgl. oben 7.) als Vertreter – wie wir heute sagen würden – des rechtsstaatlichen Denkens und auf der anderen Seite das preußische Innenministerium und die Polizei, welche die sogenannte Demagogenverfolgung betrieben.

Ein gutes Beispiel ist das Verfahren gegen den sog. »Turnvater« Friedrich Ludwig Jahn (1778–1852). Auch er geriet in das Mühlwerk der Demagogenverfolgung. Im März 1819 wurde sein Turnplatz in der Berliner Hasenheide gesperrt, am 13. Juli wurde er verhaftet. Für Hoffmann bedurfte es, wie er in einem anderen Fall formulierte, »keiner Ausführungen [...], dass bloße Gesinnungen, sind sie nicht als Tat ins Leben getreten, nicht Gegenstand einer Kriminaluntersuchung sein können«.[21] Er votierte unter dem 15. Februar 1820 zugunsten Jahns auf Freilassung, die aber erst einmal nicht erfolgte.

Jahn seinerseits hatte am 19. November 1819 eine Beleidigungsklage gegen Kamptz eingereicht, weil dieser in einem Zeitungsartikel die Vorwürfe als erwiesene Tatsachen dargestellt hatte. Das Justizministerium intervenierte: Der Artikel sei eine Amtshandlung und als solche einer gerichtlichen Beurteilung nicht unterworfen. Hoffmann und die anderen Richter sahen das anders und blieben bei ihrer Auffassung auch gegenüber dem Staatskanzler Hardenberg und dem Justizminister Kircheisen: »Die von dem [...] Jahn eingereichte Injurienklage mussten wir für rechtlich begründet achten [...], weil auch die höchsten

---

20 Zitiert nach E. T. A. Hoffmann, Briefwechsel (vgl. Fn. 17), 3. Bd., S. 217. Hippel war ein enger Freund Hoffmanns seit Jugendzeit und u. a. Mitarbeiter Hardenbergs, Woldermann der Präsident des Kammergerichts und Kircheisen Justizminister.

21 Votum in Sachen des Studenten Franz Lieber, in: E. T. A. Hoffmann, Juristische Arbeiten (vgl. Fn. 8), S. 154.

Staatsbeamte nicht außer dem Gesetz gestellt, vielmehr demselben wie jeder andere Staatsbürger unterworfen sind.«[22]

Bereits unter dem 10. Januar 1820 hatte das Gericht an den Justizminister Kircheisen geschrieben: »Nur in sehr wenigen Fällen schreiben die Gesetze die öffentliche Bekanntmachung eines völlig ausgemittelten feststehenden Verbrechens mit namentlicher Bezeichnung des Verbrechers vor, und in diesen Fällen muss ausdrücklich darauf erkannt werden. Umso mehr liegt darin ein abnormes den Gesetzen widersprechendes Verfahren, wenn ein Verbrechen öffentlich bekannt gemacht wird, dessen der Angeklagte weder überführt noch geständig ist und umso zweifelhafter wird daher auch der Umstand, dass der Verklagte auf höheren Befehl gehandelt haben sollte.«[23]

Aber ein Rechtsstaat im heutigen Sinne (mit Gewaltenteilung) war Preußen vor fast 200 Jahren natürlich noch nicht: Der König erklärte mit Schreiben an das Kammergericht vom 13. März 1820 die Klage des Jahn für »nicht begründet« und beendete damit das Verfahren. Hoffmann und die anderen Richter hatten sich zuvor in ihrer Stellungnahme gegenüber Hardenberg und Kircheisen auf ihren Amtseid berufen und erklärt, nur der König habe die Macht, »aus höheren Staatsgründen den Gang des Rechts zu hemmen«. Das machte der König dann auch, nicht ohne das Kammergericht zu tadeln.[24]

Das Gebäude des Kammergerichts, in dem Hoffmann arbeitete (vgl. oben 7.), schmückt heute eine Gedenktafel mit u. a. den Hinweisen »Altes Kammergericht« und »Es galt als Hort der Rechtsstaatlichkeit«. Diese Aussage bezieht sich auf die (historisch unwahre) Legende von Friedrich dem Großen und dem Müller von Sanssouci. Aber man kann beispielsweise mit Verweis auf Hoffmann und seine Kollegen durchaus das Kammergericht zu dieser Zeit als einen »Hort der Rechtsstaatlichkeit« ansehen.[25]

Wesel meint in einem Essay über »Große Zeiten des Rechts in Preußen«, im 19. Jahrhundert habe das Kammergericht seinen guten Ruf endgültig befestigt. Und: »Einer seiner tapfersten Richter ist E. T. A. Hoffmann gewesen«.[26]

---

22 Schreiben an Hardenberg und Kircheisen vom 14. 02. 1820, in: E. T. A. Hoffmann, Briefwechsel (vgl. Fn. 17), 3. Bd., S. 172.
23 Schreiben an Kircheisen vom 10. Januar 1812, in: E. T. A. Hoffmann, Briefwechsel (vgl. Fn. 17), 3. Bd., S. 163, 164/165.
24 Schreiben an das Kammergericht vom 13. 03. 1820, in: E. T. A. Hoffmann, Briefwechsel (vgl. Fn. 17), 3. Bd., S. 177.
25 Zur Thematik Kammergericht und Rechtsstaat vgl. z. B. *Schmidt, Eberhard*, Kammergericht und Rechtsstaat, Eine Erinnerungsschrift, Schriftenreihe der Juristischen Gesellschaft e. V. Berlin, 1968. Zur Geschichte des KG vgl. z. B. *Bienwald*, 500 Jahre Kammergericht, DRiZ 1968, 66 und *Wesel* Ja, wenn das Berliner Kammergericht nicht wäre, KritV 1987, 157.
26 *Wesel*, Große Zeiten des Rechts in Preußen, in: PreußenJahrBuch, Ein Almanach, MD Berlin, 2001, S. 32, 34.

11. Die Nachdruckproblematik bei Klavierauszügen

Wenden wir uns nun wieder Hoffmanns Gutachten zu: Am 18. Juni 1821 war
»Der Freischütz« im neu eröffneten Schauspielhaus auf dem Gendarmenmarkt
uraufgeführt worden. 1822/1823 führte Schlesinger bereits drei Prozesse wegen
des »Freischütz«. Zwei davon waren Klagen gegen Klavierauszüge.

Der rechtliche Schutz derartiger Klavierauszüge vor Nachdruck war 1822
allerdings ein Problem. Seit 1794 galt in Preußen das Allgemeine Landrecht
(ALR). Bis zum Gesetz von 1837, dem aus heutiger Sicht ersten wirklichen
deutschen Urheberrechtsgesetz, sollten noch 15 Jahre vergehen.

Das ALR versuchte eine umfassende Gesamtordnung des Staats- und Sozi-
allebens zu geben. Es war schon vom Umfang her eine große Kodifikation.
Friedrich der Große soll darüber gesagt haben: »Gut, aber es ist ja so dikke.«[27]
Die Regelungen zum Verlagsvertrag fanden sich im elften Titel des ersten Teils
(»Von den Titeln zur Erwerbung des Eigenthums unter Lebendigen«), dort im
achten Abschnitt (»Von Verträgen; wodurch Sachen gegen Handlungen, oder
Handlungen gegen Sachen versprochen werden«). Gleich danach im neunten
Abschnitt werden die Schenkungen behandelt. Räumlich weit entfernt davon
unter den strafrechtlichen Vorschriften finden sich zwischen »Überschreitung
der Taxe« und »Unerlaubte Spiele« die Paragrafen über »Büchernachdruck«.

Das ALR regelte also im Wesentlichen und ausführlich die Rechtsbeziehungen
zwischen Autor und Verleger, und zwar in erster Linie im Hinblick auf Bücher. In
§ 997 heißt es dann ergänzend, dass »nicht bloß Bücher, sondern auch [...]
musikalische Compositionen« Gegenstand des Verlagsrechts sind.

Ein weiter gehender Schutz konnte durch Privilegien erreicht werden als Er-
gänzung des gesetzlichen Schutzes nach dem ALR. *Wadle* stellt fest: »Zwischen
den beiden Eckdaten 1794 und 1837 hat man immer wieder auf Privilegien
zurückgegriffen.«[28] Im strafrechtlichen Teil des ALR unter »Büchernachdruck«
hieß es in § 1295: »Hat der rechtmäßige Verleger ein ausdrückliches Privilegium
erhalten: so hat der Nachdrucker eines Buches, welchem ein solches Privilegium
vorgedruckt, oder dessen Inhalt auf oder hinter dem Titelblatt vermerkt ist, die
in dem Privilegio angedrohte Strafe verwirkt.«

Im konkreten Fall, den Hoffmann zu begutachten hatte, gab es kein Privileg
zugunsten des Klavierauszuges von Carl Maria von Weber. Maßgeblich war
deshalb die sich aus dem ALR ergebende Rechtslage.

---

27 Diese angebliche Äußerung Friedrichs bezieht sich offensichtlich auf einen Entwurf des
     Gesetzes, das erst 1794, also nach Friedrichs Tod (1786), in Kraft trat.
28 *Wadle*, a.a.O. (Fn. 1), S. 191.

12.   Die Funktion der Gutachter

In welcher Eigenschaft wurde E. T. A. Hoffmann als Gutachter zu der Frage tätig, »ob jener Klavierauszug als ein Nachdruck der Schlesingerschen Originalausgabe zu betrachten sei«? *Kawohl* meint, Hoffmann sei hier nicht als Musiker oder Musikästhetiker gefragt gewesen, sondern als Jurist.[29] Dem hält *Nomine* entgegen, das sei (nach der Prozessordnung) gar nicht möglich gewesen. Es könne nur um ein musikalisches Sachverständigengutachten gehen.[30]

E. T. A. Hoffmann spricht in seiner Aussage (in einer von Hitzig nicht mitabgedruckten Passage des Protokolls, vgl. oben 3.) von einem »Kunst-Urteil«, welches er, obgleich es ein solches ist, »unbedenklich auf meinen Amts-Eid nehme«. Außerdem meint Hoffmann (ebenfalls in einer von Hitzig nicht mitabgedruckten Passage), dass er das Gutachten abgebe, weil er dazu aufgefordert worden sei und sich nicht verweigern wolle, nicht weil er seine Eigenschaft als Sachverständiger im gesetzlichen Sinne des Wortes anerkenne. Ein solcher sei nach seiner Auffassung nämlich nur, »wer eine Wissenschaft oder Kunst als Gewerbe treibt, nicht der, dem bloß eine Kenntnis derselben beiwohnt«.

Ergibt sich schon daraus, dass es hier nicht um juristischen Sachverstand geht, sondern um musikalischen, so wird dies darüber hinaus auch dadurch bestätigt, dass es am Schluss des Protokolls heißt, es sollte auch noch der Musikdirektor und Komponist Gaspare Spontini über denselben Gegenstand vernommen werden.

Das Gesetz von 1837 ist noch 15 Jahre entfernt, aber die später darin grundsätzlich angeordnete, die Richter verpflichtende Anhörung von Sachverständigen war offenbar bereits Praxis. *Wolf* meint, dass zum Erfolg einer Klage zur Frage des Nachdrucks bereits 1822 ein positiver Befund durch einen Sachverständigen vorliegen musste. Dabei kam es für den Sachverständigen darauf an, ob bei einem Vergleich beider Verlagserzeugnisse das eine als Kopie des anderen erschien. Nur wenn dies der Fall war, wurde das Vorliegen eines Nachdrucks angenommen.[31]

13.   E. T. A. Hoffmanns Meinung: kein Nachdruck

Wie ging nun Hoffmann an die Fragestellung heran. Modern gesprochen würde man sagen, dass er zunächst prüfte, ob eine »Schrankenregelung« eingreift. Eine solche enthielt das ALR in den §§ 1025 und 1026. § 1025 sah vor, dass »Auszüge aus Schriften in andere Werke oder Sammlungen aufgenommen werden« durf-

---

29 *Kawohl*. a.a.O. (Fn. 1), S. 36.
30 *Nomine* in einer Rezension, abrufbar unter www.koeblergerhard.de/ZRG121Internetrezen sionen/KawohlFriedemann-Urheberrechtder%20Musik.htm.
31 *Wolf*, a.a.O. (Fn. 1), S. 112.

ten. § 1026, den Hoffmann ebenfalls anspricht, regelt, dass neue Ausgaben ausländischer Schriften nachgedruckt werden dürfen. Diese Vorschriften hielt Hoffmann bei Musikwerken aber nicht für einschlägig, »da es unmöglich ist, musikalische Kompositionen auf die Weise zu extrahieren, wie dies bei Büchern geschieht«. Damit ist möglicherweise gemeint, dass bei einem Buch einzelne Zeilen oder Absätze entnommen und in andere Werke eingefügt werden können, wobei der entnommene Text aber immer unverändert bleibt. Bei einem Musikwerk, etwa bei der »Entnahme« eines Klavierauszuges aus einer Oper, ist das dagegen nicht so.[32]

Aber auch sonst sah Hoffmann keinen Nachdruck. Für ihn war entscheidend: »Wo eigene Geistestätigkeit des Bearbeiters eintritt, kann von Nachdruck oder Nachstich nicht mehr die Rede sein.« Es geht hier also – nach unserem heutigen Verständnis – um die Problematik der Bearbeitung eines Werkes, nämlich um das Verhältnis zwischen Originalwerk als Ursprungswerk und seiner Bearbeitung (vgl. heute § 3 UrhG).[33]

Hoffmann führt dazu aus: Wer einen Klavierauszug selbst fertigt und dabei die Partitur vor Augen hat, fertigt keinen »Nachdruck«. So war es auch hier. Es bestand keine Identität der Produkte. Hoffmann: Der Klavierauszug Schlesingers, den Carl Maria von Weber selbst gefertigt hatte, habe »etwas ganz eigentümliches und geniales, wogegen der Wiener Auszug ganz nach dem gewöhnlichen Schlendrian gearbeitet« sei. Ein Nachdruck liege also nicht vor.[34] Tatsächlich gilt Webers Klavierauszug des »Freischütz« bis heute als besonders hochwertig und beispielhaft.

Eine andere Frage – so Hoffmann – sei, ob Leidersdorff die Rechte Carl Maria von Webers verletzt habe, indem er sich in den Besitz der Partitur gesetzt und den Klavierauszug gefertigt habe. Dies seien andere Fragen, zu deren Entscheidungen alle Daten fehlen würden. Durch einen solchen Missbrauch der Partitur wäre nämlich nicht der Tatbestand des Nachdrucks begründet, sondern allenfalls der Tatbestand eines anderen Vergehens.

Wichtig erscheint der Hinweis von *Wolf*, dass die Gutachter in den Jahren 1822/1823 noch darauf abstellten, welche Vorlage zur Erstellung des vermeintlichen Nachdrucks benutzt worden war und ob beide identisch erscheinen.

---

32 So *Alfred Hoffmann*, a.a.O. (Fn. 8), S. 227/228.
33 Demgemäß lautet bei *Erdmann* (vgl. Fn. 1) der Untertitel: »Ein Beitrag zum Bearbeiterurheberrecht«.
34 Für *Kawohl*, a.a.O. (Fn.1), S. 37/38, liegt der Unterschied zwischen Hoffmanns und der modernen urheberrechtlichen Auffassung weniger darin, dass Hoffmann den Beitrag des Bearbeiters gegenüber dem Komponisten höher einschätzt, sondern vor allem darin, dass Hoffmann keinen abstrakten Werkbegriff kennt, der urheberrechtliche relevant wäre. Nicht das Werk Der Freischütz sei für ihn Gegenstand des Urheberrechts, sondern allein eine bestimmte notenschriftliche Verfassung dieses Freischütz.

Demgegenüber sei in späteren Prozessen – sie nennt dazu das Jahr 1843 – zumeist die Melodie zum entscheidenden Kriterium in der Frage des Nachdrucks geworden. Stellten die Gutachter fest, dass diese in ihrer Substanz übernommen wurde, lag die Annahme eines Nachdrucks nahe.[35]

14. Die Folgediskussion

Schlesinger zog aus seinen Prozessniederlagen den Schluss, dass im gesetzlichen Schutz gegen Nachdruck eine Lücke bestehe, und bat den König, diese Lücke zu schließen. Das preußische Justizministerium teilte diese Ansicht jedoch nicht. Es verwies insbesondere darauf, dass der Verleger sich ein Privileg verschaffen könne. Wenn er dieses dem Verlagsartikel vordrucken ließ, stünde die Verletzung seiner Rechte unter der Strafdrohung gemäß § 1295 ALR.[36]

Bemerkenswert ist, dass das Handelsministerium das anders sah. Hans Graf von Bülow, Minister für Handel und Gewerbe, meinte, dass »das musikalische Werk, von dessen Nachdruck die Rede ist, immer dasselbe bleibt, es mag für eine Stimme oder für ein volles Orchester gesetzt werden; und dass, wenn die Gerichte in allen Fällen so urteilen sollten, es um das Eigentum des Verlegers an solchen Werken geschehen und der Nachdruck implizierter gestattet sein würde«. Auch er sah also keine Gesetzeslücke, sondern nur eine unzureichende Rechtsprechung. Letztlich ging es um die Frage, ob nur identische Drucke als »Nachdruck« anzusehen waren oder ob auch veränderte Exemplare als Nachdruck in Betracht kamen. Im ersten Fall führte schon die geringste Veränderung zur Verneinung des Tatbestandes »Nachdruck«, im zweiten Fall stellte sich die Frage, wo und wie die Grenze zwischen unbeachtlichen und beachtlichen Veränderungen zu ziehen war.[37] Die erste Ansicht, im historischen Fall also das Justizministerium, verstand Nachdruck als ein »rein mechanisches« Geschehen, das Handelsministerium dachte dagegen – aus unserer heutigen Sicht – moderner in Richtung der zukünftigen Entwicklung.[38]

---

35 *Wolf*, a.a.O. (Fn. 1), S. 118.
36 *Wadle*, a.a.O. (Fn. 1), S. 191.
37 *Wadle*, a.a.O. (Fn. 1), S. 192.
38 So *Wadle*, a.a.O. (Fn. 1), S. 192. *Kawohl*, a.a.O. (Fn. 1), S. 41 meint, dass hier das alte Konzept des Verlegerrechts (schon) auf das Neue des Urheberrechts trifft. Jenes sei an Abwehrrecht gegen Nachdruck, dieses ein Recht am Werk.

15.   Wie ging es weiter?

a)   Originalwerk, Bearbeitung und Melodienschutz in der Musik

Die von E. T. A. Hoffmann behandelte Problematik des Schutzes von Musikwerken vor »Nachdruck« und der Abgrenzung zwischen Originalwerk und Bearbeitung bestand noch lange fort. Auch das preußische Urheberrechtsgesetz von 1837 übertrug noch in seinem § 20 die Grundsätze des Verbots des Büchernachdrucks auf das Gebiet der Musik (»Einem verbotenen Nachdrucke ist gleichzusetzen, wenn [...]«). Und noch lange Zeit hat man nicht zu unterscheiden gewusst zwischen dem Urheberrecht am Originalwerk und dem davon abhängigen, aber dennoch selbstständigen Urheberrecht an einer Bearbeitung des Originals (vgl. heute § 3 UrhG). Man glaubte, dass an einem bearbeiteten Werk nur ein Urheberrecht bestehen könne, entweder das des Originalurhebers oder das des Bearbeiters. Hatte also die neue Fassung des Werkes (mit unserem heutigen Vokabular gesprochen) selbst Werkhöhe erreicht, war damals die Konsequenz, dass die Verwendung des Originalwerkes zulässig gewesen war.[39] So hatte das seinerzeit möglicherweise auch E. T. A. Hoffmann gesehen (»Wo eigene Geistestätigkeit des Bearbeiters eintritt, kann vom Nachdruck oder Nachstich nicht mehr die Rede sein«).

Besonders auf dem Gebiet der Musik wurde dies als nicht hinnehmbar empfunden. Letztlich führte das 1901 zur Einführung des absoluten Melodienschutzes in dem dann bis 1965 geltenden § 13 Abs. 2 LitUrhG.

Der § 13 Abs. 2 LitUrhG von 1901 enthielt dann nahezu schon den auch heute noch geltenden Wortlaut zum Melodienschutz (§ 24 Abs. 2 UrhG), einer heute eigentlich nicht mehr erforderlichen Vorschrift, nachdem das Verhältnis zwischen Originalwerk und Bearbeitung dogmatisch durchdrungen und geklärt ist (vgl. §§ 3, 23 UrhG). Der Melodienschutz sollte deshalb ursprünglich nicht in das heute geltende Urheberrechtsgesetz von 1965 übernommen werden, eben weil nach nahezu einhelliger Auffassung diese Vorschrift nicht mehr erforderlich war. Keiner der Entwürfe zum neuen Urheberrechtsgesetz, weder der Referentenentwurf von 1954 noch der Ministerialentwurf von 1959 oder der Regierungsentwurf von 1961/62 sah eine Fortführung dieses Sonderschutzes vor. Erst nahezu in letzter Minute fügte der Rechtsausschuss des Bundestages auf Drängen der Komponisten und Musikverleger den Melodienschutz dann doch noch in das neue Gesetz ein.[40]

---

39 Vgl. dazu z. B. *Brunner*, Melodienschutz im Urheberrecht, 2013, S. 32.
40 Vgl. zur Gesetzgebungsgeschichte des Melodienschutzes z. B. *Brunner*, a.a.O., S. 19 ff.

b)   Es gibt bis heute das Kammergericht ...

Das Kammergericht ist das einzige deutsche Oberlandesgericht (von insgesamt 22), das in seinem Namen nicht so bezeichnet wird. Die Rechtsgrundlage dafür ist etwas überraschend ein Erlass des Kaisers Wilhelm I., hier wohl in seiner Eigenschaft als König von Preußen handelnd, vom September 1879, dass das ab 1. Oktober 1879 ins Leben tretende Oberlandesgericht zu Berlin die Bezeichnung »Kammergericht« tragen solle. (Mit dem 1. Oktober 1879 trat das GVG in Kraft.). Dabei ist es bis heute geblieben.

Insgesamt dreimal drohte dem Kammergericht, seinen historischen Namen zu verlieren. 1879 rettete Kaiser Wilhelm I. den Namen. Circa 150 Jahre früher hatte der sogenannte Soldatenkönig Friedrich Wilhelm I. (1688–1740) militärisch knapp formuliert: »Kammergericht soll bleiben«. Ganz besonders gefährdet war der Name des Gerichts nach dem Zweiten Weltkrieg. Der Alliierte Kontrollrat – übrigens im 1913 eröffneten großen neuen Gebäude des Kammergerichts am Kleistpark untergebracht – löste bekanntlich 1947 das Land Preußen auf, und warum hätte das Kammergericht, eine preußische Institution, erhalten werden sollen, statt es in die Reihe der anderen Oberlandesgerichte auch namentlich einzugliedern. So sah das 1945 wohl auch der zuständige US-Offizier. Aber es kam anders. Angeblich wurde ihm die Legende vom Kammergericht und dem Müller von Sanssouci erzählt. »Kammergericht okay«, soll seine Antwort gewesen sein.[41]

An der Legende von Friedrich dem Großen (1712–1786) und dem Müller von Sanssouci ist bekanntlich kein wahres Wort. Aber – wie oben schon gesagt – u. a. die Tätigkeit von E. T. A. Hoffmann und seinen Kollegen als Mitglieder in der Immediat-Kommission lässt die Einordnung des Kammergerichts als »Hort der Rechtsstaatlichkeit« und damit auch die Beibehaltung des historischen Namens gerechtfertigt erscheinen.

c)   ... aber keine Kammergerichtsräte mehr

Das Kammergericht heißt weiter Kammergericht und ist heute stolz auf seinen berühmtesten Richter, den Kammergerichtsrat E. T. A. Hofmann. Aber als 1972 in Deutschland die Amtsbezeichnungen der Richter geändert wurden, hörte u. a. auch der Titel »Kammergerichtsrat« auf, zu existieren. Kammergerichtsräte waren nun »Richter am Kammergericht«.

---

41 Vgl. im Einzelnen *Günther*, DRiZ 1968, 71, 76.

d)   E. T. A. Hoffmanns Tod

E. T. A. Hoffmann verstarb am 25. Juni 1822. Sein Grab befindet sich nicht weit
vom früheren Gebäude des Kammergerichts auf dem Friedhof am Mehring-
damm gegenüber vom Finanzamt Kreuzberg. Geld war, als Hoffmann starb,
nicht vorhanden. Als Kammergerichtsrat hatte er ein ordentliches Einkommen,
aber er gab das Geld mit vollen Händen aus. Hoffmanns Witwe als Alleinerbin
schlug – von Hitzig beraten – das Erbe aus. Der Nachlass wurde noch im Todesjahr versteigert. Hitzig erwarb einen Teil davon. Die Freunde sorgten für den
Grabstein, auf dem Hoffmann mit der Abkürzung seines wirklichen dritten
Vornamens (Wilhelm statt Amadeus) bezeichnet ist. Hitzig formulierte die In-
schrift, und zwar gerade im Hinblick auf die zuletzt erfolgten Verunglimpfun-
gen: »*Kammer-Gerichts-Rat, ausgezeichnet im Amte [...]*«).
    Noch am 4. Februar 1822 hatte der preußische Innenminister Schuckmann in
Zusammenhang mit der Knarrpanti-Episode (vgl. oben 8.) Hoffmann als
»pflichtvergessenen, höchst unzuverlässigen und selbst gefährlichen Staatsbe-
amten« bezeichnet.[42] 1828 wurde ein Antrag, Hoffmanns Witwe noch eine
Zahlung für dessen bisher nicht vergütete Tätigkeit in der Immediat-Kommission zu bewilligen, abgelehnt. *De mortuis nisi bene* könne bei Hoffmann nicht zur
Anwendung kommen, schrieb Schuckmann sechs Jahre nach Hoffmanns Tod.[43]
Der (neue) Justizminister Heinrich Graf von Danckelmann ließ sich von Schuckmann über die Knarrpanti-Episode informieren und schloss sich insoweit der
Auffassung des Innenministers an.[44] Die anderen Mitglieder der Kommission
erhielten, anders als Hoffmanns Witwe, die Vergütung.
    Hitzig setzte sich weiter für seinen Freund ein. 1846, rund 25 Jahre nach
Hoffmanns Tod, bot er durch seinen Schwiegersohn – er selbst war bereits Opfer
eines Schlaganfalls, der seine Gesundheit zerstört hatte – die musikalischen
Kompositionen Hoffmanns aus dem Nachlass – darunter die Partitur der Oper
»Undine« – dem König mit der Bitte an, sie der musikalischen Abteilung der
Königlichen Bibliothek zuzuführen. So geschah es dann auch (1847).[45]
    Seit 1890 hängt an Hoffmanns früherem Wohnhaus am Gendarmenmarkt zu
seinem Andenken eine Ehrentafel der Stadt Berlin, und zwar heute sogar an der

---

42 Schreiben an Hardenberg vom 4.02.1822, in: E. T. A. Hoffmann, Briefwechsel (vgl. Fn. 17), 3.
    Bd., S. 240, 242.
43 Schreiben an Danckelmann vom 18.10.1828, in: E. T. A. Hoffmann, Briefwechsel (vgl.
    Fn. 17), 3. Bd., S. 331, 333.
44 Brief an Schuckmann vom 18.10.1828, in: E. T. A. Hoffmann, Briefwechsel (vgl. Fn. 17), 3.
    Bd., S. 337, 338. Danckelmann (auch: Danckelman) war früher als Präsident der Regierung
    von »Südpreußen« Hoffmanns Vorgesetzter und schätzte ihn durchaus.
45 Vgl. dazu den Schriftwechsel, in: E. T. A. Hoffmann, Briefwechsel (vgl. Fn. 17), 3. Band,
    S. 350ff.

Außenwand eines (mit Hoffmanns Weinlokal nicht identischen) Restaurants Lutter & Wegner, das sich seit 1997 marketingwirksam in diesem Gebäude etabliert hat.

Anne Sanders / Richard Beckmann

Kunstfälschung, Kunstmarkt und Recht: Ein Beitrag zur Haftung von Kunstauktionshäusern in Deutschland, Frankreich und England

I. Einführung: Kunstmarkt, Auktionshäuser und Fälschungen

Kunstwerke werden nicht nur gekauft, weil sie dem Käufer gefallen und er mit ihnen seine Wohnung schmücken will. Kunstwerke sind auch Wertgegenstände, die sogar in einer Zeit chronisch niedriger Zinsen eine transportable und profitable Wertanlage versprechen. Dennoch entzieht sich auch die Kunst nicht den ökonomischen Gesetzen: Wie so häufig ist eine hohe erwartete Rendite mit einem erheblichen Risiko verbunden. Auf dem Kunstmarkt hängt der Wert eines Gemäldes heute maßgeblich davon ab, wer es gemalt hat. Der Kult um die Identität des Urhebers, häufig auch als *Aura*[1] eines Kunstwerks bezeichnet, bestimmt im Falle der Kunstwerke maßgeblich seinen Wert. Kunstfälscher versuchen, vom Wert anerkannter Künstler zu profitieren. Dies ist kein neues Phänomen. Bereits seit Jahrhunderten werden Kunstgegenstände kopiert und als echt angeboten. Und moderne Kunst ist noch einfacher zu kopieren als alte Meister. Schätzungen gehen davon aus, dass bis zu 30 %[2] der gehandelten Kunstwerke gefälscht sein sollen, manche sprechen gar von 60 %[3].

Doch was bedeutet es eigentlich, von Echtheit, Original und Fälschung zu reden? Und wer haftet bei einer Kunstauktion dafür, wenn sich ein Bild nach dem Erwerb als Fälschung herausstellt? Vor dem Hintergrund der Internationalität des Kunstmarkts hat sich dieser Beitrag zum Ziel genommen, in einem Rechtsvergleich zwischen Deutschland, Frankreich und England der Haftungsfrage nachzugehen, die beim Auftauchen einer Fälschung bei einer Versteigerung in einem Kunstauktionshaus aufkommt. Hierbei werden die verschiedenen Marktakteure – Einlieferer, Kunstauktionshaus und Käufer – in den Blick genommen.

---

1 Zentral hierfür der Aufsatz von *Benjamin*, L'œuvre d'art à l'époque de sa reproduction mécanisée, in: Zeitschrift für Sozialforschung 1936, S. 40 ff. In deutscher Fassung »Das Kunstwerk im Zeitalter seiner technischen Reproduzierbarkeit«, Berlin 2010.
2 *Koldehoff/Timm*, Falsche Bilder Echtes Geld, Köln 2013, S. 87.
3 *Schack*, Kunst und Recht, Tübingen, 3. Aufl. 2017, Rn. 38.

II.   Echtheit, Original und Fälschungen

Prima facie erscheint es als ein Leichtes, zwischen Dein und Mein, zwischen Original und Fälschung zu unterscheiden. Ein Blick in die Geschichte des Kunsturheberrechts lässt jedoch erkennen, dass die Behandlung eines Sujets in verschiedenen Versionen ein in der Kunst typisches Phänomen ist. Schüler fertigten Kopien zu Ausbildungszwecken an, oder es wurde, wie bei *Peter Paul Rubens,* in einer Werkstatt arbeitsteilig gemeinsam an einem Kunstwerk gearbeitet. Entsprechend ist die Differenzierung zwischen Mein und Dein schwierig und seither eine der interessantesten Fragen des Kunsturheberrechts. Die Anfertigung von Kopien war in früheren Zeiten auch insoweit weniger ein Problem, als die Ideen vom geistigen Eigentum bzw. Gehalt eines Werks sowie der Künstlerbegriff selbst recht modern sind. Früher erteilten Rechtssysteme Privilegien zum Schutz von Kunstwerken. Diese Privilegien betrafen das technische Verfahren der Bildherstellung und zielten nicht auf den Schutz eines etwaigen geistigen Eigentums ab. Zudem waren diese Privilegien ohnehin territorial begrenzt, sodass Rechtsschutz im Vergleich zur heutigen Rechtslage nur verkürzt zu erhalten war.[4] Aber nicht nur für die Vergangenheit, sondern auch in der Moderne kann die richtige Zuschreibung eines Gemäldes schwierig sein, etwa wenn ein Künstler wie *de Chirico* (1888–1978) Teile seiner Kunst, die er nach dem Ersten Weltkrieg geschaffen hatte, auf seine »Metaphysische Periode« (1909–1919) zurückdatierte. Fraglos wird *de Chirico* sie gemalt haben, doch sind die Bilder wohl kaum insofern als »echt« zu bewerten, als sie seiner Metaphysischen Periode zugeschrieben werden.[5] Auch die vielen Beteiligten in den Künstlerwerkstätten erschweren die Bestimmung des Urhebers mitunter.

Auf die Fragen nach Echtheit, Original und Originalität sind also bisweilen nicht immer einfache Antworten zu geben.[6] Wie es *Day* formuliert: »*[W]hat is the nature or level of influence that an artist must contribute to constitute a genuine work?*«[7] Englische Gerichte sprechen auch häufig nicht davon, ob ein Bild »echt« ist, sondern ob es das Potenzial besitzt, von einem bestimmten

---

4 Siehe dazu die fiktive (?), aber dennoch instruktive Erzählung *Giorgio Vasaris* vom Rechtsfall *Dürer* und *Raimondi*, nachgezeichnet bei *Petri*, Der Fall Dürer vs. Raimondi. Vasaris Erfindung, in: *Münch/Tacke/Herzog/Heudecker* (Hrsg.) Fälschung – Plagiat – Kopie: künstlerische Praktiken der Vormoderne, Petersberg 2014, S. 52 ff.

5 Vgl. *Bandle*, The Sale of Misattributed Artworks and Antiques at Auction, Cheltenham 2016, S. 39.

6 Vgl. zu den Begriffen *Ehinger*, Dritthaftung für Kunstexperten und Aufnahmebestätigungen in den Catalogue raisonné, Frankfurt a. M. 2014, S. 7 ff.; *Cahill*, 35 Colum. J. L. & Arts (2012), S. 357–367.

7 *Day*, 16 Vand. J. Ent. & Tech. L. (2014), S. 479.

Urheber zu stammen.[8] Dieser Beitrag beschränkt sich darauf, ein Kunstwerk dann als echt anzusehen, wenn es tatsächlich von einem bestimmten Urheber stammt und in einer bestimmten Epoche erstellt worden ist.

III. Der Kunstmarkt

Der Kunstmarkt frustriert und fasziniert den ökonomisch geschulten Beobachter gleichermaßen. Der Markt ist geprägt von Intransparenz und Unsicherheit bei der Preisbildung.[9] Es handelt sich überwiegend um einen Sekundärmarkt, auf dem Werke von einem Käufer zum nächsten gelangen und nur selten vom Produzenten, d. h. dem Künstler, direkt gekauft werden.[10] Käufer, Verkäufer und Händler mit Ausnahme der Auktionshäuser handeln äußerst diskret und publizieren ihre Preise nicht. Händler und Käufer wollten zahlungskräftige Kunden exklusiv behalten. Käufer und Verkäufer fürchten die Aufmerksamkeit von Kunstdieben – und bisweilen auch diejenige der Steuerfahndung.

Demgegenüber soll das Auktionsgeschehen möglichst spektakulär und unterhaltsam sein, wie ein Auktionator erklärt. Er spiele mit der Sammelleidenschaft seiner Gegenüber und ihrer Kauflust, erspähe ihre Eitelkeiten, um sie dann, wohlorchestriert, in einem Crescendo des Kaufrauschs zu infernalischer Leidenschaft gegeneinander zum Höchstpreis zu steigern.[11] Aber nicht nur in seinem Unterhaltungswert steht die Öffentlichkeit der Auktion in merklichem Gegensatz zum üblicherweise diskreten Kunsthandel. Auch scheinen die Auktionspreise für Kunstwerke die einzigen wenigen Informationen zu sein, die an die Öffentlichkeit dringen. Überspitzt ließe sich formulieren, dass in Auktionshäusern die Spitze des Eisbergs des im Übrigen verborgen bleibenden Kunstmarkts spektakulär sichtbar wird. Zu der Diskretion und Abgeschlossenheit des Marktes kommt hinzu, dass die wenigen großen Auktionshäuser die fachliche Expertise bündeln. Während lokal kleine Auktionshäuser arbeiten, die mit Wohnungsauflösungen Geld verdienen und nur selten Kunstexperten beschäftigen können, wird der Markt für hochpreisige Kunst im Wesentlichen von großen, international agierenden Häusern wie *Sotheby's* und *Christie's* geprägt.

---

8   Vgl. etwa *Lancelot Thwaytes v Sotheby's* [2015] EWCH 36 (Ch), para. 3 mit »*Caravaggio potential*«.

9   Einige ökonomische Erkenntnisse bietet *Day*, 16 Vand. J. Ent. & Tech. L. (2014), S. 457–495.

10 Dem Sekundärmarkt ist der Primärmarkt vorgeschaltet, auf dem Kunst entdeckt und gefördert wird, dennoch gibt es auch Mischformen zwischen den Märkten, vgl. *Seegers*, in: *Hausmann* (Hrsg.) Handbuch Kunstmarkt: Akteure, Management und Vermittlung, Bielefeld 2014, S. 137.

11 Zitiert nach *Hausmann*, in: *Hausmann* (Hrsg.) Handbuch Kunstmarkt: Akteure, Management und Vermittlung, Bielefeld 2014, S. 27.

Hier werden ganze Teams von qualifizierten Kunstexperten für verschiedene
Kunstrichtungen und Epochen beschäftigt, z. B. das *OMP: Old Masters Painting
Department* bei *Sotheby's*.

Diese Unterschiede zwischen verschiedenen Auktionshäusern hat auch Einfluss auf die Haftung der Auktionshäuser und die von ihnen einzuhaltenden
Sorgfaltspflichten. Sowohl in England wie auch in Deutschland wird hier ein
umso strengerer Maßstab angenommen, je größer und spezialisierter die Auktionshäuser sind.[12]

1.   Die Arbeit von Kunstexperten

Kunstexperten versuchen, die Urheberschaft eines Kunstwerks möglichst präzise zu bestimmen. Zentral für die Arbeit des Kunstexperten ist noch immer die
stilkritische Analyse, bei der das Bild intensiv bei starkem Licht betrachtet und
die Technik des Malers, die stilistischen Elemente beurteilt und mit anderen
Bildern des Malers und seiner Epoche verglichen wird.[13] Mitunter wird das Bild
dafür auch speziell gereinigt.[14] Viele Experten verlassen sich allein auf ihr kri-
tisches Auge. Dieser Ansatz ist auch der einzige Weg, um zeitgenössische Kopien
erkennen zu können.[15]

Ferner wird die Provenienz eines Werks untersucht. Dabei spielen z. B. historische Aufkleber eine Rolle, die das Bild bestimmten Sammlern zuweisen,
Kataloge von Ausstellungen und natürlich Werkverzeichnisse. Fälscher gehen
daher heute auch soweit, angebliche Sammler zu erfinden und Aufkleber tat-
sächlicher Sammlungen zu fälschen, um dem gefälschten Werk eine künstliche
»Legende« anzudichten. Art und Alter der Leinwand können ebenfalls wesentliche Hinweise geben. Fälscher verwenden daher gern alte Leinwände, von denen
sie die Bilder abschleifen, um sie neu bemalen zu können. Dies kann man bei
einer Röntgenuntersuchung sehen, es bringt aber nicht immer endgültige Ge-
wissheit, da auch die *Alten Meister* oft alte Bilder übermalt haben.

Daneben gewinnen die naturwissenschaftlichen Verfahren zunehmend an
Bedeutung. Früher wurden Fälschungen an ihrem Geruch erkannt; so riecht der

---

12 In England siehe *Luxmoore-May and Another v Messenger May Baverstock* [1990] 1 WLR
   1009, vgl. hierzu *Bandle*, Sleepers at Auction: Boon or Bane?, in: 31 ArtWatch UK J. 2017,
   S. 47 f.; in Deutschland siehe *von Brühl*, Sorgfaltspflichten von Auktionshäusern, in: *Mosi-
   mann/Schönenberger*, Kunst & Recht 2012, S. 152 m. w. N.
13 Vgl. *Raue*, in: Festschrift Säcker, München 2011, S. 1108.
14 Wobei eine Reinigung eines Gemäldes offenbar auch negative Auswirkungen auf eine
   Kunstauktion haben können, vgl. *Lancelot Thwaytes v Sotheby's* [2015] EWCH 36 (Ch), para.
   45: »*paintings do better at auction if they are not cleaned.*«
15 Vgl. dazu *Lancelot Thwaytes v Sotheby's* [2015] EWCH 36 (Ch).

frischgemalte *Vermeer* auch Monate später noch nach Terpentin. Ferner sind die *Craquelés* zu beachten, die kleinen Risse, die alte Ölgemälde bekommen. Da künstlich herbeigeführte Risse meist zu erkennen sind, müssen Fälscher auf andere Mittel zurückgreifen, um die gewünschten Effekte zu erhalten. Der Fälscher *Wolfgang Beltracchi* steckte seine Bilder in eine Art »Backofen«, um sie künstlich altern zu lassen.

Bei naturwissenschaftlichen Verfahren spielt heute vor allem die Untersuchung der verwendeten Farben eine entscheidende Rolle. So untersucht beispielsweise das *Doerner Institut* in München als Teil der *Bayerischen Staatsgemäldesammlungen* Kunst- und Kulturgut mit physikalisch-chemischen Methoden.[16] Bekannt sind die Fälle, in denen Fälschungen durch Auffinden von Titanweiß oder Pthalocyaninblau aufgedeckt werden konnten – Farben, die zu den Zeiten der alten Meister noch nicht hergestellt wurden.[17] Fälscher mischen daher ihre Farben selbst in traditioneller Weise aus natürlichen Pigmenten. Je älter das Original ist, desto größere Schwierigkeiten bereitet die Fälschung. Denn auch die Aneignung der Maltechnik aus vergangenen Jahrhunderten stellt eine große Hürde dar, sodass heute praktisch nur noch Kunstwerke gefälscht werden, die im 20. und 21. Jahrhundert geschaffen wurden.[18]

Unterläuft dem Kunstexperten bei der Bestimmung des Künstlers ein Fehler oder stellt sich das Kunstwerk gar als Fälschung heraus, so ist es zunächst naheliegend, nach der Haftung des Kunstexperten zu fragen.[19] In der Praxis jedoch werden nicht Kunstexperten, sondern vor allem Auktionshäuser verklagt: Dies ist aus wirtschaftlicher Sicht auch naheliegend. Gerade bei hochpreisiger Kunst ist augenfällig, dass der Kunstexperte tatsächlich nur selten in der Lage sein wird, hohe Schadensersatzansprüche zu erfüllen. Daher ist nun auf die Rolle des meist solventeren Auktionshauses im Kunstmarkt einzugehen.

---

16 Siehe http://www.doernerinstitut.de/de/aufgaben/index.html (abgerufen am 15.02.2018).

17 Zu Titanweiß siehe LG Köln GRUR-RR 2012, S. 444: *Campendonk*. Eine *Chagall*-Fälschung mit Phtalocyaninblau war Gegenstand einer Diskussion in der englischen Presse: Das *Comité Marc Chagall* verlangte von einem englischen Geschäftsmann ein Bild heraus, das sich als Fälschung herausgestellt hatte, um es nach französischem Recht zerstören zu können. Siehe etwa http://www.bbc.com/news/entertainment-arts-26848886 (Abruf am 04.03.2018).

18 Vgl. zu alledem: *Koldehoff/Timm*, Falsche Bilder – Echtes Geld, Köln 2012.

19 Hierzu *Raue*, in: Festschrift Säcker, München 2011, S. 1108; *Ehinger*, Dritthaftung für Kunstexpertisen und Aufnahmebestätigungen in den Catalogue raisonné, Frankfurt a.M. 2014; *Sanders*, KUR 2016, S. 183–188.

2.   Die Kunstauktionshäuser

a)   Auktionshaus, Einlieferer und Ersteigerer

In aller Regel wirken drei Personen an einer Auktion mit:[20] Der Einlieferer, das Auktionshaus und der Ersteigerer bzw. Käufer. Der Einlieferer besitzt ein Kunstwerk, das er gern verkaufen möchte. Bei ihm kann es sich um einen kundigen Händler handeln, aber auch einen Privatmann, der ein Kunstwerk geerbt hat, dessen Wert er nicht einschätzen kann. Der Ersteigerer bzw. Käufer erwirbt das Werk. Auch bei dieser Person kann es sich um einen Händler, aber natürlich auch um einen »Verbraucher« handeln. Ob das Kunstwerk als Wertanlage genutzt, weiterveräußert werden oder nur die eigene Wohnung verschönern soll, liegt in seiner Hand.

b)   Katalogbeschreibungen

Bevor das Auktionshaus das Werk versteigert, wird es in einem Versteigerungskatalog beschrieben, in welchem sich mehr oder weniger genaue Angaben finden lassen. Diese Angaben können sich an den Auskünften des Einlieferers orientieren, können aber auch auf eigenen Untersuchungen des Auktionshauses beruhen. Beide Vorgehensweisen sind mit gewissen Risiken verbunden: Vertraut das Auktionshaus allein auf die Angaben des Einlieferers und stellen sich diese später als fehlerhaft heraus, könnte sich das Auktionshaus mit erheblichen Reputationsschäden konfrontiert sehen. Stellt das Auktionshaus eigene Untersuchungen an, entstehen Kosten und das Haftungsrisiko könnte steigen. Um das Haftungsrisiko zu verringern und die Qualität der Angaben zu verbessern, stellen die großen Auktionshäuser, wie oben beschrieben, eigene Kunstexperten an.

Bei *Lancelot Thwaytes v Sotheby's* zitierte *Rose J.* beispielhaft folgende Katalogangaben aus der Praxis des Auktionshauses *Sotheby's:*[21]

1. Falls das Bild mit dem Namen des Künstlers angegeben wird, also beispielsweise »*Giovanni Bellini*«, bedeutet das, dass *Sotheby's* davon ausgeht, dass das Kunstwerk von Bellini stammt.

2. »*Giovanni Bellini* zugeschrieben« bedeutet, dass *Sotheby's* der Meinung ist, dass das Kunstwerk wahrscheinlich von *Bellini* stammt, aber dass mehr

---

20 Ein neues Geschäftsmodell führt inzwischen eine vierte Person ein: den Financier. Siehe dazu *Mercker/Mues*, Was bedeutet denn unwiderruflich?, http://www.faz.net/aktuell/feuilleton/kunstmarkt/kommentare-glossen/kunst-und-recht-was-bedeutet-denn-unwiderruflich-1594822.html?printPagedArticle=true#pageIndex_0 (Abruf am 05.03.2018).

21 *Lancelot Thwaytes v Sotheb's* [2015] EWCH 36 (Ch), para. 11. Freie Übersetzung durch die Verfasser.

Zweifel an dieser Annahme bestehen als bei einer Angabe nach der vorangegangenen Kategorie.
3. »Studio von *Giovanni Bellini*« bedeutet, dass es sich um ein Werk eines
   unbekannten Künstlers aus dem Studio *Bellinis* handelt, das möglicherweise
   unter der Aufsicht und Anleitung von *Bellini* entstanden ist.
4. »Kreis von *Giovanni Bellini*« bedeutet, dass ein Werk von einer bislang nicht
   identifizierten, aber anderen Person als *Bellini* vorliegt, die mit *Bellini* in
   Zusammenhang steht, jedoch nicht notwendigerweise einer seiner Schüler
   ist.
5. »Im Stile/Nachfolger von *Giovanni Bellini*« bedeutet, dass nach der Ansicht
   von *Sotheby's* ein Maler das Bild Stile *Bellinis* geschaffen hat. Dieser ist
   Zeitgenosse oder naher Zeitgenosse, aber nicht notwendigerweise einer seiner Schüler. Dabei bedeutet »Zeitgenosse oder naher Zeitgenosse«, dass das
   Bild ungefähr innerhalb von 50 Jahren um *Bellinis* Arbeiten herum entstanden ist.
6. »In der Manier von *Giovanni Bellini*« bedeutet, dass dies ein Werk im Stile
   Bellinis und zudem späteren Datums ist.
7. »Nach *Giovanni Bellini*« bedeutet, dass eine Kopie eines bekannten Werks
   von *Bellini* vorliegt.

c)   Probleme mit der Echtheit des Kunstwerks in der Dreierbeziehung

Probleme im Zusammenhang mit der Echtheit des Kunstwerks können sowohl
im Verhältnis zwischen Auktionshaus und Einlieferer, aber auch im Verhältnis
zwischen dem Ersteigerer und dem Auktionshaus auftreten.[22] Für den Einlieferer
stellt es ein Problem dar, wenn das Auktionshaus den wahren Urheber eines
Werks nicht erkennt und das Werk infolgedessen mit zu geringem Wert im
Katalog beschreibt. Englische Gerichte sprechen davon, dass das Auktionshaus
das »Potenzial« (*potential*) eines Werkes nicht erkennt.[23] In diesem Fall wird das
Gemälde zu einem zu niedrigen Preis versteigert. Im Verhältnis zwischen Auktionshaus und Ersteigerer besteht dagegen das Risiko, dass das Auktionshaus
einer Fälschung aufsitzt und im Katalog eine zu positive Einschätzung des Gemäldes vornimmt, aufgrund welcher der Ersteigerer bereit ist, einen überhöhten
Preis zu bezahlen.

Zwei Fälle des britischen *High Court* erläutern diese beiden Konstellationen:
Lancelot Thwaytes[24] hatte von seinem Onkel eine ganze Reihe Bilder geerbt.
Darunter eine angebliche *Caravaggio*-Kopie. Es wurde sogar gemunkelt, dass es

---

22 Vgl. auch *Fincham*, 86 Miss. L. J. (2017), S. 567–626.
23 Siehe oben unter II.
24 Lancelot Thwaytes v Sotheby's [2015] EWCH 36 (Ch).

sich um eine Kopie des berühmten Gemäldes »Die Falschspieler« handeln könnte, die *Caravaggio* selbst angefertigt habe. Mr. *Thwaytes* übergab das Bild *Sotheby's*, um zu überprüfen, ob diese Vermutung berechtigt sei. Die Experten bei *Sotheby's* kamen allerdings unter Einsatz verschiedener Methoden, insbesondere stilkritischer Analysen und einer Röntgenanalyse,[25] zu dem Ergebnis, eine Kopie aus der Zeit *Caravaggios* von minderer Qualität vor sich zu haben. Anschließend wurde das Bild für 42.000 £ versteigert. Der Käufer, Sir *Denis Mahon*, ein bekannter *Caravaggio*-Experte, behauptete anschließend jedoch, dass es sich um einen echten *Caravaggio* mit mehrstelligem Millionenwert handelte. Daher verklagte der Einlieferer *Thwaytes* das Auktionshaus *Sotheby's* wegen *negligence* und *breach of contract*.

Ein Fehler im Verhältnis zwischen Auktionshaus und Einlieferer unterlief dagegen möglicherweise dem Auktionshaus *Christie's* im Fall *Avrora Fine Arts v Christie's*.[26] Die *Avrora Fine Arts Investment Ltd.* wurde von einem russischen Oligarchen zur Ersteigerung von Kunstwerken gegründet. 2005 ersteigerte *Avrora* das Bild »Odaliske«, das angeblich von *Boris Michailovich Kustodiev* 1919 geschaffen worden sein sollte. *Kustodiev* ist in seinem Heimatland Russland ein Maler von großer Bedeutung. Entsprechend zahlte die *Avrora Ltd.* für die »Odaliske« auch 1,5 Mio. £. Bei einer späteren Untersuchung des Bildes fand sich aber Titanweiß auf dem Gemälde, eine Farbe, die erst seit 1940 industriell hergestellt wird. Damit war das Bild als eine Fälschung entlarvt. Entsprechend klagte hier der Käufer *Avrora Ltd.* gegen *Christie's*.

Bevor die Frage behandelt werden kann, inwieweit eine Haftung der Auktionshäuser in Betracht kommt, ist herauszuarbeiten, welche Rechtsbeziehungen zwischen Einlieferer, Auktionshaus und Ersteigerer bestehen. Für eine etwaige Haftung ist zu fragen, welchen Sorgfaltsmaßstab das Auktionshaus beachten muss. Dabei ist auch die Wirksamkeit von Haftungsausschlüssen zu untersuchen, welche die Auktionshäuser im Wege der Individualvereinbarung oder AGB vorzunehmen versuchen. Es wird sich zeigen, dass all diese Fragen in der deutschen, englischen und französischen Rechtsordnung unterschiedlich beantwortet werden.

---

25 *Lancelot Thwaytes v Sotheby's* [2015] EWCH 36 (Ch), paras. 40 ff.
26 Avrora Fine Arts Investment Ltd. v Christie's, Manson & Woods Ltd. [2012] EWHC 2198 (Ch).

IV.   Die Haftung des Auktionshauses

1.   Deutsches Recht

In Deutschland wird zwischen dem Eigentümer eines Kunstgegenstandes und einem Auktionshaus üblicherweise ein Kommissionsvertrag nach § 383 HGB abgeschlossen.[27] In diesem Vertrag verpflichtet sich der Auktionator, gewerbsmäßig den Verkauf des Kunstgegenstands im eigenen Namen, aber auf Rechnung des Verkäufers (des Kommittenten), vorzunehmen. Somit wird der Kaufvertrag über den Kaufgegenstand zwischen Auktionshaus und Ersteigerer abgeschlossen und nicht zwischen Ersteigerer und Einlieferer. Für das Auktionshaus ist der Vertrag vorteilhaft, weil es bei einem Zuschlag eine Provision erhält, die in Abhängigkeit von der Höhe des Kaufpreises steht. Daher hat das Kunstauktionshaus auch den Anreiz, den Kunstgegenstand teuer zu verkaufen.[28]

Liegt ein Kommissionsgeschäft vor, so wird zumeist vereinbart, dass der Einlieferer unbenannt bleibt. Das heißt: Im Falle eines Sachmangels – wie der falschen Zuschreibung eines Gemäldes – ist es dem Käufer in den meisten Fällen unmöglich, gegen den Einlieferer vorzugehen. Hier zeigt sich wiederum das im Kunstmarkt verbreitete Bemühen um Diskretion. Außerdem kann das Auktionshaus so vermeiden, dass Einlieferer und Ersteigerer Verträge untereinander, also ohne Beteiligung des Auktionshauses schließen. Dies wäre für das Auktionshaus nachteilig, weil es nicht von der zu zahlenden Provision profitieren könnte.

a)   Die rechtliche Qualität der Katalogangaben

Zwar ist es den Ersteigerern vor einer Auktion möglich, die Kunstgegenstände zu besichtigen, doch ist die Zeit für den einzelnen Interessenten meist zu knapp bemessen, um eine vertiefte Untersuchung des Werkes vornehmen zu können. Auch wenn die Besichtigungszeit für alle Interessenten eines Versteigerungsguts von zwei Stunden (§ 4 VerstV) bis hin zu einer Woche ausgedehnt wird,[29] wird die Zeit für die stilkritische Analyse eines Kunstgegenstands wegen des großen Andrangs bei begehrten Werken selbst durch Fachleute nicht ausreichen. Geschweige denn, dass eine naturwissenschaftliche Analyse möglich wäre, die den

---

27 Weitere Fälle sind das Agenturgeschäft, bei dem das Auktionshaus offen als Vertreter des Einlieferers handelt und der Kaufvertrag demnach zwischen Einlieferer und Ersteigerer zustande kommt, sowie der Maklervertrag, bei dem der Erwerber lediglich als Makler vermittelt (§ 652 BGB); vgl. *Schack*, Kunst und Recht, Tübingen, 3. Aufl. 2017, Rn. 104; *Braunschmidt*, NJW 2013, S. 734.

28 *Schapiro*, JZ 2013, S. 554.

29 *Schack*, Kunst und Recht, Tübingen, 3. Aufl. 2017, Rn. 114.

Einsatz technischer Geräte und die Entnahme von Farbproben erfordert. In der
Praxis spielen daher die Katalogangaben des Auktionshauses nicht nur für den
Hobbysammler, sondern auch für den Kunsthändler eine entscheidende Rolle. Je
größer die Reputation des Auktionshauses, desto größeres Vertrauen wird
überdies den Katalogangaben beigemessen.

Wenn die Beschreibung des Kunstgegenstands im Versteigerungskatalog jedoch falsch ist, so ist zu fragen, ob das Auktionshaus für die Richtigkeit dieser
Angaben haftet. Damit muss die Katalogangabe rechtlich erheblich sein.

Die rechtliche Qualifikation der Katalogangaben wird in Rechtsprechung und
Literatur uneinheitlich beurteilt. Von der verschuldensunabhängigen Garantieerklärung über die Beschaffenheitsvereinbarung bis hin zur reinen Wissenserklärung wird vieles vertreten:[30]

aa)   Die Katalogangabe als reine Wissensvermittlung
Für die Einordnung der Katalogangabe als reine Wissenserklärung ohne rechtliche Bedeutung könnte sprechen, dass sie primär der deskriptiven Darstellung
der zu versteigernden Werke dient. Hierzu gehört auch, dass die Kunstwerke in
den Katalogen nur zeitlich und räumlich eingeordnet werden sollen. Hierauf hat
der BGH in seinen Entscheidungen *Jawlensky* und *Bodensee* abgestellt, sodass
einer Katalogangabe allgemein nicht die Qualität einer Garantieerklärung oder
Beschaffenheitsvereinbarung zukommen soll.[31] Dies komme nur bei Hinzutre-
ten weiterer Elemente in Betracht, etwa wenn in dem Katalog auf eine angefer-
tigte Expertise Bezug genommen wird.[32] Ferner wird teilweise vertreten, dass ein
durchschnittlicher Erklärungsempfänger die Katalogangaben so verstehen
muss, dass das Auktionshaus nicht für die Angaben haften möchte. Auch lägen,
so das OLG Köln, die Voraussetzungen des § 434 Abs. 1 Satz 2 Nr. 2 und Satz 3
BGB nicht vor, weil durch die Katalogangabe keine Kennzeichnung der Sache
vorläge, die Einfluss auf die Erwartungen des Käufers habe.[33] Der Katalog sei nur
Grundlage für die eigene Informationssuche durch den Ersteigerer; die Auktion
sei nur ein Spekulationskauf. Eine Haftung der Auktionshäuser sei auch aus
ökonomischer Sicht nicht angezeigt, weil das Auktionshaus nicht in der Lage sei,
bessere Informationen über das Werk zu erlangen als der Käufer.[34] Diese Einschätzung spiegelt sich auch in den Versteigerungsbedingungen großer Auktionshäuser wider, die – verständlicherweise – einer Haftung entgehen wollen. So

---

30 Vgl. etwa BGH NJW 1980, S. 1619ff.; OLG Köln NJW 2012, S. 2665: *Léger*; LG Freiburg, NJW-
    RR 2012, S. 426; LG Saarbrücken NJW-RR 2012, 1522; *Zöbeley*, MDR 2014, S. 254ff.; *Scha-
    piro*, JZ 2013, 549ff.; *Braunschmidt*, NJW 2013, S. 724 (735).
31 BGH NJW 1980, S. 1619 (1620): *Bodensee*; BGH NJW 1975, S. 970 (971): *Jawlensky*.
32 RGZ 114, 239.
33 OLG Köln NJW 2012, S. 2665 (2666): *Léger*.
34 *Heyers*, GRUR 2012, S. 1206f. nach BGH NJW 1980, S. 1619 (1621): *Bodensee*.

schreibt beispielsweise das Auktionshaus *Lempertz* in seinen Versteigerungs-bedingungen in Ziffer 3:

>»Die Katalogangaben und entsprechende Angaben der Internetpräsentation, die nach bestem Wissen und Gewissen erstellt wurden, werden nicht Bestandteil der vertraglich vereinbarten Beschaffenheit. Die Angaben beruhen auf dem zum Zeitpunkt der Katalogbearbeitung herrschenden Stand der Wissenschaft. Sie sind keine Garantien im Rechtssinne und dienen ausschließlich der Information. Gleiches gilt für Zustands-berichte und andere Auskünfte in mündlicher oder schriftlicher Form.«[35]

An dieser Ansicht wird jedoch berechtigte Kritik geübt. Bereits die Annahme, dass Auktionshäuser keine besseren Informationen sammeln könnten als die Käufer, lässt zweifeln. Zwar mag es Fälle wie *Thwaytes* geben, bei denen der Käufer selbst ein Experte ist, doch wird dies der Ausnahmefall sein. Das Auktionshaus tritt vielmehr am Markt als Institution auf, die sowohl für Einlieferer als auch Käufer in der Lage ist, Informationen zu beschaffen und so Transaktionskosten zu senken. Denn einerseits ist das Auktionshaus im Gegensatz zum Käufer üblicherweise in der Lage, mit dem Einlieferer Kontakt aufzunehmen und so Informationen zum Kunstwerk und seiner Herkunft zu sammeln und insbesondere auch die Verlässlichkeit des Einlieferers zu prüfen.[36] Andererseits gehört der Verkauf von Kunstwerken für ein Auktionshaus zum täglichen Geschäft, d. h. dass eine Vielzahl ähnlicher Transaktionen vorliegt. Daher liegt es nahe, dass das Auktionshaus Informationen, die über die Angaben des Einlieferers hinausgehen, transaktionskostenarm beschaffen kann. So lohnt es sich für große und spezialisierte Auktionshäuser, eigene Kunstexperten zu beschäftigen und die notwendige Infrastruktur für die Untersuchung von Kunstwerken einzurichten. Gerade in dem Falle, in dem der Käufer Rechte wegen einer Fälschung des ersteigerten Kunstwerks geltend macht, liegt die Annahme nahe, dass das Auktionshaus der *cheapest cost avoider* ist, mithin die Informationen kostengünstiger beschaffen kann als der Käufer. Befürwortet man also eine Haftung der Kunstauktionshäuser, so haben sie den Anreiz, den Sorgfaltsmaßstab einzuhalten, der ihnen die Exkulpation zu den geringsten Kosten ermöglicht. In den Fällen, in denen der Käufer aufgrund von Falschangaben im Katalog klagt, dürfte demnach eine Haftung des Auktionshauses aus Wohlfahrtssicht die geringsten Kosten verursachen. Dies spricht gegen eine Einordnung von Katalogangaben als reine Wissenserklärungen.

bb)   Die Katalogangabe als Beschaffenheitsvereinbarung
Für die Einordnung der Katalogangaben als Beschaffenheitsvereinbarung spricht ihre herausragende Bedeutung in der Praxis. Dies gilt vor allem vor dem

---

35 https://www.lempertz.com/de/kaufen/kaufbedingungen.html (abgerufen am 05.03.2018).
36 *Schapiro*, JZ 2013, S. 549 (554).

Hintergrund, dass es dem Ersteigerer kaum möglich ist, das Werk zu besichtigen. Präferiert man mit den oben dargestellten Argumenten grundsätzlich eine Haftung der Auktionshäuser für ihre Katalogangaben, würde auch ein Widerspruch aufgelöst: Einerseits beabsichtigt das Auktionshaus, dass der Bieter sich seine Informationen auf Grundlage des Auktionskatalogs bildet. Selbst wenn die Angaben lediglich deskriptiv sein sollten, stellen sie die entscheidenden wertbildenden Faktoren für den Käufer dar. Andererseits soll diesen Angaben aber nach der Argumentation der Auktionshäuser keinerlei rechtliche Relevanz zukommen. Die Annahme eines *venire contra factum proprium* als Verstoß gegen Treu und Glauben liegt hier nahe.[37]

Außerdem würde der Käufer bei einer Einordnung der Katalogangaben als reine Wissenserklärungen schutzlos gestellt. Zwar stellt die Urheberschaft eine verkehrswesentliche Eigenschaft dar, die grundsätzlich zur Anfechtung nach § 119 Abs. 2 BGB berechtigt.[38] Doch nach herrschender Meinung verdrängt die (auch ausgeschlossene) Mängelgewährleistung die Irrtumsanfechtung wegen Eigenschaftsirrtums.[39] Darüber hinaus besteht keine vertragliche Bindung zwischen Käufer und Einlieferer. Letzterer bleibt bei Auktionen häufig unerkannt, sodass Rechte gegen ihn nicht geltend gemacht werden können.

Daher spricht viel dafür, das von der Rechtsprechung angenommene Regel-Ausnahme-Verhältnis umzukehren: Im Grundsatz stellen Katalogangaben bei Auktionskäufen eine Beschaffenheitsvereinbarung dar.[40] Im Einzelfall müsste dann geprüft werden, ob eine Ausnahme von dieser Regel vorliegt. Eine solche Ausnahme ließe sich etwa dann diskutieren, wenn der Auktionator lediglich die Angaben des Einlieferers unkritisch übernimmt und dies für den Käufer aus dem Katalog deutlich erkennbar wird.[41] Dann käme eine Haftung nur in Betracht, wenn die Angaben falsch wiedergegeben werden (§§ 280 Abs. 1, 241 Abs. 2, 311 Abs. 2 BGB).[42] Hierbei könnte es natürlich auch zu Reputationsschäden für das Auktionshaus kommen, falls die Angaben des Einlieferers sich als eklatant falsch darstellen. Erscheint es aber so, als werbe der Auktionator mit weiteren, von ihm

---

37 Vgl. auch *Zöbeley*, MDR 2014, S. 254 (256).
38 In einer rechtsökonomischen Betrachtung, siehe *Beckmann*, Rechtsökonomische Überlegungen zum Eigenschaftsirrtum nach § 119 II BGB – Eine Betrachtung von nachträglich auftretenden, werterhöhenden Faktoren vor dem Hintergrund des Kunstmarkts, 2017, https://papers.ssrn.com/sol3/papers.cfm?abstract_id=2969125 (letzter Abruf am 05.03. 2018).
39 BGH NJW 1975, S. 970 (972): *Jawlensky*.
40 Im Ergebnis auch *Schapiro*, JZ 2013, S. 553 f. über eine richtlinienkonforme Auslegung von § 434 Abs. 1 BGB.
41 LG Freiburg NJW-RR 2012, S. 416: keine Beschaffenheitsvereinbarung bei nur knapper Beschreibung, geringem Preis und zusätzlicher Klausel, dass Katalogbeschreibung keine Garantie sei.
42 *Braunschmidt*, NJW 2013, S. 734 (735).

selbst zusammengetragenen Angaben wie Provenienz, Expertisen und hohen Preisvorstellungen, dann liegt die Annahme einer Beschaffenheitsvereinbarung nahe.[43]

b)   Haftungsfreizeichnung durch AGB?

Wie aufgezeigt, besteht Streit darüber, welche rechtliche Qualität einer Katalogangabe zukommt. In der Praxis zeigt sich, dass Auktionshäuser ihre Haftung vertraglich ausschließen wollen.[44] Die Wirksamkeit solcher Haftungsausschlüsse soll daher im Folgenden knapp untersucht werden.

2013 entschied der BGH im sog. *Buddha*-Fall, in dem es um eine angeblich antike Buddha-Statue ging, dass eine AGB-Klausel, wonach der Käufer gegen das Auktionshaus keine Einwendungen oder Ansprüche wegen Sachmängeln erheben kann, gegen § 309 Nr. 7 lit. a BGB verstößt und damit insgesamt unwirksam ist, wenn die Haftung für Körper- und Gesundheitsschäden ausgeschlossen ist.[45] Für Körper und Gesundheit gefährliche Kunstwerke dürften eher selten sein. Dass der BGH in der *Buddha*-Entscheidung die AGB trotzdem im Hinblick auf Körper- und Gesundheitsschäden prüfte, ist daher eher befremdlich (nach *Raue* und *Hollenders* sogar: »weltfremd«[46]). Zur weitaus bedeutsameren Frage, ob ein Auktionshaus seine Haftung für Sachmängel generell ausschließen kann, äußerte sich der BGH dagegen nicht. Dies ist unbefriedigend, und es verbleibt Rechtsunsicherheit. Im Lichte dieser Entscheidung sind die Auktionshäuser inzwischen dazu übergegangen, die Haftung in ihren AGB bis hin zur groben Fahrlässigkeit und Vorsatz mit Ausnahme für Körper- und Gesundheitsschäden auszuschließen.[47]

Einiges spricht dafür, dass die Katalogangabe – wenn man diese als Beschaffenheitsvereinbarung qualifiziert – dann als Individualvereinbarung einem etwaigen AGB-Haftungsausschluss aufgrund der Regelung des § 305b BGB vorgeht.[48] Der BGH ließ diese Frage aber ausdrücklich offen.[49] Naheliegend ist

---

43 *Zöbeley*, MDR 2014, S. 254 (255).
44 *Kappus*, Auktionsbedingungen, in: Graf von Westphalen, Vertragsrecht und AGB-Klauselwerke (Stand Oktober 2006), Rn. 26.
45 BGH GRUR 2014, S. 96: *Buddha*.
46 BGH GRUR 2014, S. 96: *Buddha*, Anmerkung auf S. 99.
47 Siehe etwa § 7 Ziff. 4 der Versteigerungsbedingungen bei der *Grisebach* (https://www.grise bach.com/kauf/versteigerungsbedingungen/) sowie Ziff. 5 bei *Lempertz* (https://www.lem pertz.com/de/kaufen/kaufbedingungen.html), letzte Abrufe am 05.03.2018.
48 Zweifelnd *Schack*, Kunst und Recht, Tübingen, 3. Aufl. 2017, Rn. 409, der Katalogangabe und Haftungsausschluss als Einheit ansehen will. *Braunschmidt*, NJW 2013, S. 734 (736) meint, dass bei einer deutlichen Hervorhebung der Haftungsbeschränkung der AGB-Klausel an prominenter Stelle ein Verstoß gegen § 305b BGB verneint werden müsste.
49 BGH GRUR 2014, S. 97: *Buddha* (dort in Rn. 14).

jedenfalls, dass ein Auktionshaus sich nicht für jede Nachlässigkeit freizeichnen kann.

Das LG Köln hatte 2012 einen Fall zu entscheiden, in dem es um eine der Fälschungen *Beltracchis* ging.[50] Es handelte sich um das »Rote Bild mit Pferden«, das von *Heinrich Campendonk* stammen sollte. Das Auktionshaus verpflichtete sich in den Versteigerungsbedingungen, die Rechte der Käufer gegenüber dem Einlieferer geltend zu machen, falls Abweichungen von Katalogbeschreibungen auftraten, die den Wert des Auktionsgegenstands aufheben oder erheblich mindern. Ebenso wollte man bei »erwiesener Unechtheit« des Gegenstands den Kaufpreis zurückerstatten, wenn der Einlieferer erfolgreich in Anspruch genommen werde. Das LG entschied, das international renommierte Auktionshaus träfe mit der Übergabe des Auktionskatalogs an potenzielle Bieter vorvertragliche Sorgfaltspflichten. Detailliert prüfte das LG die erforderliche Sorgfalt, die ein Auktionshaus einzuhalten habe: In diesem Einzelfall käme es auf den maßgeblichen Verkehrskreis ordentlicher Kaufleute an (§§ 347, 384 HGB).[51] Die erforderlichen Sorgfaltspflichten seien dann höher einzustufen als bei nicht-kaufmännischen Verkehrskreisen. Zu den Pflichten gehöre es zumindest bei einem Schätzpreis von 800.000 bis 1.2 Mio. €, dass ein Bild von diesem Wert vom maßgeblichen Experten sowie naturwissenschaftlich untersucht werden müsse.

Die Entscheidung des LG ist allerdings nicht rechtskräftig geworden. Dennoch stieß sie grundsätzlich auf Zustimmung, wobei in dem Urteil einige Fragen offenblieben: So wurde kritisiert, dass nicht klar würde, ab welcher Preisgrenze denn eine naturwissenschaftliche Untersuchung in Betracht käme.[52]

Insofern bestehen weiterhin Unklarheiten in der Haftung der Auktionshäuser.[53] Daher wird auch erwogen, ob ein Haftungsausschluss in den Versteigerungsbedingungen gegenüber dem Käufer nur dann wirksam ist, wenn der Auktionator seine eigenen Regressansprüche, die er gegen den Einlieferer hat, an den Käufer abtritt (sog. Haftungsbrücke). Attraktiv könnte an dieser Lösung zumindest sein, dass das Auktionshaus als *cheapest cost avoider* dann festlegen müsste, ob es selbst haften will oder die Identität des Einlieferers offenlegt.[54] Die Weiterreichung der Haftung dürfte dann insoweit aber nur wirksam sein, wenn der Einlieferer selbst seine Haftung gegenüber dem Auktionshaus nicht ausschließen konnte.[55] Im Übrigen ist diese Lösung unbefriedigend, wenn das

---

50 LG Köln GRUR-RR 2012, S. 444: *Campendonk*.
51 LG Köln GRUR-RR 2012, S. 444 (447): *Campendonk*.
52 *Elmenhorst/Decker*, GRUR-RR 2012, S. 417 ff.
53 Man beachte ferner die Sorgfaltspflichten, die sich im Kunsthandel noch aus dem Kulturgüterschutzgesetz ergeben können.
54 Vgl. *Braun*, JZ 1998, S. 197 (198).
55 *Schack*, Kunst und Recht, Tübingen, 3. Aufl. 2017, Rn. 413.

Auktionshaus selbst – unabhängig von den Angaben des Einlieferers – bei der Darstellung des Kunstwerks im Katalog Sorgfaltspflichten verletzt.

In Deutschland kommen rechtliche Beziehungen damit im Rahmen eines Kommissionsvertrags zwischen dem Auktionshaus und dem Ersteigerer, nicht zwischen dem Einlieferer und dem Ersteigerer zustande. Dies rückt das Auktionshaus in den Fokus. Hinzu kommt die tatsächliche Bedeutung gerade großer Auktionshäuser für die Sammlung von Informationen und die Bewertung von Kunstwerken. Trotzdem sind Sorgfaltspflichten und die rechtliche Bedeutung von Katalogangaben noch nicht ausreichend geklärt.

2.   Französisches Recht

Nach diesen Überlegungen zum deutschen Recht soll nun ein Blick auf das französische Recht geworfen werden. Auch hier besteht eine Dreierkonstellation zwischen Auktionshaus, Einlieferer und Ersteigerer. Gemäß Art. L. 320–2 Code de commerce ist derjenige, der für den Verkäufer eine Auktion organisiert, dessen *mandataire*. Es besteht also ein Auftragsverhältnis nach Art. 1984 Code civil. Im Verhältnis zwischen Einlieferer und Auktionator bestehen aus diesem Vertragsverhältnis Sorgfaltspflichten. Nach Art. 321–17 Abs. 1 Code de commerce haftet der Auktionator für Fehler, Ungenauigkeiten oder Ähnliches, die ihm in Vorbereitung oder bei Durchführung der Versteigerung unterlaufen. Aus Art. 321–17 Abs. 2 Code de commerce folgt, dass jede Freizeichnung von dieser Haftung verboten ist. Das französische Recht befürwortet damit eine Haftung des Auktionshauses in deutlich stärkerem Maße als das deutsche Recht. In Deutschland werden bereits bei einer Einordnung von Katalogangaben als Beschaffenheitsvereinbarungen negative Auswirkungen auf den Kunstmarkt befürchtet.[56] Eine verschuldensunabhängige Garantieübernahme wird in Deutschland daher kaum erwogen.[57]

Bei der Versteigerung kommt im französischen Recht der Kaufvertrag zwischen dem Ersteigerer und dem Einlieferer zustande. Nach ständiger Rechtsprechung der Cour de cassation unterliegt der Auktionator gegenüber dem Ersteigerer aber einer deliktsrechtlichen Haftung nach Art. 1382 Code civil, der im Gegensatz zum deutschen Recht auch den Ersatz von Vermögensschäden erlaubt. Die Haftung wird z. B. dadurch ausgelöst, dass die Herkunft der Versteigerungssache nicht verifiziert wurde, der Versteigerungskatalog ungenaue

---

56 Vgl. *Heyers*, GRUR 2012, S. 1206 (1209).

57 Vgl. oben unter IV.1.a)aa) mit dem Hinweis auf BGH NJW 1980, S. 1619: *Bodensee*; BGH NJW 1975, S. 970: *Jawlensky*. *Schapiro*, JZ 2013, S. 549 (552) erwägt die Garantieübernahme zumindest in den Fällen, in denen auf bestätigende Expertise oder auf die Aufnahme in den *Catalogue raisonné* verwiesen wird.

oder ungenügende Angaben enthält oder der Name des Verkäufers nicht oder verspätet mitgeteilt wurde.[58] Besonders interessant ist ein Urteil der Cour de cassation, wonach die Haftung des Auktionators insbesondere dadurch ausgelöst wird, dass er die Echtheit eines Kunstwerkes behauptet. Trifft diese Aussage nicht zu, haftet der Auktionator für die daraus resultierenden Schäden.[59] Insbesondere haftet er, wenn ein Kunstwerk für echt erklärt wird, es aber zumindest nicht ganz abwegig ist, daran zu zweifeln.[60] Auch ist es denkbar, dass der Ersteigerer gegen den Auktionator vorgeht. Dies ist nach der Rechtsprechung möglich, wenn der Einlieferer nicht in der Lage ist, den Preis zu ersetzen oder das Auktionshaus den Namen des Einlieferers nicht offenlegen möchte.[61]

Das französische Recht geht also davon aus, dass sich der Auktionator an Angaben im Katalog festhalten lassen muss. Entscheidend für die Bestimmung der Haftung ist, ob der Auktionator Sorgfaltspflichten verletzt hat. Eine Freizeichnung ist ihm nicht möglich.

3.   Englisches Recht

Auch nach englischem Verständnis kommt der Kaufvertrag zwischen dem Einlieferer und dem Ersteigerer zustande. Zwischen Auktionator und Einlieferer besteht allerdings eine sog. *agency*, die dem Auktionator sogenannte *fiduciary duties*, bestimmte treuhänderische Sorgfaltspflichten zur Wahrnehmung der Interessen des Einlieferers, auferlegt.[62]

Bereits aufgrund der außerordentlich hohen Kosten zur Durchführung eines Rechtsstreits in England ergehen wichtige Entscheidungen im Bereich des Kunstrechts im Verhältnis zwischen den großen und solventen Auktionshäusern *Sotheby's* and *Christie's* auf der einen Seite und Einlieferern oder Käufern auf der anderen Seite.[63] Einlieferer klagen, weil sie eine zu vorsichtige Bewertung ihrer Werke und damit einen zu niedrigen Verkaufserlös bemängeln. Käufer rügen, wenn mit der Darstellung im Katalog des Auktionators der falsche Eindruck erweckt wurde, ein Bild sei echt, obwohl es sich wahrscheinlich um eine Fälschung handelt. Hier werden Ansprüche aus *breach of contract, misrepresenta-*

---

58 *Labarthe*, Dire l'authenticité d'une oeuvre d'art, Receuil Dalloz 2014 n° 18, pts. 7–12 mit sehr ausführlichen Nachweisen.
59 Cass. Civ., 1ère, 28 juin 2007, pourvoi n° 05-20.527.
60 Cass. Civ., 1ère, 16 mai 2013, pourvoi n° 11-14434.
61 Cass. Civ. 1ère, 31 mai 2007, n° 05-11.734.
62 *Bandle*, The Sale of Misattributed Artworks and Antiques at Auction, Cheltenham 2016, S. 162 ff.
63 Beispiele für solche Fälle sind die beiden High Court Urteile *Lord Coleridge v Sotheby's* von 2012 sowie die schottische Entscheidung *Lyon & Turnbull Ltd. v Sabine* von 2012.

tion sowie aus dem Deliktsrecht geltend gemacht, wobei die Abgrenzung zwischen Delikt und Vertrag in den Entscheidungen kaum deutlich wird. Das englische Deliktsrecht unterteilt sich in eine Vielzahl verschiedener deliktischer Ansprüche, von denen hier der *tort of negligence*, d. h. Fahrlässigkeit in Betracht kommt. Grundsätzlich sind wie nach dem deutschen § 823 BGB die Verletzung spezifischer Rechtsgüter Voraussetzung, obgleich die Haftung auf das Verhaltensunrecht und nicht wie in Deutschland grundsätzlich auf das Erfolgsunrecht abstellt. Der Ersatz eines *pure economic loss* verlangt, dass eine *duty of care* besteht. Eine solche wird grundsätzlich nur bei *proximity*, d. h. einem Näheverhältnis zwischen Schädiger und Geschädigtem angenommen.[64] Eine solche Nähebeziehung kann man sicherlich auch zwischen dem Auktionator und dem Einlieferer und Ersteigerer bejahen.

Insgesamt lässt sich wohl sagen, dass die Entscheidungen sich daher auf die Frage konzentrieren, ob die Auktionshäuser die ihnen obliegende Sorgfalt verletzt haben. Dabei werden den großen, international arbeitenden Häusern höhere Sorgfaltspflichten auferlegt als regionalen Auktionshäusern, die mit Haushaltsauflösungen vor Ort ihr Geld verdienen und keine spezialisierten Sachverständigen einstellen. *Slade L. J.* verglich dabei regionale Auktionshäuser plastisch mit dem »Hausarzt« und die international tätigen *big player* mit dem medizinischen Spezialisten, von dem man berechtigterweise mehr erwarten darf.[65] Insofern stellten die englischen Gerichte auch an *Sotheby's* und *Christie's* in den beiden Entscheidungen, die eingangs dargestellt wurden, erhöhte Sorgfaltspflichten. Dieses Argument taucht auch bei deutschen Gerichten auf.[66]

Im Fall *Avrora Fine Arts Investment Ltd. v Christie's, Mason & Woods* von 2012 wurde dem Käufer die Rückzahlung des Kaufpreises des im Katalog fälschlich als echt ausgewiesenen Bildes »Odaliske« zugestanden. *Lancelot Thwaytes*, der unglückliche Einlieferer der *Caravaggio*-Kopie, erhielt bei seiner Klage gegen *Sotheby's* allerdings nicht Recht. Der High Court wies die Klage ab, da die Experten bei *Sotheby's* unter Einsatz aller erforderlichen Methoden verneint hatten, einen echten *Caravaggio* vor sich zu haben. Die meisten Experten seien, so der High Court, auch heute der Meinung, dass das Bild nicht echt sei. Dass der Ersteigerer, Sir *Denis Mahon*, etwas anderes behaupte, könne nicht entscheidend sein, sondern nur, ob das Auktionshaus mit der erforderlichen Sorgfalt gehandelt habe.

Aufgrund der Bedeutung der großen Londoner Auktionshäuser spielt das englische *case law* beim Kunstkauf eine entscheidende Rolle.[67] Dabei ist aller-

---

64 Vgl. *Donoghue v Stevenson* [1932] UKHL 100.
65 *Luxmoore-May and Another v Messenger May Baverstock* [1990] 1 WLR 1009 (1020).
66 OLG München NJW 2015, S. 81.
67 *Bandle*, The Sale of Misattributed Artworks and Antiques at Auction, Cheltenham 2016, S. 147.

dings beachtlich, wie hoch die Prozesskosten liegen: *Lancelot Thwaytes* gab für seine erfolglose Klage etwa 6 Mio. £ an Anwaltskosten und für Gutachter aus.[68]

V.   Rechtsvergleich und Ausblick

Die betrachteten Rechtsordnungen versuchen alle das gleiche Regelungsproblem zu lösen: Es geht um die Risikoverteilung der falschen Bewertung eines Kunstwerks in der Dreiecksbeziehung von Auktionator, Einlieferer und Ersteigerer. Die Einschätzung des Auktionators kann die Interessen von zwei Parteien betreffen: Bewertet er zu niedrig, berührt dies die Interessen des Einlieferers, bewertet er irrtümlich zu hoch, tangiert dies die Interessen des Ersteigerers.

Zu diskutieren ist daher insbesondere der Sorgfaltsmaßstab, den das Auktionshaus einzuhalten hat. Hier geht man in England und verschiedentlich auch in Deutschland davon aus, dass die Anforderungen abhängig von der Größe des Auktionshauses sein sollten. Darüber hinaus versucht man, den Sorgfaltsmaßstab anhand des (erwarteten) Versteigerungswerts zu bestimmen.[69] Eine Anknüpfung an den (erwarteten) Versteigerungswert ist aber nicht ohne Vorsicht zu genießen. Einerseits kann der Schätzpreis in einem Versteigerungskatalog nur als Indikator für den tatsächlichen Wert einer Sache angesehen werden (im Kunstmarkt sind die Preise ohnehin volatil); andererseits wird bei größeren Auktionshäusern üblicherweise deutlich niedriger angesetzt, um ein »lebhaftes Bieterverhalten« zu bewirken.[70] Hinzu kommt die Gefahr von Rückschaufehlern, also einer nachträglich anderen Beurteilung des Sachverhalts. Eine Betrachtung *ex post* würde also die Bestimmung des Sorgfaltsmaßstabs verzerren. Mithin ist auf eine Betrachtung des erwarteten Versteigerungswerts *ex ante* abzustellen, wobei die zwei genannten Einschränkungen – die Volatilität der Preise und die möglicherweise vorliegende niedrigere Ansetzung des Preises – zu betrachten sind.

Dies zeigt sich besonders deutlich im Fall von *Thwaytes*. *Sotheby's* hatte »Die Falschspieler« auf 20.000 bis 30.000 £ geschätzt.[71] Sir *Denis Mahon* ließ das Bild, nachdem er es erworben hatte, als echten *Caravaggio* auf eine Summe von 10 Mio. £ versichern. Dennoch bleibt weiterhin unklar, ob es sich bei den »Falschspielern« tatsächlich um einen *Caravaggio* handelt. So schreibt *Ebert-Schifferer*: »Die 2008 in Forlì als Original ausgestellte und neu aufgetauchte Fassung ist eine Kopie«[72]. Hier zeigt sich deutlich, dass eine etwaige Haftung des

---

68 *Bandle*, Sleepers at Auction: Boon or Bane?, in: 31 ArtWatch UK J. 2017, S. 49.
69 LG Köln GRUR-RR 2012, S. 444: *Campendonk*.
70 OLG München NJW 2015, S. 81 (84).
71 *Lancelot Thwaytes v Sotheby's* [2015] EWCH 36 (Ch), para. 48.
72 Ebert-Schifferer, Caravaggio, München 2012, S. 289 m. w. N.

Auktionshauses nur anhand der Umstände beurteilt werden kann, die *ex ante* für das Auktionshaus vorlagen. Es wäre demnach eine Verzerrung, wenn von *Sotheby's* verlangt würde, dass das Haus die Prüfung des Gemäldes anhand der *ex post* von Sir *Denis Mahon* festgelegten Summe hätte vornehmen müssen.

Im Hinblick auf die Zulässigkeit von Haftungsausschlüssen erlaubt das französische Recht am wenigsten Privatautonomie. Die deutsche Entwicklung ist noch teilweise offen und auch in England ist die Rechtslage nicht immer klar. Eine überzeugende Lösung solite insoweit jedenfalls Anreize für das sorgfältige Handeln von Auktionshäusern setzen. Dafür könnte auch eine ökonomische Betrachtung und ein Vergleich mit der Haftung von Ratingagenturen nach Art. 35a Rating-VO sprechen. Denn bei Ratingagenturen und auch bei Auktionshäusern werden preisbildende Informationen von Experten zusammengetragen und bewertet, auf die der Investor bzw. die Kunden des Auktionshauses nicht immer Zugriff haben. Eine grundsätzlich angeordnete Haftung der Auktionshäuser könnte ihnen zumindest den Anreiz geben, sorgfältig zu recherchieren und ökonomisch wertvollen Informationen aus den Werken herauszufiltern und im Markt preiszugeben.

Autorenverzeichnis

Richard Beckmann, LL.B. (Univ. Bonn), wissenschaftliche Hilfskraft an der Rheinischen Friedrich-Wilhelms-Universität Bonn

Andreas Deutsch, Dr. iur., Dipl. de droit comparé (Paris), Leiter der Forschungsstelle Deutsches Rechtswörterbuch an der Heidelberger Akademie der Wissenschaften und Honorarprofessor an der Juristischen Fakultät der Universität Heidelberg

Norbert P. Flechsig, Dr. iur., Rechtsanwalt und Honorarprofessor an der Juristischen Fakultät der Eberhard Karls Universität Tübingen

Renate Frohne, Dr. phil., Kantonsschulprofessorin i. R., Trogen (Schweiz)

Ludwig Gieseke, Dr. iur., Ministerialdirigent a. D., Bonn

Stephan Meder, Dr. iur., Professor für Zivilrecht und Rechtsgeschichte an der Gottfried Wilhelm Leibniz Universität Hannover

Klaus Neuenfeld, Dr. iur., Rechtsanwalt, Weimar

Alexander Peukert, Dr. iur., Professor für Bürgerliches Recht und Wirtschaftsrecht mit Schwerpunkt im internationalen Immaterialgüterrecht an der Goethe-Universität Frankfurt am Main

Manfred Rehbinder, Dr. iur. Dr. h. c., Professor für Arbeits-, Immaterialgüter-, Medienrecht und Rechtssoziologie an der Universität Zürich

Anne Sanders, Dr. iur., M.Jur. (Oxon), Professorin für Bürgerliches Recht, Unternehmensrecht, Recht der Familienunternehmen und Justizforschung an der Universität Bielefeld

Fedor Seifert, Dr. iur., Rechtsanwalt, Notar a. D., Fachanwalt für Gewerblichen Rechtsschutz, Berlin

Christoph Sorge, Dr. iur., AkadR a. Z., Habilitand und wissenschaftlicher Mitarbeiter am Lehrstuhl für Zivilrecht und Rechtsgeschichte an der Gottfried Wilhelm Leibniz Universität Hannover

Personenregister

Beiträge zu Grundfragen des Rechts

Herausgegeben von Stephan Meder

Die drei Grundfragen des Rechts, die vor gut zweihundert Jahren der Rechtsgelehrte Gustav Hugo formulierte – »Was ist Rechtens?«, »Wie ist es Rechtens geworden?« und »Ist es vernünftig, daß es so sey?« – stellen sich bis heute. Die Frage nach dem geltenden Recht zielt heute nicht nur auf dessen Prinzipien und Regeln, sondern auch auf das Verhältnis von Gesetz und Recht, juristischer Geltung und sozialer Wirklichkeit. Die Frage nach der Geschichte des Rechts betrifft auch das sich wandelnde Verhältnis zwischen den Rechtsquellen sowie das Verhältnis von Tradition und Gegenwartsbezug der Rechtsinhalte. Die Frage nach den richtigen Inhalten des Rechts bezieht sich heute vor allem auf das rechtliche Verhältnis zwischen der größtmöglichen Freiheit des Einzelnen und dem notwendigen Mindestmaß sozialer Gleichheit und Gemeinwohlbindung des Rechts. So sind die Grundfragen des Rechts niemals von lediglich theoretischer Bedeutung, sondern haben einen unmittelbar praktischen Bezug zur Rechtsentstehung, Rechtsauslegung und Rechtsanwendung. Antworten auf diese Fragen versuchen aus unterschiedlichen Perspektiven die Beiträge dieser Reihe zu geben.

Weitere Bände dieser Reihe:

Band 28: Dimitrios Devetzis
Die dingliche Surrogation als Rechtsprinzip
Extra legem – intra ius
2018, 270 Seiten, gebunden, ISBN 978-3-8471-0902-0

Band 27: Stephan Meder / Vincenzo Omaggio / Gaetano Carlizzi / Christoph Sorge (Hg.)
Juristische Hermeneutik im 20. Jahrhundert
Eine Anthologie von Grundlagentexten der deutschen Rechtswissenschaft
2018, 339 Seiten, gebunden, ISBN 978-3-8471-0871-9

Band 25: Christoph-Eric Mecke
Begriff des Rechts und Methode der Rechtswissenschaft bei Rudolf von Jhering
2018, 747 Seiten, gebunden, ISBN 978-3-8471-0853-5

Band 24: Karl Eckhart Heinz
Die Ordnungen der Bürgerschaft
Moral und Recht als Regelsysteme für Frieden zwischen Menschen und zwischen Staaten
2018, 208 Seiten, gebunden, ISBN 978-3-8471-0809-2

Band 23: Christoph Sorge
Verpflichtungsfreier Vertrag als schuldrechtlicher Rechtsgrund
Das Rechtsgeschäft der *condictio ob rem* gemäß § 812 Abs. 1 S. 2 Alt. 2 BGB
jenseits von Erfüllungszwang und Markttausch
2017, 938 Seiten, gebunden, ISBN 978-3-8471-0756-9

Vandenhoeck & Ruprecht Verlage

 unipress

Leseproben und weitere Informationen unter www.vandenhoeck-ruprecht-verlage.com
E-Mail: info-unipress@v-r.de | Tel.: +49 (0)551 / 50 84-308 | Fax: +49 (0)551 / 50 84-333